青岛大学学术专著出版基金资助

EU

—— 欧盟平等就业权法律保护研究 ——

石慧 著

中国社会科学出版社

图书在版编目（CIP）数据

欧盟平等就业权法律保护研究／石慧著.—北京：中国社会科学出版社，
2021.8
ISBN 978 - 7 - 5203 - 8041 - 6

Ⅰ.①欧…　Ⅱ.①石…　Ⅲ.①劳动就业—劳动权—法律保护—研究—
欧洲联盟　Ⅳ.①D950.25

中国版本图书馆 CIP 数据核字（2021）第 041811 号

出 版 人	赵剑英
责任编辑	许　琳
责任校对	鲁　明
责任印制	郝美娜

出　　版	中国社会科学出版社
社　　址	北京鼓楼西大街甲 158 号
邮　　编	100720
网　　址	http://www.csspw.cn
发 行 部	010 - 84083685
门 市 部	010 - 84029450
经　　销	新华书店及其他书店

印刷装订	北京市十月印刷有限公司
版　　次	2021 年 8 月第 1 版
印　　次	2021 年 8 月第 1 次印刷

开　　本	710×1000　1/16
印　　张	15.5
字　　数	245 千字
定　　价	98.00 元

凡购买中国社会科学出版社图书，如有质量问题请与本社营销中心联系调换
电话：010 - 84083683

目　　录

前　　言

一　研究背景

（一）平等就业权概述

就平等就业权的本体而言，可以视为"平等"这一理念在就业权领域的自然延伸。因而为明确平等就业权的基本内涵，可以从"平等"和"就业"两方面进行辨析。

从欧洲基本权利和自由的发展脉络来看，"平等"作为一项普遍性价值和基本权利，长期以来受到了极大的重视。"平等"在发展过程中经历了从"形式平等主义"到"实质平等主义"的发展历程。简单来说，"形式平等主义"将"平等"解释为"相同的人应当被相同对待"或"平等的人应当被平等对待"。但"形式平等主义"因忽略了每个个体或群体之间的差异性而饱受诟病。相对地，为弥补"形式平等主义"的缺陷，"实质平等主义"开始盛行。"实质平等主义"认为，平等应当是"具有相同能力或天赋的人应当被给予相同的机会、途径以及资源以获得其期冀的职位或地位，同时合理的区别对待是被允许的"①。"实质平等主义"认为，为保证每个社会成员的平等，有必要打破相关个人或群体的劣势循环，尊重并保护社会成员作为人所固有的平等尊严，针对实际情况及个体差异性

---

① John Bordley Rawls, *The Theory of Justice*, Cambridge：Belknap Press, 2005, pp. 3-7.

做出结构性改变，以提高社会成员平等的社会参与性。现今随着社会的发展，"实质平等主义"已经被大多数国家所认同。简单说来，"平等"作为一种权利，可被大致定义为：社会中的每个成员都应当被赋予同样的机会及条件，以保证其可享有相同的权利、特权及豁免并承担相同的义务、责任及负担，同时在必要的情况下，要求将社会成员的个体差异性纳入考量范围，并采取相应措施，保证个人或群体享有充分的机会或资源，以达到实质上权利与义务的平等。①

而"就业"一词的基本含义可归纳为"被雇佣或拥有工作的情形"。从词义上看，"就业"本身就天然蕴含这两方面的含义，即"被雇佣"，或者说获得工作的情形；以及"拥有工作"，或者说从事工作的情形。这两方面含义代表了就业中前后紧密联系的两个过程，同时也划分了对于"就业"含义的广义和狭义两方面定义。狭义的观点认为，"就业"仅指获得工作的机会、状态和过程。而广义的观点则认为，"就业"还应当涵盖从事工作的机会、状态和过程，即涵盖了整个劳动关系过程，包括工作、报酬和退休所有相关问题。另外，值得注意的是随着全球经济以及技术的迅猛发展，全球化的进程不断完善，"就业"的内涵已从单纯获得"被雇佣的状态"引申至获得"被雇佣的机会"。"就业"内涵上的丰富反映了国际社会及各国对于就业问题的日益重视，而这一现象同时也要求各国通过提供就业指导、职业训练以及积极措施，预防失业、保证平等就业。② 而就业作为一种权利，含义可以归纳为保证一定年龄以上的个人，进入劳动力市场寻求有偿雇佣的权利，具体包括自由选择职业的权利、免遭失业的权利以及免受歧视的权利。

结合上文对"平等"和"就业"两方面的含义辨析，可以较为清晰地讨论平等就业权的基本概念。可以说平等就业权是"平等原则"在就业中的反映与自然延伸，平等就业权作为贯穿就业过程始终的一项权利，天然地体现了"就业"概念上广义和狭义的划分。本书在此讨论的是狭

---

① Colm O'Cinnide, "The Right to Equality: A Substantive Legal Norm or Vacuous Rhetoric?" *UCL Human Rights Review*, Vol. 1, 2008, p. 89.

② Catherine Barnard & Simon Deakin, "A Year of Living Dangerously? EC Social Policy Rights, Employment Policy and EMU" *European Annual Review*, Vol. 2, 1982, p. 117.

义的"就业"及"平等就业权"，即平等就业权是劳动者获得平等就业机会和待遇、不受就业歧视侵害的权利。

　　在当今人类社会中，劳动分工程度呈现出高度发达的特征，参与就业成为劳动者获取生活资料的重要方式。平等就业权对保护劳动者享有平等的就业机会和待遇、免受就业歧视的影响或侵害具有重要价值，同时，劳动者能否充分享有平等就业权，对于劳动者的其他相关人权也产生着间接影响。首先，劳动者是否能够在平等的基础上获得就业，关系着劳动者个人以及其家庭能否获得充分的生活资料来维持适当的生活水准，以及能否获得适当的教育、健康和医疗保障等服务。因而，劳动者能否充分享有平等就业权对于保障劳动者个人及其家庭的适当生活水准权、教育权、健康权等经济、社会和文化权具有意义。其次，劳动者能否充分享有平等就业权对劳动者包括生存权、结社权在内的公民权利和政治权利的行使也产生了影响。在一定程度上，能否充分享有平等就业权，甚至关系到劳动者生而为人的个人尊严是否能够得到实现。因此，法律应当为劳动者的平等就业权提供充分、有效的保护。

（二）欧盟平等就业权法律保护概况

　　欧盟作为欧洲区域的经济、政治一体化组织，从欧洲经济共同体时期起便开始对平等就业权提供保护，并建立起了相对成熟和完善的平等就业权法律保护体系，在为平等就业权提供法律保护，保障平等就业机会和待遇、禁止就业权歧视方面，作出了巨大努力。欧盟作为一个欧洲地区的政府间国际组织，由于其独特的组织结构和立法程序以及欧盟成员国各国的社会与文化背景差异对平等就业权法律保护立法的影响，使得欧盟在立法中的很多方面都与独立国家的国内法立法并不相似。但欧盟成员国通过合意，赋予了欧盟在特定领域内的立法权限，使得欧盟法律对于欧盟成员国具有不同于一般国际条约的约束力，在一定情况下甚至会对欧盟公民产生直接效力，因此在一定程度上具有"准国家性"，可以为独立主权国家的相关立法完善提供有益的借鉴。

　　就欧盟现行的平等就业权法律保护的基本框架而言，包括了欧盟基本法律、欧盟衍生法律、其他具有参考价值的欧盟文件、欧盟基本权利和普遍性价值以及欧盟法院的司法判例。首先，欧盟基本法律包括《欧盟条约》《欧盟运行条约》以及《欧盟基本权利宪章》。欧盟基本法律中有关平等就业权的条款构成了欧盟平等就业权法律保护的基石。其次，欧盟衍生法律作为欧盟相关机构根据欧盟基本法律制定出的法律规范，在平等就业权的具体保护问题上发挥了主要作用。再次，欧盟平等就业权法律保护框架中还包括了许多具有参考价值的其他文件，例如欧盟通过的不具有约束力的平等就业权相关的建议和措施等。另外，源于欧盟成员国共同宪法传统的基本权利以及成员国所共有的普遍性价值，也构成了欧盟的一般原则，具有重要的参考价值。最后，值得特别强调的是，欧盟法院的司法判例虽然不具有普遍性的约束力，但欧盟法院通过相关司法实践在欧盟平等就业权的司法救济方面发挥了核心作用，并对平等就业权保护中出现的新问题和新挑战表明了观点和态度。①

二　研究现状及研究意义

（一）研究现状

1. 国内研究现状

就国内研究情况而言，我国学者已经开始了对欧盟平等就业权法律保护的分析和探讨。2006 年，周长征所著《欧盟反就业歧视法律制度》②，讨论了欧盟在反就业歧视方面的立法概况，从种族歧视，宗教或信仰、残疾、年龄或性倾向歧视，性别歧视以及国籍歧视 4 个方面，讨论了欧盟在反就业歧视方面的法律保护，并对欧盟反就业歧视立法进行评价，进而提出对我国的启示。2007 年，孙亮所著《欧盟反歧视的立法与实践》③，对欧盟反歧视的框架进行了综述，探讨了反对性别歧视，反对种族、宗教信

---

① 欧盟法院即欧洲法院。自 1952 年建立以来，欧盟法院经历多次重新命名。2007 年《里斯本条约》正式将其命名为欧盟法院（Court of Justice of the European Union），下文若无特别说明，将统一采用欧盟法院这一措辞。

② 周长征：《欧盟反就业歧视法律制度》，载李薇薇、Lisa Strearns 主编《禁止就业歧视：国际标准和国内实践》，法律出版社 2006 年版。

③ 孙亮：《欧盟反歧视的立法与实践》，载蔡定剑、张千帆主编《海外反就业歧视制度与实践》，中国社会科学出版社 2007 年版。

仰、年龄、残疾和性取向歧视，以及对兼职工作者和限期合同工的平等保护3方面的立法情况，梳理了欧盟反歧视的主要案例和核心问题，并对反歧视工作中的公民参与、欧盟反歧视工作的主要经验以及欧洲人权法院与反歧视问题进行了讨论。2013年，郝鲁怡所著《欧盟妇女劳动权利保护的法律制度研究》①，对妇女劳动权利的发展溯源、法律依据和保护原则进行了梳理，重点分析了欧盟区域内妇女劳动就业状况以及劳动力转移状况，讨论了劳动力就业以及欧盟劳动力转移中妇女权利的法律保护，进而提出对我国的立法启示。

另外，我国学者还发表了大量的学术期刊论文，对欧盟平等就业权法律保护进行探讨。2011年郝红梅所著《欧盟对平等就业权的法律保障》②，讨论了欧盟平等就业权的立法保障，欧盟平等就业权的执行机构及其保障措施，以及欧盟平等就业权的司法保障。2013年宁国良、李雪芹所著《欧盟性别平等就业政策及其对我国的启示》③，讨论了欧盟促进性别平等就业的政策措施及其发展，分析了欧盟性别平等就业政策的特征及评价，进而提出欧盟性别平等就业政策对我国的启示。

2. 国外研究现状

与国内研究相比，国外相关研究对于欧盟平等就业权法律保护的讨论更加系统，也更加全面。国外相关研究的突出重点，就是在讨论欧盟平等就业权法律保护时，将对欧盟法院有关平等就业权的案例和判决的分析贯穿整个研究的始终。欧盟法院对平等就业权的司法保护实践，被普遍作为研究欧盟平等就业权法律保护的必要部分加以重视。2002年杰夫·肯纳（Jeff Kenner）所著《欧盟就业法：从〈罗马条约〉到〈阿姆斯特丹条约〉以及展望》（*EU Employment Law: from Roma to Amsterdam and Beyond*）④，

---

① 郝鲁怡：《欧盟妇女劳动权利保护的法律制度研究》，中国社会科学出版社2013年版。
② 郝红梅：《欧盟对平等就业权的法律保障》，《云南大学学报》（社会科学版）2011年第5期。
③ 宁国良、李雪芹：《欧盟性别平等就业政策及其对我国的启示》，《湘潭大学学报》（哲学社会科学版）2013年第4期。
④ Jeff Kenner, *EU Employment Law: from Roma to Amsterdam and Beyond*, London: Hart Publishing, 2002.

分析了从欧洲经济共同体时期开始，欧盟平等就业权法律保护的构建，梳理了欧盟对欧洲经济共同体及欧洲共同体平等就业权法律保护的继承和发展，并重点强调了在打击就业歧视、保障就业平等以及促进统一市场融合过程中，欧盟法院所发挥的重要作用。2012 年凯瑟琳·巴纳（Catherine Barnard）所著《欧盟就业法》（*EU Employment Law*）①，设专章讨论了欧盟平等就业权法律保护的发展，并具体讨论了欧盟平等就业权法律保护的适用范围，分析了应当禁止的就业歧视类别以及类型，并具体探讨了欧盟平等就业权法律保护中的克减、积极行动、积极义务、救济等问题。2014 年罗杰·布兰潘（Roger Blanpain）所著《欧洲劳动法》（*European Labour Law*）②，同样设专章讨论了欧盟平等就业权法律保护的历史发展，探讨了欧盟平等就业权法律保护的基本框架，并重点梳理了种族或民族出身以及性别相关的平等就业权问题。

　　而且，欧盟法院对平等就业权的救济问题，已然作为一个独立的课题获得了国外学者的注意。2002 年西弗拉·奥利里（SiÓFra O´Leary）所著《就业法在欧洲法院的适用：司法结构、政策及程序》（*Employment Law at the European Court of Justice：Judicial Structure，Policies and Processes*）③，以专著的形式讨论了在欧盟平等就业权法律保护过程中，欧盟法院的具体司法结构、政策和运作，着重讨论了欧盟法院通过直接诉讼程序以及预先裁决机制，对于欧盟平等就业权法律保护所产生的影响和作用，探讨了欧盟法院对于欧盟平等就业权法律保护中相关问题的司法态度以及司法考量，并对在平等就业权救济过程中欧盟法院可能遇到的问题进行了分析。2009 年布莱恩·贝尔卡森（Brain Bercusson）所著《欧洲劳动法》（*European Labour Law*）④，

----

① Barnard Catherine, *EU Employment Law*, 4th edition, Oxford：Oxford University Press, 2012.

② Roger Blanpain, *European Labour Law*, 14th edition, Amsterdam：Kluwer Law International BV, 2009.

③ SiÓFra O´Leary, *Employment Law at the European Court of Justice：Judicial Structure, Policies and Processes*, London：Hart Publishing, 2002.

④ Brain Bercusson, *European Labour Law*, 2nd edition, Cambridge：Cambridge University Press, 2009.

在讨论了欧盟平等就业权法律保护的历史发展和策略演变，分析了欧盟平等就业权法律保护的框架后，重点强调了欧盟平等就业权法律保护中的救济问题，并用专门章节讨论了欧盟法院在这一救济过程中所发挥的作用。

（二）研究意义

首先，欧盟作为欧洲地区经济、政治一体化区域国际组织，自欧洲经济共同体及欧洲共同体时期以来，就致力于为平等就业权提供法律保护，并取得了良好成效，其构建起了相对完善的平等就业权法律保护制度，在推动平等就业权在整个欧盟区域的保护和实现方面起到了重要作用。本书对其法律保护制度进行全面探究，有利于概括其在平等就业权法律保护中的经验，并寻找其内在核心及指导原则。

其次，随着学界研究重心从应然法研究向实然法研究、由立法规范研究向司法实践研究的进一步转变，对司法实践中"活的法律"的探究越来越得到重视。欧盟法院作为欧盟区域内的主要司法机构，在为平等就业权提供救济方面发挥了不可替代的作用。本书在探讨欧盟平等就业权法律保护的过程中，着重结合欧盟法院相关案例进行分析，讨论欧盟法院对平等就业权的司法救济以及其发挥的重要作用。

最后，近年来随着我国经济和社会的进一步发展，平等就业权问题在我国也得到了越来越多的关注。无论是对于立法条款的审视，还是对于司法救济和行政实施的反思，都反映了我国对于推动平等就业权法律保护的进步与完善的期待。本书对欧盟平等就业权法律保护进行探究，分析我国平等就业权法律保护的现状和不足之处，力求为推动我国平等就业权法律保护的完善和发展提供有益借鉴。

三　研究方法及论文结构

（一）研究方法

就研究方法而言，本书主要采用了文献研究方法、案例研究方法、历史分析方法、比较分析方法。

文献研究方法。本书围绕欧盟平等就业权法律保护问题进行了文献研究。相关研究成果庞杂浩瀚，本书在提出研究课题的基础上，运用文献研究的方法，按照研究的框架结构搜集整理文献，对文献进行归纳和分析，并做出文献综述，以期在广泛阅读和分析的基础上总结并借鉴目前的研究成果，为本书的研究提供理论基础。

案例研究方法。本书围绕着欧盟平等就业权法律保护中欧盟法院的司法实践，检索欧盟法院的相关案例，并运用案例研究方法进行分析。虽然欧盟法院层面的案例数量得到了限制，但"平等就业权"问题作为欧盟社会中的重要问题，相关案例丰富，数量庞大。如何进行筛选、归纳、整理和分析变得格外重要。本书关注欧盟法院最新的案例发展，并借助国内外相关专著和教科书，对案例进行筛选和分析。

历史分析方法。欧盟平等就业权法律保护在欧洲具有独特的历史背景、发展路径和发展趋势，反映了不同时期政治、经济和社会因素的综合影响，而其中欧盟法院对于欧盟平等就业权法律保护的判决也相应地存在着不同之处。因此，本书采用了历史分析方法，结合相关时期欧盟法院的司法判决，对于欧盟平等就业权法律保护的演变路径进行了综合分析。

比较分析方法。本书以欧盟平等就业权法律保护为参照，运用比较分析的方法，为我国平等就业权法律保护的完善梳理经验和提供参照。欧盟作为一个政府间的区域国际组织，其法律体系与独立国家的国内法律体系有所不同，但在运用比较分析的方法进行分析和讨论后，对于欧盟平等就业权法律保护中的成熟经验，我国或可以借鉴。

（二）本书结构

第一章梳理了欧盟平等就业权法律保护的历史演进。从欧洲经济共同体及欧洲共体时期开始，分析了平等就业权法律保护的初期建立情况，探讨了欧盟建立后对平等就业权法律保护的继承和发展情况，并讨论了自《里斯本条约》通过至今，欧盟平等就业权法律保护面临的挑战以及发展趋向。

第二章分析了欧盟平等就业权法律保护的框架和特征。梳理了平等就业权相关的欧盟基本法律、衍生法律、具有参考价值的相关文件、欧盟基本权利和普遍性价值以及欧盟法院的案例和判决，并探讨了其中所体现出的欧盟平等就业权法律保护的特征。

第三章讨论了欧盟平等就业权法律保护的基本原则和内容。分析了欧盟语境下平等就业权法律保护的基本原则，同时重点讨论了在欧盟平等就业权法律保护中，受保护的就业主体特征以及受禁止的就业歧视行为类型。

第四章分析了欧盟平等就业权法律保护中的例外情况和"积极行动"。探讨了"真正和决定性的"职业要求、保护女性生理和心理状况的需要、维护公共安全的需要等例外情况，并分析了就业中的"积极行动"措施这一充满争议的问题。

第五章探讨了欧盟平等就业权法律保护中的欧盟法院救济问题。分析了欧盟平等就业权法律保护中的救济规则，并探讨了欧盟法院的救济机制和方式，进而讨论了欧盟法院的司法实践在欧盟平等就业权法律保护中所发挥的作用。

第六章讨论了欧盟平等就业权法律保护对我国的启示。从我国平等就业权法律保护现状出发，讨论了我国平等就业权法律保护中存在的不足和缺陷，通过参考欧盟平等就业权法律保护中的相关经验，为完善我国平等就业权法律保护、促进和推动平等就业权在我国的充分实施提供思考。

第一章　欧盟平等就业权法律保护的历史演进

概括而言，平等就业权这一概念可追溯到 19 世纪的欧洲。首先，在思想上，自文艺复兴运动产生的平等思想，经宗教改革以及启蒙运动不断传播发展，已自下而上地为整个社会所熟稔。自然法思想家及法学家认为，人人生而平等并天然地具有不可被剥夺的平等权利，每个社会成员应当享有平等及正义，这一观念成为人权的核心价值之一。[1] 而"平等"作为人类固有尊严这一理念，成为平等就业权的有力保障，并迅速得到社会的广泛认知及承认，在就业领域为劳动者能够获得平等的就业机会和待遇提供了依据和基础。其次，在经济上，自由资本主义开始了向垄断资本主义过渡的进程。在这一过程中，资本生产以及劳动力市场的膨胀，导致了这一时期现代化工厂以及工人的数量亦随之剧增。[2] 劳动者与雇主的经济依附性逐渐加深，通过雇佣劳动而获得的工资收入，成为多数城市家庭赚取生活资料，并维持其生活的主要来源。在这一大背景之下，契约自由作为该时期资本主义雇佣劳动关系的主要特征之一，默许甚至于鼓励雇主拥有完全的商业自治权。这所导致的后果是，基于性别、年龄、种族或宗教信仰原因的就业歧视被视为一般惯例，劳动者在获得平等就业方面面临着严重障碍。因而，在"平等"思想的鼓励之下，劳动者开始为获得平等

---

① Claire L'Heureux-Dube, "The Search for Equality: A Human Rights Issue", *Queen's Legal Journal*, Vol. 25, 2000, p. 402.

② 银峰:《发达资本主义经济金融化的政治经济学考察》,《华东经济管理》2013 年第 5 期。

就业权利而斗争。为了维护社会、经济的稳定发展，欧洲各国纷纷制定了相关法律和政策，使得平等就业权得到了确认，并在之后的数百年间不断发展。

欧洲共同体由欧洲煤钢共同体、欧洲原子能共同体以及欧洲经济共同体构成，其中欧洲经济共同体自建立开始就表现出对就业问题的关注。[①]1993 年 11 月 1 日，《欧洲联盟条约》即《马斯特里赫特条约》生效之后，欧洲共同体纳入了欧盟之中，欧盟成为欧洲共同体的继承者。[②] 应当指出的是，欧洲共同体作为欧盟的前身，其有关平等就业权的法律和政策得到了欧盟的继承与发展。因此，若不结合欧洲经济共同体和欧洲共同体时期平等就业权法律和政策的演进过程进行分析，对欧盟平等就业权法律保护历史演进的讨论和研究则会缺失其源头和根基。欧盟平等就业权法律保护中的相关法律和政策，包含在欧盟社会政策当中。而社会政策长期以来被认为是欧洲融合过程之中最薄弱的环节之一，欧盟平等就业权法律保护也体现了欧盟社会政策发展过程的共性——"伟大的活动进程总伴随着长时间的停滞"[③]。即欧盟平等就业权法律保护的历史演进过程并非是流线型的，而是具有明显的阶段性特征。而在这一过程之中，欧盟平等就业权法律保护受到了欧洲社会、政治与经济状况以及各个成员国法律保护进程的影响，形成了自己独特的历史演进过程。

本章尝试对欧盟平等就业权法律保护的历史演进过程进行阶段性的划

---

① 1951 年 4 月 18 日，法国、联邦德国、意大利、荷兰、比利时以及卢森堡 6 国签订了为期 50 年的《建立欧洲煤钢共同体条约》，1952 年 7 月 25 日生效，2002 年 7 月 23 日失效。1957 年 3 月 25 日，参加欧洲煤钢共同体的 6 国在罗马签订了《建立欧洲原子能共同体条约》和《建立欧洲经济共同体条约》，1958 年 1 月 1 日生效，后称为《罗马条约》。1965 年 4 月 8 日，6 国签订了《建立欧洲共同体单一理事会和单一委员会条约》，决定将欧洲煤钢共同体、欧洲经济共同体和欧洲原子能共同体统一为欧洲共同体，1967 年 7 月 1 日生效。

② 1991 年 12 月 11 日，欧洲共同体在马斯特里赫特首脑会议上通过了《欧洲联盟条约》，即《马斯特里赫特条约》，1993 年 11 月 1 日生效。欧洲煤钢共同体、欧洲原子能共同体以及欧洲经济共同体纳入了欧洲联盟。欧洲经济共同体更名为欧洲共同体，2009 年《里斯本条约》生效后停止运作。

③ Catherine Barnard, *EC Employment Law*, 4th edition, Oxford：Oxford University Press, 2012, p. 3.

分，进而追溯欧盟平等就业权法律保护的发展进程，并分析在各个阶段推动欧盟平等就业权法律保护发展的社会、政治和经济动力及其影响。

一　欧盟平等就业权法律保护的初期建立

在欧洲经济共同体和欧洲共同体时期，欧盟平等就业权法律保护得到了初步建立。就欧洲经济共同体和欧洲共同体中平等就业权法律和政策的演进历程而言，可以分为两个时期。第一时期是从 1957 年《罗马条约》通过之后至 1980 年代，这一时期欧洲经济共同体和欧洲共同体的平等就业权法律保护经历了从相对谨慎到迅速发展的过程。第二时期是 1980 年代至欧盟成立前夕，伴随着席卷全球的经济危机，这一时期欧洲共同体平等就业权法律保护发展出现了明显的断层。

（一）《罗马条约》通过后：从相对谨慎到迅速发展

在 1957 年《罗马条约》通过之后至 1980 年代，欧洲经济共同体和欧洲共同体采取了一定措施来为劳动者的平等就业权问题提供保护。这一时期平等就业权的法律保护经历了从相对谨慎到迅速发展的过程。

1957 年《建立欧洲经济共同体条约》，即《罗马条约》，建立了欧洲经济共同体。1965 年欧洲共同体成立后，欧洲经济共同体中关于劳动者平等就业权的保障措施，成为欧洲共同体平等就业权法律和政策的重要组成部分。根据《罗马条约》建立的欧洲经济共同体，其最基本的推动力是促进欧洲经济的迅速发展，其目标是创造欧洲范围内的统一市场。因此，《罗马条约》的主要任务在于保证货物、服务等产品以及劳动力和资本等生产要素的自由流动。而这要求消除在欧洲经济一体化过程中，影响货物、服务、劳动力和资本自由流动过程之中的障碍，并保证欧洲经济共同体内资源的优化配置和经济的持续增长。

而这一策略反映了当时欧洲经济共同体对于就业和经济发展之间关系的认识，并体现了就业在经济发展之中所发挥的两方面的作用。一方面，对于劳动者本身而言，就业为劳动者提供了参与劳动力市场与社会和经济发展进程的机会，能够获得劳动收入进而提高生活水平，并增强劳动者对于个人价值和个人尊严的认知；另一方面，对于经济发展而言，就业满足了经济发展中的劳动力需求，为经济发展创造了价值并保障了经济发展的持续性。① 而欧洲经济共同体所强调的正是就业对于经济发展的推动作用，而选择性地忽视了就业作为一种权利对劳动者本身的重要意义。这在一定程度上也反映了在当时的欧洲占据主导地位的"经典新自由主义市场传统"的胜利，即没有必要在欧洲层面上建立完善的社会政策。因为经济效率"会为社会标准的进步带来回报"②，不断发展的经济必定会反过来促使"人民生活与工作条件的不断提高"③。因此，包括劳动相关权利在内的欧洲经济共同体社会政策具有谨慎性的特征，并且服务于同一市场中货物、服务、劳动力和资本的自由流动。

同时，该时期成员国普遍相信社会政策——特别是包含劳动相关权利的社会政策——是在建立共同体过程中，处理国内事务和尊重国家主权的核心内容，并认为这是保留"各自政治体制完整和政治稳定"的重要工具。④ 同时，这一观念还坚信，当成员国普遍确认劳动者的法律权利和福利时，在共同体范围内实现权利和福利一体化也并非难事。因此，这一时期，社会政策被倾向于划分到成员国国内事务的范畴之内，进而加深了欧洲经济共同体在制定社会政策时所采取的谨慎对待的态度。这一谨慎态度和特征反映在了《罗马条约》之中。

首先，《罗马条约》"第三部分—政策与共同体"中虽然包含了"标题三—社会政策"这一部分，并在该部分的"第一章—社会条款"中对劳动相关权利进行了规定。但是，这些规定大部分都是规劝性的，几乎没有直接赋予公民相应权利。这一点体现在了第 117 条第 1 款的规定之中："成员国同意需要不断改善工作条件并提高劳动者的生活标准，以便在不断提高的基础上来保证这一条件均衡。"⑤ 该条款并没有向成员国施加义

---

① Assefa Bequele and David H. Freedman, "Employment and Basic Needs: An Overview", *International Labor Review*, Vol. 118, 1979, p. 315.

② Tamara K Hervey, *European Social Law and Policy*, London: Longman, 1998, p. 7.

③ Treaty of Roma, preamble.

④ Wolfgang Streeck, "Neo-voluntarism: A New Social Policy Regime?" *European Law Journal*, Vol. 1, 1995, p. 31.

⑤ Treaty of Roma, article 117.

务来保证劳动者工作条件的提高，而是仅承认了有这种需要。同时从该款后半段的措辞中可以看出，其保证劳动者工作条件改善的目的在于保障"均衡"。换言之是为了防止在欧洲经济融合过程中欧洲"统一市场"出现"社会倾销"现象，即成员国竞相降低社会标准和工资水平，扰乱统一市场的内部秩序，影响货物、服务、劳动力和资本在欧洲的自由流通，而非是出于对保障劳动者工作权利的考虑。同样地，《罗马条约》第121条允许理事会分配给委员会实施"共同措施"的职能，但重点强调这是"特别为了移徙工人的社会保障"，同样体现了《罗马条约》保障货物、服务、劳动力和资本在欧洲的自由流通这一根本目的。①

其次，《罗马条约》赋予委员会对于包括劳动权利在内的社会政策的执行职能，也体现了这一时期欧洲经济共同体对待这一问题上的谨慎特征。《罗马条约》第118条仅规定，"在不损害本条约其他条款并符合本条约一般性目标的情况下，委员会应当促进成员国在社会领域的紧密合作，特别是有关就业、劳动法和工作条件、职业和继续培训、社会保障……的事项。"② 因此，《罗马条约》第118条并没有赋予委员会在社会领域通过起草和制定法律文件来执行条约的权力。该条款赋予委员会的仅仅是一种促进和协调的能力。在1987年的 *Germany, UK and Others v. Commission* 一案中，欧盟法院确认了《罗马条约》第118条仅赋予了委员会在授权范围内，参与相关问题协商的辅助性权利，而不能强制规定各成员国应当达成某种特定结果，也不得禁止成员国在国内层面上采取措施。③ 另外，该条约第122条要求，委员会在向大会提交的年度报告中，应当包含有关共同体社会状况发展的特别章节，且大会可以邀请委员起草关于社会状况特别问题的报告。因此，根据《罗马条约》，在这一阶段中，委员会在执行欧洲经济共同体社会政策，特别是在劳动者权利保障问题上，仅能够发挥辅助性和咨询性的作用。

欧洲经济共同体对于包括劳动权利在内的社会政策方面上的谨慎态

① Treaty of Roma, article 121.

② Treaty of Roma, article 118.

③ Germany, UK and Others v. Commission, Judgement of the Court, 9 July 1987, joint cases 281, 283, 285/85, para. 30.

度，在实质上是为了赋予经济目标先于社会目标的优先性。但这在之后的数年，这一策略带来了严重的后果。这一谨慎态度削弱了经济政策和社会政策在国内层面上传统的内部联系。而赋予经济政策超然的优先性，会使得社会政策的重要性不可避免地被降低。对于自由贸易和自由竞争的推崇，使得欧洲经济共同体和成员国国内的社会体系处于不稳定的状态之中。委员会在 1958 年《关于共同体活动的第一份一般性报告》中指出，当 6 国共同建立欧洲经济共同体时，其目的并不是先达成经济目标，随后再改善人们生活条件。委员会认为，《罗马条约》的前言明确提出了其目标是同时保证"经济和社会的发展"，而其必要目标是推动"人们的生活和工作条件的不断提高"，这明确表达了"（欧洲经济共同体中）具有社会特征的目标和具有经济特征的目标具有同样的地位"。同时，委员会指出，"委员会在社会政策领域中应当肩负着特别的责任，需要关注所有可能促进紧密合作的相关方面"。这反映出委员会已经认识到了在欧洲层面上建立社会政策的必要性，但是委员会也意识到"在社会领域中联盟行动的法律框架仍然缺少刚性"，即缺少明确的法律上的基础。①

除此之外，值得强调的是，《罗马条约》第 119 条对于平等就业权而言仍然具有特别的意义。第 119 条第 1 款规定，"成员国在第一阶段期间应当保证，并继续维持男女劳动者同工同酬原则。"② 这一条款标志着自《罗马条约》开始，对性别之间平等的追求，就已经进入了共同体的视线之中。尽管对于其他平等的追求，特别是种族或民族出身、宗教或信仰、年龄、残疾及性取向领域中的平等及不歧视问题，是在 40 多年后的 1997年《阿姆斯特丹条约》通过之后才具有了具体的形式，但委员会在 1958年的《一般性报告》中就已经提出，委员会在处理就业问题时，应当强调"审查特定区域或特定群体劳动者（例如残疾年轻人、老年人以及女性）就业状况"的必要性，这使得"寻求相关就业问题的解决措施成为

---

① Commission of the European Economic Community, First General Report on the Activities of Community, 17 September 1958, para. 102–103.

② Treaty of Roma, article 119.

可能"。① 这为之后的平等就业权相关法律和政策的通过奠定了基础。

社会领域的不干涉政策和谨慎态度并没有持续很长时间。1965 年欧洲共同体统一之后,欧洲社会政策出现了新的转折。在新成员国加入前夕,欧洲共同体政府首脑于 1972 年 10 月 19 日至 21 日在巴黎举行会议,发布了重要公报。重点强调了应当在社会领域中采取"有力行动","这与达成经济和货币联盟同样重要",并提出保证这两方面在共同体经济和社会决定中的比例不断增加具有"绝对必要性"。② 会议还要求根据政府首脑和委员会在会议上提出的建议及意见,共同体相关机构应当在 1974 年 1 月 1 日之前起草一份行动计划。该计划应当"实施就业和职业培训的协调政策,改善工作和生活条件"。

导致欧洲共同体在社会领域政策上态度转折的原因,一方面是为了平稳新的成员国,即英国、爱尔兰以及丹麦加入欧洲共同体的融合进程。而造成这一改变的另一方面原因,可以认为是由于 1970 年代两次石油危机后,欧洲经济衰退所造成的欧洲共同体国家的社会动荡。③ 在这一时期,欧洲共同体意识到如果不采取有效措施解决经济危机造成的社会问题,可能会危害到欧洲共同体经济融合的整个进程。因此,欧洲共同体的定位不再是保证"统一市场"的工具,而是应当具有更加"人性化"的面孔。欧洲共同体开始采取社会政策,来维持和支持社会秩序,避免因欧洲经济一体化而在社会领域中可能造成的负面后果。自此之后,欧洲共同体中包括劳动权利在内的社会政策进入了迅速发展的阶段。

作为对 1972 年欧洲共同体巴黎政府首脑会议的回应,欧洲共同体委员会起草了一份《社会行动计划》,并于 1974 年 1 月 21 日经理事会通过。1974 年《社会行动计划》体现了对于上一时期欧洲经济一体化的反思,

---

① Commission of the European Economic Community, First General Report on the Activities of Community, 17 September 1958, para. 110.

② Euroepan Communities, The First Summit Conference of the Enlarged Community, Paris, 19-21 October 1972, Bulletin of the European Communities, no. 10/1972, p. 19, pare. 6.

③ Mark Wise and Richard Gibb, *Single Market to Social Europe: The European Community in the 1990s*, London: Longman, 1993, p. 144.

并就经济危机对社会领域造成的威胁进行了回应。这一行动计划提出，"尽管在本决议通过的这一时期的相关情况，可能会对就业产生严重威胁"，但"共同体应当在接下来的数年中，决定社会领域行动的目标，并给予其优先性"。1974年《社会行动计划》提出，必须在一个"连续的阶段内"，采取有力措施来实现欧洲共同体的社会目标，以求保证共同体、国家和地区层面"充分和更好"的就业，并确认这是保证社会政策有效的必要条件。该行动计划还要求提高生活和工作条件，以保证在保持发展的同时维持经济和社会的和谐。同时，还应当提高管理者和劳动者在共同体经济和社会决策中的参与程度，保证劳动者能够充分参与企业生活。该行动计划在"获得共同体内充分和更好就业"的部分提出，应当采取行动，来保证"男女之间平等获得就业和职业培训、升职，以及平等获得包括报酬在内的工作条件"，并进一步要求应当保证共同体和非共同体劳动者以及家庭成员"在生活和工作条件、报酬以及经济权利"上的平等。同时，该部分还提出，应当"为弱势群体（青年人以及老年人）面临的就业问题寻求解决措施"。①

　　1974年《社会行动计划》标志着在欧洲共同体中，包括劳动权利在内的社会政策进入了重大立法阶段，包括平等就业权在内的欧洲共同体法律及政策得到了迅速的发展。在之后的1980年代，欧洲共同体通过了数个具有代表性的平等就业权相关指令。这包括1975年《关于实施男女同工同酬指令》②，1976年《关于实施男女就业、职业培训和升职、工作条件平等待遇原则指令》③，以及1978年《关于逐步实施男女社会保障平等

---

① Council of the European Communities, Council Resolution Concerning a Social Action Programme, 21 January 1974, O. J. （1974）C13/1, pp. 1-2.

② Council of the European Communities, Council Directive on the Approximation of the Laws of the Member State Relating to the Application of the Principle of Equal Pay for Men and Women, 10 February 1975, 75/117/EEC, O. J. （1975）L 45/19.

③ Council of the European Communities, Council Directive on the Implementation of the Principle of Equal Treatment for Men and Women as regards Access to Employment, Vocational Training and Promotion, and Working Conditions, 9 February 1976, 76/207/EEC, O. J. （1976）L 39/40.

待遇原则指令》①。(这 3 项指令被之后的 2006 年《关于实施男女就业和职业平等机会和平等待遇原则的指令》所取代)

这 3 项指令中，最具有代表性的是 1976 年《关于实施男女就业、职业培训和升职、工作条件平等待遇原则指令》(以下称 76/207/EEC 指令)。该指令明确提到，考虑到 1974 年《社会行动计划》提出，应当为了达成男女之间"关于获得就业和职业培训、升职以及工作条件，包括报酬在内的优先性行动，因而通过了本指令"。② 借此肯定了 1974 年《社会行动计划》在欧洲共同体包括平等就业权在内的社会政策进程中的作用。

76/207/EEC 指令第 1 条第 1 款指出，该指令的目标就是在成员国中实施男女之间关于获得就业和职业培训、升职以及工作条件，包括报酬在内的"平等待遇原则"。③ 该指令在欧洲共同体立法进程上，第一次将就业中的平等待遇上升为一个"原则"，并明确赋予了劳动者平等就业的权利。第 2 条进一步对"平等待遇原则"进行了解释，要求禁止一切"基于性别的直接或间接歧视"，除非在相关职业活动中"劳动者的性别构成了决定性的因素"，并强调该指令并不禁止保护妇女的相关规定，特别是通过"消除影响妇女（平等）机会的现存不平等"所采取的推动男女平等机会的措施。④ 欧盟法院在 1978 年 *Gabriellc Defrenne v. Société Anonyme Belge de Navigation Aérienne Sabena* 案中也提到，根据理事会 76/207/EEC 指令，成员国应当实施必要的法令、规章和行政规定来保证男女获得同样的就业条件，不因性别而遭受歧视。⑤ 欧盟法院的判决使得 1976 年 76/207/EC 指令以及平等就业权中的性别平等在欧洲范围内具有了新的重要

---

① Council of the European Communities, Council Directive on the Progressive Implementation of the Principle of Equal Treatment for Men and Women in Matters of Social Security, 19 December 1978, 79/7/EEC, O. J. (1978) L 6/24.

② Directive 76/207/EEC, p. 1.

③ Directive 76/207/EEC, article 1.

④ Directive 76/207/EEC, article 2.

⑤ Gabriellc Defrenne v. Société Anonyme Belge de Navigation Aérienne Sabena, Judgment of the Court, 15 June 1978, C-149/77, p. 9.

性。虽然 1976 年 76/207/EEC 指令所规定的平等就业权仅限于规制男性和女性劳动者之间的平等就业待遇问题。但是这为之后欧盟保障其他主体的平等就业权，特别是自 1997 年《阿姆斯特丹条约》生效后，为种族或民族出身、性取向、宗教或信仰、年龄及残疾领域中的就业平等及不歧视问题的处理，奠定了重要的基础。①

　　另外，就委员会在平等就业待遇领域的职能而言，1976 年 76/207/EEC 指令第 9 条要求成员国在 30 个月内实施必要的法令、规章和行政规定来履行该指令并通知委员会；成员国还应当定期审查职业活动，来明确根据社会发展，保持职业隔离是否仍然具有正当性，并告知委员会审查结果；另外成员国在通过本领域相关法律、规章和行政规定时，应当就相关内容与委员会沟通。② 这一条款的依据是《罗马条约》第 118 条，体现并进一步加强了委员会具有的"促进成员国在社会领域有关就业、劳动法和工作条件、职业和继续培训、社会保障问题上紧密合作的职能"③。1976 年 76/207/EEC 指令赋予了委员会有权获知成员国在就业和职业平等待遇领域所采取的措施，并就措施相关内容进行沟通的权力，在一定程度上加强了委员会相关职能，使得委员会在这一领域能够发挥更加积极的作用。

（二）欧盟建立前夕：经济危机与明显断层

　　自 1980 年代开始，欧洲共同体制定和实施社会政策的热情开始减弱。为了应对经济和社会危机，对抗经济增长缓慢以及大规模的失业，也是为了成功占领国内和国外市场，放松管制成为该时期欧洲共同体中的主流声音。④ 这一时期，玛格丽特·撒切尔（Margaret Thatcher）领导的英国新保守党政府，坚持要严格限制欧洲共同体社会政策的发展，反对增强欧洲共同体社会政策所发挥的作用。英国强烈要求降低对劳动力市场的规制，并希望根据美国模式来最大限度地保证劳动力的灵活性。进而提出有必要采纳新技术并降低对商业的管制，以保证商业能够在全球市场进行扩张的

---

① Treaty of Amsterdam, para. 7.

② Directive 76/207/EEC, article 10.

③ Treaty of Roma, article 118.

④ Roger Blanpain, *European Labor Law*, Amsterdam: Kluwer Law International BV, 2014, p. 239.

政策。简单来说，英国政府的观点是，每个人都应当在市场中进行竞争，国家不应当进行进一步的干涉，特别是在社会领域中，这种干涉是既不必要也不可取。在这一阶段中，英国政府的观点占据了主流，使得许多有关就业问题的草案并没有获得通过，其中包括了 1982 年《兼职工作草案》①，以及 1982 年《临时工作草案》②。

1986 年，欧洲共同体通过了《单一欧洲法案》。③ 该法案再次确认了经济融合"符合欧洲国内人们的意愿"④，其主要目的仍然是建立欧洲内部统一市场。1986 年通过的这一法案，对劳动者的权利产生了根本性的影响，并通过法案第 18 条对《罗马条约》第 100 条进行了补充。第 18 条第 1 款规定，理事会应当以特定多数的投票方式，就委员会提交的草案进行表决，采取措施对成员国有关内部市场建立和运行的法律、规章和行政行为进行规制；但第 18 条第 2 款规定，"第 1 款并不适用于财政规定、人员自由流动规定或者被雇佣者的权利和利益规定"。⑤ 该条款确认了成员国在"被雇佣者权利和利益"上应当具有主权，因此不适用于特定多数的投票方式，而是应当适用全体一致同意的原则。这造成的后果就是，任何一个成员国都可以否决欧洲共同体委员会所提出的有关劳动者权利的草案。这在一定程度上，也反映了该时期对劳动者权利和利益的管制力度的放松，而这一现象造成了这一时期欧洲共同体包括平等就业权在内的社会政策的严重断层。但是应当注意的是，1986 年《单一欧洲法案》第 18 条第 3 款，要求委员会在根据第 1 款提交的关于"健康、安全、环境保护和消费者保护"的草案中，应当给予高层次的保护。

在第 21 条对于《罗马条约》第 118 条的补充中，要求成员国特别关注劳动者健康和安全问题，鼓励工作环境的改善，并允许理事会在劳

---

① Commission of the European Communities, Proposal for a Directive on Voluntary Part-Time Work, 1 March 1982, O. J. C 62.

② Commission of the European Communities, Proposal for a Council Directive Concerning Temporary Work, 19 February 1982, O. J. C 128.

③ European Communities, Single European Act, 17 February 1986, O. J. L 169/2.

④ Single European Act, preamble.

⑤ Single European Act, article 18.

动者健康和安全领域中采取特定多数的投票方式，通过指令以及最低标准。① 这促使了 1989 年 6 月 12 日《关于采取措施促进改善劳动者工作中安全和健康指令》的通过②。很明显该条款就以英国为首的成员国对欧洲共同体统一社会政策的敌对态度作出了回应，表明了欧洲共同体拒绝在劳动者权利和利益相关的所有社会政策与措施中都采取一致同意的表决方式。

　　1989 年 12 月 9 日在法国斯特拉斯堡进行的欧洲共同体元首与总理峰会上，通过了《共同体基本社会权利宪章》（下称《1989 年宪章》），而英国缺席了这一峰会。③《1989 年宪章》前言部分指出，对于建立欧洲单一市场而言，应当赋予社会方面和经济方面同样的重要性，并保证二者的平衡发展；而促进就业是共同体在经济和社会领域中的优先性目标之一。④《1989 年宪章》对男女平等就业问题进行了规定，要求"必须保障男女之间的平等待遇"，并且"必须改善男女之间的平等机会"，并采取行动来确保男女之间"就业问题上平等原则的实施"。⑤《1989 年宪章》代表了欧洲共同体在社会领域的重要承诺，但由于英国并未参加宪章的签署，所以《1989 年宪章》并非是欧洲共同体全体一致的合意，因而并不具有约束力。正如宪章前言所指出的，该宪章仅仅是"对基本社会权利的庄严宣誓"。⑥ 在 1999 年 *Albany International BV v. Stichting Bedrijfspensioenfonds Textielindustrie* 案的判决意见中，法律顾问 Jacobs 先生指出，"宪章所具有的法律效力十分有限……仅仅是 12 个成员方中，11 位国家或政

① Single European Act, article 21.

② Council of the European Communities, Council Directive on the Introduction of Measures to Encourage Improvements in the Safety and Health of Workers at Work, 12 June 1989, 89/391/EEC, O. J. L 183/1.

③ Commission of the European Communities, Community Charter of Fundamental Social Rights (draft), COM/89/471 final, 2 October 1989.

④ Community Charter of Fundamental Social Rights (draft), preamble.

⑤ Community Charter of Fundamental Social Rights (draft), para. 19.

⑥ Community Charter of Fundamental Social Rights (draft), preamble.

府首脑通过的政治宣言"。① 因此，法院无法根据《1989 年宪章》来审查
欧洲共同体的法律是否符合宪章中的相关规定。

虽然《1989 年宪章》所具有的法律效力有限，但是宪章仍然可以依
据欧洲共同体所作出的政治性决定进行实施。1989 年 11 月 29 日，欧洲
共同体委员会提出了《关于为劳动者实施〈共同体基本社会权利宪章〉
的行动计划的通讯》，来实施《1989 年宪章》所规定的权利。② 委员会根
据《1989 年宪章》提交了大量的劳动权利相关草案，并推动通过了多项
指令来保障劳动者的权利。例如 1992 年《关于实施措施推动改善保障怀
孕劳动者工作安全和健康指令》③，以及 1994 年《关于保护工作中青年人
指令》④。另外，根据行动计划，委员会还推动了一些软法措施的通过，
例如 1991 年《关于保护工作中男女尊严的委员会建议》⑤，并为之后欧盟
制定硬法措施提供了条件。

二　欧盟平等就业权法律保护的继承和发展

欧盟建立之后，基本上继承了欧洲经济共同体以及欧洲共同体时期所
建立的平等就业权法律保护体系。但应当指出的是，这一时期欧盟面临着
来自于经济全球化、经济结构变革以及大规模经济危机的挑战，欧盟成员
国内部在平等就业权法律保护问题上难以达成一致性的意见，欧盟平等就

① Albany International BV v. Stichting Bedrijfspensioenfonds Textielindustrie, C - 67/96. Opinon of Advocate General Jabobs, 28 January 1999, para. 137.

② Commission of the European Communities, Communication from the Commission Concerning Its Action Programme Relating to the Implementation of the Community Charter of Basic Social Rights for Workers, 29 November 1989, COM/89/568 final.

③ Council of the European Communities, Council Directive on the Introduction of Measures to Encourage Improvements in the Safety and Health at Work of Pregnant Workers and Workers Who Have Recently Given Birth or Are Breastfeeding, 19 October 1992, 92/85/EEC.

④ Council of the European Union, Council Directive on the Protection of Young People at Work, 22 June 1994, 94/33/EC.

⑤ Commission of the European Communities, Commission Recommendation on the Protection of the Dignity of Women and Men at Work, 27 November 1991, 92/131/EEC.

业权法律保护经历了顽强的发展阶段。

（一）《马斯特里赫特条约》：继承与顽强发展

1.《马斯特里赫特条约》对平等就业权法律保护的继承

1991 年 12 月 11 日，在马斯特里赫特首脑会议上，欧洲共同体通过了《欧洲联盟条约》，即《马斯特里赫特条约》，1993 年 11 月 1 日生效。欧洲煤钢共同体、欧洲原子能共同体以及欧洲经济共同体纳入了欧洲联盟。① 《马斯特里赫特条约》对《罗马条约》进行了重大的修订，继承和发展了欧洲经济共同体以及欧洲共同体时期所建立的包括平等就业权在内的社会政策体系。

在 1990 年代初，欧盟范围内的成员国几乎共同面临着经济和工业关系发展所带来的问题和挑战。首先，经济发生了结构性变革，包括企业结构的国际化，以及劳动力从农业和传统工业到服务业的转移，特别是私人服务业等部门的劳动力再分配。其次，经济危机导致 1980 年代至 1990 年代早期出现了经济衰退现象，并伴随着高失业率以及劳动力技能供求之间的不匹配。同时，欧洲经济和工业关系调整也面临着越来越多的问题，西欧福利国家普遍无法实施适应工业经济发展需求的改革。再次，成员国国内政府决策权力的下放，使得雇主和管理者平衡经济发展的能力增强，管理特权不断增强，劳动关系中的招聘、解雇以及奖励更加具有灵活性。②

面对这些问题和挑战，打击失业、鼓励就业以及推动经济增长成为欧盟日程上的首要事项。《马斯特里赫特条约》在第二部分"为建立欧洲共同体对《建立欧洲经济共同体条约》的修正条款"，对该时期欧洲社会、经济发展趋向作出了回应。该部分第 G 条第 B 款提出，欧盟的任务应当是通过建立实施统一政策和行动的统一市场以及经济和货币联盟，来推动"共同体内和谐、平衡的经济活动以及稳定、非膨胀的发展"，以促进"高程度的就业和社会保障，提高生活条件和生活质量"，并增强成员国之间的经济和社会的凝聚力和团结。③ 为达成这一目标，第 G 条 B 款赋予

---

① Treaty of Maastricht, Title II, article G.

② Catherine Barnard & Jon Clark, Roy Lewis, *The Exercise of Individual Employment Rights in the Member States of the European Community*, Employment Department, 1995, pp. 1-2.

③ Treaty of Maastricht, Title II, article G. B.

了欧盟采取行动的新权限，包括"在社会领域中制定政策建立欧洲社会基金"，以及"推动有质量的教育和培训"。①《马斯特里赫特条约》通过赋予欧盟在社会领域内的新权限，将原"社会政策"部分的标题更改为了"标题八：社会政策、教育、职业培训以及年轻人"。另外，《马斯特里赫特条约》第 G 条针对欧盟权限的扩大，第一次明确提出了欧盟的"权利归属原则""辅助性原则"以及"比例原则"。"权利归属原则"要求欧盟应当"在条约赋予共同体的权限范围内采取行动"；"辅助性原则"，要求欧盟在"专属权限之外的领域中，只有当成员国不能充分实现既定行动目标时，且就既定行动的范围和效果而言，能够由共同体更好实现时，共同体应当根据辅助性原则采取行动"；"比例原则"，要求欧盟"采取的任何行动，都不得超出实现本条约目标所必要的限度"。

但是平等就业权法律保护的主体内容并未出现在《马斯特里赫特条约》的正文之中。《马斯特里赫特条约》包括了一项独立的《社会政策议定书》② 以及一项独立的《社会政策协议》③。最初《马斯特里赫特条约》的设想是修改《建立欧洲经济共同体条约》中的"社会政策标题"，扩大欧盟在社会领域的权限。通过这两项文件对社会政策进行规定的原因在于上述构思遭到了英国的抵制。为了保证英国能够成为《马斯特里赫特条约》的成员国，有关社会政策的部分从条约主体中剥离了出来，形成了单独的议定书以及协议。④《社会政策议定书》明确规定并不适用于英国以及北爱尔兰地区，而《社会政策协议》从名称上来看就"排除了英国以及北爱尔兰地区"。

《社会政策协议》体现了欧盟时期，包括平等就业权法律及政策在内的欧洲社会政策的重要发展，使得欧盟在社会领域的权限范围得到了扩

---

① Treaty of Maastricht, Title II, article G. B.

② Treaty of Maastricht, the Protocol on Social Policy, p. 90.

③ Treaty of Maastricht, the Agreement on Social Policy Concluded Between the Member States of the European Community with the Exception of the United Kingdom of Great Britain and Northern Ireland, pp. 91-93.

④ 巨英、嵇雷：《试析欧盟对英国劳资政策的影响》，《哈尔滨学院学报》2011 年第 6 期。

大。《社会政策议定书》第 2 段规定，理事会可以通过"特定多数票"的方式采取措施，① 支持和实施《社会政策协议》第 2 条第 1 款所规定的有关保护劳动者健康和安全的环境、工作条件、劳动者的信息和协商、男女劳动力市场机会平等和工作待遇平等、整合劳动力市场隔离的相关措施。② 自《马斯特里赫特条约》开始，欧盟可以利用"特定多数票"的方式通过法律和政策，推动性别之间的平等就业，为下一时期欧盟平等就业权法律保护的发展奠定了基础。另外，这也为欧盟社会政策提供了更加实质性的依据，对于平衡自《罗马条约》开始，欧洲共同体内经济和社会方面固有的不平等局面具有重要意义。

2. 平等就业权法律保护的顽强发展

随着《马斯特里赫特条约》的生效，以及 1989 年《关于为劳动者实施〈共同体基本社会权利宪章〉的行动计划》即将进入结束阶段，委员会开始根据欧洲经济和工业关系的发展趋向，审查欧盟社会政策的未来发展方向，克服来自英国等国的阻力，推动平等就业权法律保护的进程。1993 年至 1994 年间，委员会发布了相关文件来对欧盟领域内包括推动高层次的就业增长在内的社会目标进行强调，其中包括 1993 年《绿皮书——欧洲社会政策——联盟的选择》（下称《1993 年绿皮书》）③，1993 年《发展、竞争以及就业——21 世纪的挑战和道路——白皮书》（下称《1993 年白皮书》）④，以及 1994 年《欧洲社会政策——联盟的道路——白皮书》（下称《1994 年白皮书》）⑤。

（1）1993 年《绿皮书——欧洲社会政策——联盟的选择》

1993 年 11 月 17 日，委员会发布了《1993 年绿皮书》。根据《1993

---

① Treaty of Maastricht, the Protocol on Social Policy, para. 2.

② Treaty of Maastricht, the Agreement on Social Policy, article 2. 1.

③ Commission of the European Communities, Green Paper – European Social Policy – Options for the Union, 17 November 1993, COM/93/551 final.

④ Commission of the European Communities, Growth, Competitiveness, Employment – The Challenges and Ways Forward into the 21st Century – White Paper, 5 December 1993, COM/93/700 final.

⑤ Commission of the European Communities, European Social Policy – A Way Forward for the Union – A White Paper, 27 July 1994, COM/94/333 final.

年绿皮书》所指出的，欧洲社会政策正进入一个关键性的发展时期，这主要是由于以下 3 个因素。首先，现行的《社会行动计划》即将进入"自然结束阶段"。委员会向理事会提交的 47 项提案中，虽然部分仍然有待决定，但大部分都获得了通过。其次，《欧洲联盟条约》的生效，为联盟在社会领域中采取行动提供了新的机会。最后，不断变化的社会经济情况反映出了严重的失业问题，因此需要在国内以及欧盟层面上对经济和社会政策进行重新审视。随着欧洲一体化进程的加深，统一市场的逐步建立，人们越来越担心欧盟社会政策相关保护标准会被迫降低，即成员国通过不合理的较低社会保障标准来获取不正当的竞争优势。《1993 年绿皮书》对此作出了回应，强调并承诺下一阶段欧洲社会政策的发展，不能为了经济竞争力的恢复而造成社会进程的后退，并承诺欧盟会继续致力于寻求稳定的发展，通过公开的讨论和合意的达成，以求将经济活力和社会进步结合起来。①

就平等就业权的法律保护而言，《1993 年绿皮书》第一部分总结了共同体在社会领域所取得的成就，并提到共同体社会政策已经涵盖了包括就业机会平等在内的广泛社会领域。而共同体在社会领域中通过的法律和政策，为劳动者基本社会权利的保障提供了合理基础。而男女之间平等待遇是共同体在社会领域立法的重要领域之一。尽管男女之间平等待遇所依据的条约条款在最初处于争议之中，但最终在实践中能够作为相关法律和政策的基础，促进女性能够获得机会的平等。同时，《1993 年绿皮书》还指出，共同体对于男女平等的保护，还体现了共同体如何采取"积极行动"来对法定权利进行补充，进而对不断发展的社会中所出现的主要问题作出积极的贡献和回应。《1993 年绿皮书》同时提出，欧洲共同体长期以来致力于推动男女在劳动力市场中应当享有的平等机会，并建立了广泛的法律框架来协助推动女性充分参与劳动力市场。但欧洲仍然面临着社会和经济发展趋向带来的挑战，这使得包括平等就业机会在内的社会政策面临着压力。"民主、个人权利和自由、平等机会、文化多样性、尊重人类尊严、

---

① Green Paper – European Social Policy – Options for the Union, COM/93/551 final, pp. 6-7.

社会保障以及法治”作为成员国之间共同的价值，这应当体现在成员国以及欧盟所采取的行动中，并成为欧洲社会政策未来发展的基础，使得欧洲经济和社会能够共同发展，男性和女性能够在平等基础上共同参与社会活动。①

《1993 年绿皮书》对于欧盟平等就业权法律及政策的发展所作出的另一个贡献，是扩大了《罗马条约》以来对于平等就业机会的保护范围。1993 年绿皮书指出，“保障所有公民的社会融合具有战略上的重要性”，应当成为成员国以及欧盟相关政策未来发展的重要目标。除了“活跃的”群体外，也需要保障“不活跃的”的群体有机会获得充分就业、参与社会并获得尊严，而这应当构成欧盟未来积极社会政策的基石。② 因此，《1993 年绿皮书》在第三部分“欧盟应对挑战的可能回应”部分中提出，应当关注年轻人面临的机会和风险，关注老年人的经济和社会角色，保证移民的平等机会，推动残疾人的融合以及打击种族主义和仇外心理。③ 这一论述使得平等就业机会的范围超出了性别，扩大到了年龄（年轻人和老年人）、国籍、残疾以及种族，为后一阶段平等就业权法律及政策的迅速发展提供了方向。

（2）1993 年《发展、竞争以及就业——21 世纪的挑战和道路——白皮书》

1993 年 6 月在哥本哈根举行的欧洲理事会首脑会议，要求委员会起草一份白皮书，制定一项关于发展、竞争和就业的中期战略。1993 年 12 月 5 日，欧盟委员会发布了《1993 年白皮书》。《1993 年白皮书》将发展、竞争以及就业视为具有相互联系性，其主要目的是应对欧盟严重的失业问题，增强欧洲经济的竞争力。为此，《1993 年白皮书》提出了相关提案，其中包括投资教育与培训，放松管制以增强劳动力市场的灵活性，保障劳动力市场的“去中央化”和主动性，降低非熟练劳动力以及半熟练

---

① Green Paper – European Social Policy – Options for the Union, COM/93/551 final, pp. 9–16.

② Green Paper – European Social Policy – Options for the Union, COM/93/551 final, p. 63.

③ Green Paper – European Social Policy – Options for the Union, COM/93/551 final, pp. 48–56.

劳动力的成本，以及对就业政策的全面审查。①

《1993 年白皮书》并没有过多地涉及平等就业权法律及政策问题，而是仅在第三部分第 8 章"发展转化为就业"中提出，欧盟需要更加稳定的经济增长，满足就业和打击失业的目标，与此同时要提高欧盟长期竞争力。② 为了这一目标，应当强调年轻人就业问题、打击劳动力市场隔离以及"推动和改善男性和女性之间的平等机会"。《1993 年白皮书》指出，保证女性充分参与劳动力市场有助于创造提供服务或货物的相关工作。因此，成员国应当利用推动女性就业，来作为创造工作以及打击男女之间不平等的方式之一。《1993 年白皮书》还对劳动力市场中的特定群体进行了规定，要求成员国保证为劳动力市场中处于不利位置的劳动者提供额外的工作。其中包括为劳动力市场中长期失业的年轻人提供进入正式劳动力市场的路径，并且完善男女就业机会平等政策。③ 但应当看到的是，《1993 年白皮书》所提及的包括男女平等就业在内的问题，其出发点和落脚点在于创造工作，进而提高欧盟范围内的就业程度，应对该时期欧盟所面临的严重失业问题，因而并没有对男女平等就业问题作出实质性的回答。

（3）1994 年《欧洲社会政策——联盟的道路——白皮书》

1994 年 7 月 27 日，欧盟委员会发布了《1994 年白皮书》。该报告的目标是寻求接下来的几年（1995—1999），在欧盟层面上应当采取的行动。另外，该时期的《社会行动计划》将于 1995 年终止，因此《1994 年白皮书》也为欧盟下一个社会行动计划提供了讨论基础。委员会通过《1994 年白皮书》再次强调，欧盟社会政策不应当作为经济发展或内部市场运作的"替补"，欧盟应当保证经济发展政策能够带来更好的社会发

---

① Growth, Competitiveness, Employment – The Challenges and Ways Forward into the 21st Century – White Paper, COM/93/700 final, pp. 8-20.

② Growth, Competitiveness, Employment – The Challenges and Ways Forward into the 21st Century – White Paper, COM/93/700 final, p. 123.

③ Growth, Competitiveness, Employment – The Challenges and Ways Forward into the 21st Century – White Paper, COM/93/700 final, pp. 130-134.

展，并提高所有人的生活水平。①

就平等就业权相关的内容而言，《1994年白皮书》在第五部分"男女之间机会平等"中进行了阐述。《1994年白皮书》确认了欧盟长期以来推动男女之间机会平等所作出的努力，欧盟所制定的社会政策法律框架已经成为成员国主要变革的催化剂。但这一报告强调，为保证联盟内现存法律和政策的统一实施，仍然需要对现存的法律框架进行加强。就如何加强女性在劳动力市场中的机会平等问题，《1994年白皮书》指出，应当禁止劳动力市场隔离并推动女性工作价值的实现，协调就业和家庭生活之间的关系，以及推动女性参与决策过程。②

另外，这一部分强调了欧盟政策应当格外关注残疾女性、老年女性、移民或少数者群体女性、农村以及城市女性的不同需求。虽然在这一部分的论述中主体仍然为女性，但这在一定程度上反映了欧盟社会政策开始重视具有其他特征而且需要特殊关注的主体。同时，《1994年白皮书》在第六部分"社会政策和社会保护"中提出，应当采取积极的劳动力市场措施，来保证所有人的经济和社会参与，并赋予就业最高的优先性，以求保证劳动力市场融合，打击劳动力市场隔离。该部分明确提出了应当为所有人提供平等机会。尽管该时期条约没有规定打击基于种族、宗教、年龄或残疾的歧视，但是已经有相当一部分声音要求委员会采取实质性的行动。委员会在《1994年白皮书》中呼吁，欧盟应当保障所有人都免于歧视的恐惧，并相信在下次条约修订的过程中，对打击基于种族、宗教、年龄和残疾的歧视予以认真考虑。这为后一时期中，欧盟领域内反歧视范围的扩大，以及委员会在这一领域内采取相关行动和措施奠定了基础。③

（二）《阿姆斯特丹条约》：立法权限和保护范围的扩大

1997年6月17日，欧盟在荷兰阿姆斯特丹首脑会议上通过了《修正

---

① European Social Policy – A Way Forward for the Union – A White Paper, COM/94/333 final, pp. 1–2.

② European Social Policy – A Way Forward for the Union – A White Paper, COM/94/333 final, pp. 31–35.

③ European Social Policy – A Way Forward for the Union – A White Paper, COM/94/333 final, pp. 36–38.

〈欧洲联盟条约〉、〈欧洲共同体条约〉以及若干有关文件的阿姆斯特丹条约》，即《阿姆斯特丹条约》。同年 10 月 2 日，欧盟成员国外长对《阿姆斯特丹条约》进行了签署，并于 1999 年 5 月 1 日生效。随着 1997 年 5 月英国新工党政府选举之后，英国同意签订并参与欧盟社会政策协议。自此，欧盟在社会领域内采取的政策和措施，终于成为 12 个成员国之间共同的合意。1997 年《阿姆斯特丹条约》继承了 1991 年《马斯特里赫特条约》中平等就业权法律保护的相关内容，并将《社会政策协议》融入了条约正文之中。同时，《阿姆斯特丹条约》对《欧盟条约》作出的第一项修订就是在条约前言部分插入了"确认遵守 1961 年 10 月 18 日在都灵签署的《欧洲社会宪章》以及 1989 年《共同体基本社会权利宪章》所定义的基本社会权利"。①

就平等就业权的法律保护而言，《阿姆斯特丹条约》对《欧洲共同体条约》第 2 条进行了修改，要求"在依据本条所采取的所有行动中，联盟都应当将消除男性和女性之间的不平等，促进男性和女性之间的平等作为目标"。② 这一条款要求欧盟采取措施来消除男女之间的不平等、促进男女之间的平等，而这反映了欧盟在性别主流化趋势下，对保障性别平等的承诺。③ 除却宣言式的声明和承诺之外，《阿姆斯特丹条约》对于欧盟平等就业权法律及政策的建立所作出的重大贡献，还在于其将欧盟所承认和打击的歧视范围，第一次从性别扩大到了"种族或民族出身、宗教或信仰、残疾、年龄或性取向"，并要求理事会采取适当的行动，打击上述类别的歧视行为。④ 欧盟所承认和打击的歧视范围的扩大，为下一阶段中欧盟通过大量的平等就业权法律和政策，保障劳动者享有平等就业机会、不受就业歧视的侵害提供了基础。《阿姆斯特丹条约》中的这一条款，在一定程度上也推动了欧盟平等就业权法律保护中两项重要指令的通过，即

---

① Treaty of Amsterdam, preamble.

② Treaty of Amsterdam, article 2. 2.

③ Claire Mchugh, "The Equality in EU Law: Taking a Human Rights Approach?", *Irish Student Law Review*, Vol. 14, 2006, p. 33.

④ Treaty of Amsterdam, article 2. 7.

2000 年《关于实施不同种族或民族出身之间平等待遇原则的指令》①，以及 2000 年《关于建立就业和职业平等待遇一般性框架的指令》②，后文将对这两项指令进行详细分析。

1997 年《阿姆斯特丹条约》在第 2 条第 22 款中，对《欧洲共同体条约》第 117 条至 120 条做出了实质性修改。③《阿姆斯特丹条约》第 117 条第一次明确提出，欧盟以及成员国应当牢记基本社会权利，并将"推动就业，提高生活和工作条件，在保持发展的同时尽可能的维持和谐，通过适当社会保障、管理者和劳动者之间的对话，开发人力资源"作为目标，来保证高层次的就业水平并打击社会隔离。就男女之间平等就业而言，第 118 条确认，为了实现第 117 条所规定的目标，欧盟应当支持并补充成员国在"男女劳动力市场机会平等以及工作待遇平等"领域所采取的行动。更重要的是《阿姆斯特丹条约》通过第 2 条第 22 款第一次对《欧洲共同体条约》第 119 条进行了修改，明确赋予了欧盟理事会权限，使其能够通过条约规定的一般立法程序，就保证男女就业和职业中平等机会和平等待遇原则的实施采取措施。这一明确规定为欧盟在这一阶段通过大量的平等就业权相关法律和政策提供了欧盟条约层面上的法律基础。另外，《阿姆斯特丹条约》在对第 119 条的修订中，认可了为促进实践中男女之间在工作中的充分平等，成员国可以保持或采取措施，为"未被充分代表的性别"提供特别优待，使得这类主体能够进行职业活动，或者为这类主体在职业中所遭受的不利进行预防或补偿。这一条款为欧盟在平等就业问题上采取灵活的"积极行动"措施提供了基础，并在实践欧盟平等就业权法律保护问题上发挥了巨大的作用。自此，在平等就业领域中，欧盟通过并实施"积极行动"获得了其法律基础，欧盟之后通过的一系列平等就业权相关法律和政策中，普遍通过"积极行动"来保证实

---

① Council of the European Union, Council Directive of 29 June 2000 on Implementing the Principle of Equal Treatment Between Persons Irrespective of Racial or Ethnic Origin, 2000/43/EC.

② Council of the European Union, Council Directive of 27 November 2000 on Establishing a General Framework for Equal Treatment in Employment and Occupation, 2000/78/EC.

③ Treaty of Amsterdam, article 2. 22.

践中具有弱势身份的主体能够享有就业机会和就业待遇的平等。

　　值得注意的是，这一条款除了反映出"实质主义平等"相对于"形式主义平等"的胜利之外。还在一定程度上反映了欧盟所设定的平等待遇原则中关于机会平等和结果平等的问题。机会平等强调每个人应当获得平等的机会来参与竞争，而结果平等强调应当保障每个人都能够获得平等的结果。① 这两者所反映的是对平等待遇原则实施过程中不同阶段的强调。而对《阿姆斯特丹条约》分析来看，这一条款通过两个款项，同时规定了机会平等和结果平等。该条款中第一项指出这一措施的目的是为了"使得这类主体能够进行职业活动，或防止这类主体在职业中遭受不利"，使得该类主体能够与其他主体平等竞争，它强调的是机会平等；而第二项后半款指出这一措施的目的也可以是为了"为这类主体在职业中所遭受的不利进行补偿"，使得该类主体曾遭受的不利得到有效的偿还，这在一定程度上也体现了对结果平等的有限强调。在欧洲"平等"思想发展过程中，一直存在着强调机会平等而否定结果平等的倾向。这通常体现在政府通过资源再分配，特别是通过采取"积极行动"，为包括少数者以及女性在内的弱势群体提供特殊照料。这一观点认为，政府的作用仅仅在于保证所有人都能够从同一"起跑线"出发进行竞争。若所有人能够获得平等的机会，那么所能够达成的结果则完全是个人自己的责任，即使个人无法取得理想的结果，政府也不得干预。② 而这一条款确认了欧盟可以采取"积极行动"措施，"为这类主体在职业中所遭受的不利进行补偿"，这在一定程度上体现了对结果平等的有限承认。为之后就业中出现的包括"配额制"在内的，保证劳动者就业结果平等的"积极行动"措施提供了基础，极大地推动了欧盟在平等就业权法律保护中所发挥的作用。在2000 年的 *Georg Badeck and Others v. Landesanwalt beim Staatsgerichtshof des Landes Hessen* 案中，欧盟法院明确指出国内法所规定的"配额制"符合欧

① Hugh Collins, "Discrimiantion, Equality and Social Inclusion", *The Modern Law Review*, Vol. 66, 2003, p. 17.

② David A. Strauss, "The Illusory Distinction Between Equality of Opportunity and Equality of Result", *William and Mary Law Review*, Vol. 34, 1993, p. 171.

盟法律的要求。①

此外，根据《阿姆斯特丹条约》对第 120 条的修订，委员会应当每年就第 117 条所规定目标的完成进度起草报告，并提交欧洲议会、理事会以及经济和社会委员会。② 根据这一条款，在 1997 年 11 月 20 日至 21 日于卢森堡召开的就业特别会议前夕，委员会提交了关于欧洲就业状况的报告，提出了 1997 年至 2000 年的就业日程安排，以求应对欧洲该时期面临的就业相关问题，提高就业层次和程度。③

（三）《尼斯条约》与《欧盟基本权利宪章》

2000 年 12 月 11 日，欧盟在尼斯理事会会议上通过了《修正〈欧洲联盟条约〉、〈欧洲共同体条约〉》以及若干有关文件的尼斯条约》，即《尼斯条约》。2001 年 2 月 26 日欧盟部长理事会签署了《尼斯条约》，2002 年 2 月 1 日正式生效。

对于欧盟平等就业权法律保护的发展而言，2000 年的尼斯会议所作出的最重要贡献是通过了《欧盟基本权利宪章》（下称"《宪章》"）④。同时，2000 年《尼斯条约》在最后一部分的"会议通过的宣言"中"关于欧盟未来的宣言"的部分也提到，尼斯会议正式通过的《宪章》的地位应当得到强调。⑤

正如《宪章》在前言部分所解释的，欧盟建立在"人类尊严、自由、平等以及团结"这不可分割的普遍性价值之上，并致力于维护和发展这些共同价值。因此，《宪章》的制定具有必要性，这使得基本权利更加明确，以求根据社会变革、社会进程以及科技发展，加强对于基本权利的保护。为此，《宪章》重申了来自"成员国宪法传统以及共同国际责任、

---

① Georg Badeck and Others v. Landesanwalt beim Staatsgerichtshof des Landes Hessen, Judgment of the Court, 28 March 2000, C-158/97, para. 23-25.

② Treaty of Amsterdam, article 2. 22.

③ Commission of the European Communities, Report from the Commission – Employment in Europe (1997), 1 October 1997, COM/97/0479.

④ European Union, Charter of Fundamental Rights of the European Union, 7 December 2000, O. J. C 364.

⑤ Treaty of Nice, Declarations Adopted by the Conference, p. 86.

《欧盟条约》《共同体条约》《欧洲保护人权和基本权利公约》、共同体以及欧洲理事会所通过的《社会宪章》、欧盟法院以及欧洲人权法院判例法"的基本权利。①

《欧盟基本权利宪章》被认为是欧盟在人权领域内所作出的第一份全面声明。而考虑到欧洲共同体基本条约的目的是建立统一市场、促进经济融合，很容易理解为何在欧洲共同体刚刚成立时期，并没有在其基本条约中提到基本权利。但这并不意味着欧盟在运行过程中不会出现任何与人权和基本权利相关的问题，特别是在欧洲统一市场中有关劳动者基本权利的问题。因此，随着欧盟法律的完善和发展，以及二战之后欧盟公民人权和基本权利意识的逐渐提高，要求欧盟在其法律体系中建立对基本权利的保障和强调的呼声也逐渐加强。正如上文提到的，在1992年《马斯特里赫特条约》中，欧盟第一次明确提出了基本权利这一概念，并要求欧盟履行保障基本权利的义务。② 1999年欧盟科隆会议就任命了工作组，来规划和起草《宪章》，目的就是对欧盟公民所应当享有的基本权利起草一份声明，并借此在欧盟层面上巩固成员国所普遍承认的基本权利，并使得基本权利高于一切的这一观念能够更加为欧盟公民所认知。

值得注意的是，《欧盟基本权利宪章》同时规定了公民权利和政治权利以及经济和社会权利。但由于《宪章》的目标是编纂并使得现存权利更加明确，因此在一般性条款中强调，该《宪章》并没有为共同体或联盟创制或改变条约所赋予的权力或任务。③ 而且在这一时期，《尼斯条约》并没有赋予《宪章》法律约束力。因此，在这一时期，《宪章》所规定的基本权利和自由大多是宣言性的，并不对成员国或欧盟公民产生直接影响。但是欧盟法院在司法实践中经常引用《宪章》的内容来对相关判决进行支持。因此，在这一时期，《宪章》已经成为欧盟法院解释欧盟法律时的重要参照。在2000年的 *European Parliament v. Council of the European Union* 案中，欧盟法院提出，尽管《宪章》并不具有法律约束力，但其所

---

① Charter of Fundamental Rights of the European Union, O. J. C 364, preamble, p. 1.

② Peter Goldsmith, "A Charter of Rights, Freedoms and Prnciples", *Common Market Law Review*, Vol. 38, 2001, pp. 1202–1203.

③ Charter of Fundamental Rights of the European Union, O. J. C 364, article 51.

具有的重要性得到了欧盟法院的承认。法院指出，《宪章》的主要目标是重申"成员国宪法传统以及共同国际责任、《欧盟条约》《共同体条约》《欧洲保护人权和基本权利公约》、共同体以及欧洲理事会所通过的《社会宪章》、欧盟法院以及欧洲人权法院判例法"所规定的既存权利，因此对于案件的判决和分析具有重要的参照意义。①

2009年《里斯本条约》赋予了《欧洲基本权利宪章》欧盟基本法律的地位，使得其具有了法律上的约束力，因此可以在欧盟法院以及成员国国内法院进行适用，来处理欧盟法律相关问题，而这也引发了大量的争议和思考。正如前文所述，《宪章》在同一份文件中既规定了公民权利和政治权利，同时也规定了经济和社会权利，而这在国际人权法相关公约或文件中是非常少见的。② 通常而言，这两类权利会在不同的文件中进行规定，例如联合国1966年《公民权利和政治权利国际公约》③ 以及1966年《经济、社会和文化权利国际公约》。④ 造成这两类权利长期分别进行规定的原因，是因为有观点认为公民权利和政治权利基本上是"消极的"，因此不需要国家动用大量资源进行实施；而经济和社会权利是"积极的"，需要国家调动资源来进行实施。《宪章》同时规定了两类权利，并赋予了其法律约束力，一方面体现了《宪章》对经济和社会权利所具有的基本权利地位的承认。但另一方面也使得以英国为主的部分欧盟国家极力主张，只有传统的公民和政治权利才构成可审判的权利，而经济和社会权利并不是实质上的权利，而仅仅应当作为一种原则，因此不应当在法院中进

---

① European Parliament v. Council of European Union, Judgment of the Court, 27 June 2006, C-540/03, para. 38.

② Damian Chalmers, *European Union Law*: *Text and Materials*, Cambridge: Cambridge University Press, 2006, pp. 246-258.

③ United Nations, International Covenant on Civil and Political Rights, adopted by resolution 2200 A (XXI) of the United Nations General Assembly on 16 December 1966, entered into force on 23 March 1976.

④ International Covenant on Economic, Social and Cultural Rights was adopted by resolution 2200 A (XXI) of the United Nations General Assembly on 16 December 1966, entered into force on 3 January 1976.

行审查。①

但是《欧盟基本权利宪章》并没有明确规定哪些条款构成了权利，哪些条款构成了原则。2012 年 12 月 12 日欧盟理事会通过的《关于〈欧盟基本权利宪章〉的解释》试图对这一问题进行解释。② 这一解释提出，根据对"权利"和"原则"的区分，"权利"应当获得尊重，而"原则"应当得到遵守。"原则"可以通过欧盟和成员国在实施欧盟法律时所通过的法律或政策得到实现。而对法院而言，只有在解释或审查这些法律或政策时，这些原则才具有重要性。为了使得这一问题更加清晰，该解释还进行了举例。例如，《宪章》第 25 条关于老年人权利，第 26 条关于残疾人融合，第 33 条关于家庭和职业生活以及第 27 条关于环境保护等条款，应当认为是仅构成了一项原则。但是该解释还提出，有部分条款既构成了权利也构成了原则，例如第 23 条关于男女之间平等，第 33 条关于家庭和职业生活以及第 34 条关于社会保障和社会救助等条款。因此，根据这一解释，一些社会和经济权利不仅仅是原则，而是事实上具有可审判性的权利，并非只有公民和政治权利构成了具有可审判性的权利。

而在实践中，《宪章》在具有法律效力之后，已经成为欧盟法院司法实践中的重要依据。例如欧盟法院在 2010 年 *Seda Kücükdeveci v. Swedex GmbH & Co. KG* 案中指出，"应当注意到的是，《欧盟条约》第 6 条第 1 款规定《欧盟基本权利宪章》具有与条约相同的法律价值。根据《宪章》第 21 条第 1 款，'应当禁止任何基于年龄的歧视'。"③

三 欧盟平等就业权法律保护面临的挑战及发展趋向

随着 2009 年《里斯本条约》的生效，欧盟平等就业权法律保护的框

---

① Lord Goldsmith, "A Charter of Rights, Freedoms and Principles", *Common Market Law Review*, Vol. 38, 2001, p. 1212.

② Council of the European Union, Council of the European Union, Explanations of the Charter of Fundamental Rights, O. J. C 303/02, 14 December 2007, p. 35.

③ Seda Kücükdeveci v. Swedex GmbH & Co. KG, Judgment of the Court, 19 January 2010, C555/07, para. 22.

架基本建立。这一时期，欧盟面临着全球化进程深入、科技进步以及经济发展带来的快速变革，还面临着家庭模式剧烈变化而产生的对平等就业权保障的迫切要求。另外，新成员国的加入在丰富欧盟多样性的同时，也带来了新的挑战。而为应对这些挑战，欧盟平等就业权法律保护表现出了新的发展趋向，即在保障平等就业机会和平等就业待遇的同时，强调"灵活性"并推动"积极行动"。

（一）《里斯本条约》与面临的挑战

2007 年 10 月 19 日，欧盟在里斯本非正式首脑会议上通过了《修正〈欧洲联盟条约〉、〈欧洲共同体条约〉的里斯本条约》，即《里斯本条约》，2009 年 12 月 1 日生效。《里斯本条约》修订了《欧洲联盟条约》以及《欧洲共同体条约》，将《欧洲共同体条约》重新命名为《欧洲联盟运行条约》，① 进而将欧洲共同体完全纳入了欧盟。

在欧盟平等就业权法律保护领域内，《里斯本条约》所作出的最重大的贡献是赋予了《欧盟基本权利宪章》与条约同样的"法律价值"。《欧盟基本权利宪章》获得与条约同样的欧盟基本法律地位，为欧盟平等就业权法律保护的进步提供了强大的推进力。《里斯本条约》规定，应当对《欧盟条约》第 6 条作出以下修订，欧盟承认 2000 年 12 月 7 日通过的《欧盟基本权利宪章》中所规定的"权利、自由和原则"，《欧盟基本权利宪章》应当具有和条约同样的法律价值。② 《里斯本条约》再次强调，宪章所作出的规定并不扩大条约所赋予联盟的权限。另外，在这一条款中《里斯本条约》还声明，"联盟应当加入《欧洲保护人权和基本自由公约》"。③ 但《里斯本条约》仅规定，"《欧洲保护人权和基本自由公约》所保障……的基本权利，应当具有联盟法律中一般性原则的地位"。因此，虽然《欧洲保护人权和基本自由公约》构成了欧盟法律的一部分，但并不具有与条约或衍生法律相同的地位，而是其中所规定的基本权利构成了欧盟法律的一般性原则。

---

① The Treaty of Lisbon, article 1.1. (a).

② The Treaty of Lisbon, article 1.8.2.

③ The Treaty of Lisbon, article 1.8.3.

《里斯本条约》对《欧盟条约》第 2 条做出了修订，再次强调了"欧盟应当致力于推动欧盟的持续发展，以经济平衡增长和价格稳定以及具有高度竞争力的社会市场经济为基础，目标是推动充分就业和社会进步"；同时，"欧盟应当打击社会隔离和歧视，推动社会正义和社会保护，保障男女之间平衡以及代际之间的团结"。① 这不仅反映出了欧盟在新阶段面临的挑战，也反映出了在这一时期，欧盟平等就业权法律保护所面临的挑战。在《里斯本条约》通过后，欧盟委员会通过了两份具有关键性作用的报告，对欧盟平等就业权法律保护所面临的新挑战进行了全面的分析，即 2007 年 11 月 20 日通过的《机会、准入和团结：21 世纪欧洲的新社会视角》（以下称《2007 年报告》）②，以及后续的 2008 年 7 月 2 日通过的《更新后的社会议程：机会、准入和团结》（以下称《2008 年报告》）③。

委员会在《2007 年报告》指出，欧洲社会正在经历着迅速的变化。首先，全球化、科技进步以及经济发展影响了欧洲范围内的生活和工作的方式，出现了新的工作机会、对新技能的要求以及越来越快的变革。而这所带来的利益和风险并非是均等的，这使得一部分人面临着失业和社会隔离的风险。其次，欧洲居民寿命不断延长，家庭模式面临着前所未有的改变，性别平等的进程不断推进，并不断适应着"流动性和多样性"的新模式。再次，欧盟本身也经历了变革，欧盟已经拥有了近 5 亿公民，因此越来越具有多样化，而新成员国的加入也推动了欧盟以及周边国家所能够享有的和平、自由和繁荣。这些发展确实提供了前所未有的机会，但这也可能会产生新的社会风险，带来社会隔离以及不公平和不平等。④

委员会的《2007 年报告》引起了广泛的讨论，推动了委员会《2008 年报告》的通过，并建立了新的社会议程。《2008 年报告》重申了科技进

---

① The Treaty of Lisbon, article 1. 4.

② Commission of the European Communities, Opportunities, Access and Solidarity：Towards A New Social Vision for 21st Century Europe, 20 November 2008, COM/2007/726 final.

③ Commission of the European Communities, Renewed Social Agenda：Opportunities, Access and Solidarity, 2 July 2008, COM/2008/412 final.

④ Commission of the European Communities, Opportunities, Access and Solidarity：Towards a New Social Vision for 21st Century Europe, COM/2007/726 final, p. 3.

步、全球化和人口老龄化正在改变着欧洲社会，并强调了该时期在全球经济危机的冲击之下，欧盟社会政策应当与这些变化中的事实保持同步，并明确提出了社会政策应当强调"灵活性"并推动"积极行动"来应对这些挑战。①

（二）欧盟平等就业权法律保护的发展趋向

上文所提到委员会《2007 年报告》以及《2008 年报告》，体现了《里斯本条约》以及《欧盟基本权利宪章》通过之后，欧盟平等就业权法律保护面临的挑战，并进一步昭示了欧盟平等就业权法律保护的发展趋向，即在保证欧洲基本价值作为欧盟社会政策核心的基础上，如何通过强调"灵活性"并推动"积极行动"来积极应对全球化以及经济危机所带来的挑战。

欧盟自 1998 年起就开始通过制定《成员国就业指导纲要》来指导欧盟就业法律及政策在成员国国内的落实。在这一时期欧盟先后通过了2008 年《成员国就业指导纲要》（以下简称《2008 年纲要》）② 以及2010 年《成员国就业指导纲要》（以下简称《2010 年纲要》）③。这两份就业指导纲要着重分析了在该时期欧盟如何通过强调"灵活性"以及"积极行动"，来应对欧盟平等权法律保护所面临的新时期挑战。

1. 强调"灵活性"

在欧盟平等就业权法律保护中强调"灵活性"，目的在于灵活应对随着全球化、科技进步以及经济快速发展所可能产生的平等就业权问题。《2008 年纲要》指出，成员国在实施欧盟就业法律及政策时，应当保障充分就业，提高工作质量和生产力，加强经济、社会以及区域凝聚力。其中，"充分就业"要求通过增加需求，来实现充分就业、减少失业，而这对于保持经济增长以及加强社会融合而言必不可少。为达成这一目标，

---

① Commission of the European Communities, Renewed Social Agenda: Opportunities, Access and Solidarity, COM/2008/412 final, p. 1.

② Council of the European Union, Council Decision on Guidelines for the Employment Policies of the Member States, 15 July 2008, 2008/618/EC.

③ Council of the European Union, Council Decision on Guidelines for the Employment Policies of the Member States, 21 October 2010, 2010/707/EU.

《2008 年纲要》再次强调了完整的"灵活性"措施是必不可少的。因为"灵活性政策同时强调了劳动力市场、劳动组织和劳动关系、协调工作和私人生活、就业保障以及社会保障的灵活性"。在这一过程中,《2008 年纲要》同时指出,保障平等机会和打击歧视也是必不可少的,不能因为强调"灵活性"而忽视了对平等待遇原则的遵守。因此,《2008 年纲要》要求,成员国应当在所有行动中,都保证推动性别平等,并缩小劳动力市场中性别方面存在的差距。同时,应当给予年轻人与老年人,以及对包括残疾人在内的处于不利情况中的人予以特别关注,消除这些人所面临的就业障碍。成员国应当致力于通过推动劳动力参与经济和社会生活,来达成所有人的积极融合,进而打击贫穷,并消除边缘群体面临的社会隔离情况。①

《2010 年纲要》的制定受到了 2010 年《欧洲 2020 理智、可持续和包容性增长策略》(以下简称《欧盟 2020 战略》)② 的影响。在 2008 年经济危机之后,委员会起草了《欧盟 2020 战略》来保证欧盟能够渡过经济危机,并将欧盟经济转向"理智增长、可持续增长、包容性增长"上来,并推动就业、生产力发展和社会融合。《2010 年纲要》所包含的第 7 号指导纲要提出,成员国应当将欧盟所确立的"灵活性"融入劳动力市场政策中并进行实施。但是这一"灵活性"的目的应当是改善劳动力市场参与、打击劳动力市场分化和僵化并保证性别平等,同时减少结构性失业。因此,成员国在加强"灵活性"的同时,应当保证"灵活性"和社会保障之间的平衡。因此,应当增加女性和男性在劳动力市场中的参与,减少结构性失业,提升工作质量。这一指导纲要强调,通过"灵活性"激发劳动力市场活力,是提高劳动者参与经济和社会生活的主要因素。③

---

① Council of the European Union, Council Decision on Guidelines for the Employment Policies of the Member States, 2008/618/EC, p. 1.

② European Commission, Europe 2020 - A Strategy for Smart, Sustainable and Inclusive Growth, 3 March 2010, COM/2010/2020 final.

③ Council of the European Union, Council Decision on Guidelines for the Employment Policies of the Member States, 21 October 2010, 2010/707/EU, p. 4.

2. 推动"积极行动"

在这一时期，推动"积极行动"成为欧盟平等就业权法律保护的重要趋向。委员会在《2007 年报告》中提出了欧盟平等就业权法律保护的新视角，强调应当推动"积极行动"来为平等就业权提供有效的法律保护，在实质意义上保障平等就业机会和待遇能够为每一个人所享有。在报告中，委员会强调应当通过积极保障"机会、准入以及团结"来推动"人生机遇"，"保证实现每个人的潜力并最大程度利用创新、开放和现代的欧洲所能提供的机遇"，并提出"尽管社会无法保证每个人获得平等的结果，但必须坚决推动平等的机会"，"来保证欧盟中的每个人都能够获得同样的资源、服务、条件和能力，来使得理论上的机会平等能够变成有意义的现实"。在该报告的"主要行动领域"部分，委员会明确指出，需要推动"积极的社会包容和不歧视"，即推动"积极行动"。而采取这一策略的原因在于，在该时期的欧洲社会中，"人生机遇"并未被每个人所平等享有。包括有效和平等获得就业的机会在内，"人生机遇"的实现情况在欧盟范围内差别极大，大量的欧盟公民遭受着贫穷、社会隔离的影响，在获得有尊严的生活以及就业方面面临着严重困难。尽管基于种族或民族出身、宗教、残疾、年龄或性取向原因的歧视遭到了禁止，但这些因素仍然阻碍着许多人获得平等机会。因此，接受多样性、积极保证弱势群体融合、推动平等和消除不歧视，应当作为保证个人自由和赋权的首要优先事项。①

委员会《2008 年报告》肯定了欧盟长期以来为性别提供的法律保护，以及欧盟通过法律禁止就业中基于种族或民族出身、宗教或信仰、残疾、年龄和性取向原因的歧视所作出的努力，并鼓励联盟在后一时期继续推动平等就业权法律保护的发展。同时，委员会《2008 年报告》进一步提出，欧盟在平等就业权法律保护中所面临的挑战要求欧盟对个人进行赋权来实现他们的潜力，并为不具备这一能力的人提供帮助，这同样应当围绕"机会、准入和团结"而展开的。《2008 年报告》详细阐述了这 3 者之间

---

① Commission of the European Communities, Opportunities, Access and Solidarity: Towards A New Social Vision for 21st Century Europe, COM/20007/726 final, pp. 6–8.

的关系。首先，创造机会要求不断努力创造更多、更好的工作，并提高福利。这意味着需要消除障碍、保证灵活性、打击歧视、推动性别平等、支持家庭和处理新形式的社会隔离。为了创造机会，个人需要能够获得教育、健康保障以及社会服务的准入，并能够积极参与并融入社会。对于那些落后于变革速度的个人和地区而言，需要提供特别支持。因此，新的社会议程也是团结的一部分，有助于打击贫困和社会隔离，并开创协助个人适应全球化和科技变革的新方式。此外，委员会在《2008 年报告》第四部分"新社会议程：优先事项"中特别指出，应当防止贫穷和社会隔离，打击歧视。报告指出，失业者、残疾人以及老年人最容易遭受贫穷的冲击，而女性也处于贫穷的威胁之下。对于特定群体而言，由于社会障碍或经济约束，使得这些群体无法充分获得就业、培训、教育、住房和健康保障。因此，欧盟应当致力于推动"积极行动"，为这些无法进入劳动力市场的群体提供保障，包括劳动力市场融合、提供工作报酬以及终身学习。①

另外，欧盟在《2010 年纲要》所包含的第 10 号指导纲要中也指出，要求通过采取"积极行动"，来推动社会融合和打击贫困。《2010 年纲要》指出，扩大就业机会是成员国消除贫困和推动社会及经济充分参与的必要方面。成员国应当采取"积极行动"，致力于保证平等机会，保证所有人都能够获得社会领域中高质量、可承担和可持续性的服务。与此同时，成员国应当实施有效的反歧视措施，推动无法进入劳动力市场的主体能够参与劳动力市场，进而推动社会融合。② 通过积极推动社会经济和社会创新，来为弱势群体提供帮助和支持。而所有这些采取的措施都应当推动性别平等。

---

① Commission of the European Communities, Renewed Social Agenda: Opportunities, Access and Solidarity, COM/2008/412 final, pp. 3-4, 12-13.

② Council of the European Union, Council Decision on Guidelines for the Employment Policies of the Member States, 2008/618/EC, p. 5.

四　本章小结

欧盟平等就业权法律保护的演进可以结合欧盟的发展历程进行理解。自 1957 年欧洲经济共同体时期以来，欧盟在发展过程中经历了经济和政治方面的巨大变化。在这半个多世纪中，欧盟对于平等就业权法律保护的制定和实施确立了不同的策略，而这些策略反映了不同时期欧盟的经济和政治情形，同时也在一定程度上反映了成员国在国内劳动力市场中所面临的普遍性问题。

1957 年《罗马条约》建立欧洲经济共同体时，其目标是促进欧洲的经济融合，建立统一市场。虽然在这一时期，欧洲经济共同体采取了一定措施来推动劳动者的平等就业，但新自由主义和自由放任主义仍然在欧洲经济和社会中占据主导。因而有关平等就业权的法律和政策以相对谨慎为特征，欧洲经济共同体的核心是经济法律。合并为欧洲共同体之后，建立统一市场的经济法律在欧洲共同体法律中仍然占有主要地位。在这一时期，欧洲经济共同体和欧洲共同体将劳动者与资本、货物和服务一起，作为建立欧洲统一市场的要素之一予以保障，目的是促进和保证其在统一市场中的自由流动。而在统一市场中对劳动者提供的保护，与国内劳动法以及国际劳动法对劳动者的保护十分不同，其出发点是保障劳动力的自由流动这一基本目标，而不是基于劳动者生而为人所应当享有的基本权利和自由。它所反映出的理念挑战了国际劳动法的基本假设，即劳动者不应当被作为商品。由于根据这一时期的共同体法律，劳动者的自由流动是经济问题而不是社会问题，因此产生了许多在这一框架下无法解决的社会问题，例如社会倾销、退休金和社会福利的转移，移民工人的失业问题，社会保障以及家庭教育、住房等其他问题。而劳动力在自由流动中也面临着就业歧视问题的困扰。这一问题的根源在于，只要"歧视性"的就业待遇不违反劳动力自由流动的要求，统一市场便会忽视或容忍这一就业待遇。但是，劳动者与货物、服务或资本并不相同。劳动者作为人类，应当享有基本自由和尊严，而不是仅仅作为资本流通、经济服务、跨国贸易、客户责任或其他货物自由流动中的某一要素。

1973 年石油和能源危机之后，随之产生的经济危机中止了二战后经济的繁荣，欧洲地区以及欧洲共同体成员国国内劳动力市场都面临着高失业率和工业衰退的共同问题。当时的欧洲共同体通过了《社会行动计划》，对该时期欧洲经济一体化以及经济危机对社会领域造成的影响进行了回应。欧洲共同体开始具有更加"人性化"的面孔，试图在统一市场中，通过制定和实施社会政策，维持和谐的劳动及就业关系，支持和推动劳动力市场的有序运作。而进入 1990 年代之后，欧洲共同体制定和实施劳动及就业政策的热情开始减弱。同时，为了对抗经济的持续缓慢增长以及大规模的失业问题，也是为了在全球化过程中成功占领国内和国外市场，放松对劳动和就业领域的管制成为了这一时期欧洲共同体中的主流声音。

1991 年《马斯特里赫特条约》以及 1995 年《阿姆斯特丹条约》对于"就业标题"部分的不断扩充和完善，体现了欧盟对平等就业权的关注和重视。1991 年《马斯特里赫特条约》通过之后，欧洲煤钢共同体、欧洲原子能共同体以及欧洲经济共同体纳入了欧洲联盟。欧盟继承和发展了欧共体时期所建立的包括平等就业权法律保护在内的社会政策体系。《马斯特里赫特条约》附录中的《社会政策议定书》以及《社会政策协议》，扩大了欧盟在平等就业领域内的权限，推动了劳动力市场中就业机会和待遇的平等。1997 年《阿姆斯特丹条约》的通过，对于欧盟平等就业权法律保护的发展做出了巨大的贡献，该条约将欧盟所承认和打击的歧视范围，从性别扩大到了"种族或民族出身、宗教或信仰、残疾、年龄或性取向"，并要求理事会采取适当的行动，打击上述类别的歧视行为。

20 世纪末，保障基本权利的策略在欧盟范围内得到了复苏。2000 年《尼斯条约》通过了《欧盟基本权利宪章》，同时规定了经济和社会权利以及与公民和政治权利。2007 年《里斯本条约》赋予了《欧盟基本权利宪章》欧盟基本法律的地位，为欧盟平等就业权法律保护在新时期的发展提供了基础。《欧盟基本权利宪章》对经济和社会权利与公民和政治权利的同样承认，体现出的是欧洲融合不再仅仅只具有经济目标，社会目标也成为欧洲融合的必然追求。劳动相关的法律及政策开始处于欧盟经济和社会政策的中心位置。这一宪章成为调整欧盟领域内劳动与工业关系的核心保障。而包括劳动相关权利的社会和经济权利上升到基本权利层面，也影响了成员国的劳动法。成员国国内劳动法的发展，常常会伴随着从民法中剥离的漫长过程，特别是在辨别和承认劳动合同与商业合同的本质区别上。而欧盟承认包括劳动权利在内的社会和经济权利具有基本权利的地位，在一定程度上也会提升成员国国内对于劳动权利地位的认知。自此，欧盟平等就业权法律保护的框架基本建立，欧盟及相关机构在这一基础上，通过欧盟委员会的建议和报告以及欧盟就业指导纲要，推动欧盟平等就业权法律保护的完善，来应对欧盟以及成员国劳动力市场中出现的新状况。

随着科技进步、全球化和人口老龄化现象的出现和发展，在该时期所出现的新挑战的冲击之下，欧盟开始强调欧盟社会政策应当与这些变化中的现实情况保持同步，并明确提出了社会政策应当具有"灵活性"。同时，对于欧盟而言，在经济全球化的浪潮下，特别是 2008 年全球危机之后，也越来越迫切地需要在欧盟平等就业权法律保护中强调"灵活性"并推动"积极行动"，来保障平等就业、反对就业歧视，以维持社会稳定，保持经济增长和消除贫穷。

第二章　欧盟平等就业权法律保护的框架与特征

在欧盟平等就业权法律保护的发展过程中，欧盟建立起了较为完善和系统的平等就业权法律保护框架，这一框架集中体现了欧盟平等就业权法律保护的多层次和多元化特征。包括《欧盟条约》《欧盟运行条约》以及《欧盟基本权利宪章》在内的欧盟基本法律为欧盟平等就业权法律保护提供了基础和依据。根据欧盟基本法律的规定，欧盟委员会和理事会起草并通过了以指令为主要形式的欧盟衍生法律，具体规定了欧盟平等就业权法律保护的基本内容和保护标准。除此之外，欧盟机构还通过了大量的不具有普遍性约束力的相关文件对平等就业权的法律保护问题提出建议和意见，同时欧盟及欧盟成员国的普遍性价值和基本权利作为欧盟的一般性原则，对于欧盟平等就业权法律保护也具有重要的参考价值，而欧盟法院的判决对于欧盟平等就业权法律保护而言同样发挥了重要的作用。

本章对欧盟平等就业权法律保护框架中的欧盟基本法律、欧盟衍生法律、具有参考价值的相关文件、欧盟普遍性价值和基本权利以及欧盟法院判决进行分析，并探讨其中所体现出的欧盟平等就业权法律保护的特征。

一　欧盟平等就业权法律保护的框架

欧盟平等就业权法律保护的框架包括了欧盟基本法律、欧盟衍生法律、具有参考价值的相关文件、欧盟普遍性价值和基本权利以及欧盟法院判决。这些法律和文件推动了欧盟平等就业权法律保护在发展进程中的逐步完善，并在运行过程中互相补充、互相作用，共同为欧盟范围内的平等就业权提供充分、有效的法律保护。

（一）欧盟基本法律

1. 《欧盟条约》及《欧盟运行条约》

欧盟基本法律指的是《欧盟条约》和《欧盟运行条约》以及条约议定书。2007 年 10 月 19 日，欧盟在葡萄牙里斯本非正式首脑会议上通过了《里斯本条约》。在 2009 年 12 月 1 日生效后，《里斯本条约》修订了《欧洲联盟条约》以及《欧洲共同体条约》，将《欧洲共同体条约》重新命名为《欧洲联盟运行条约》。① 本书所讨论的《欧盟条约》和《欧盟运行条约》以及《欧盟基本权利宪章》是基于 2016 年 6 月 16 日欧盟所发布的《〈欧盟条约〉及〈欧盟运行条约〉整合版本》②，下文所涉及的条款标号，以该整合版本为准。

《欧盟条约》在序言部分承认保障平等，与人类不可被侵害和不可被剥夺的权利以及自由、民主和法治一道，已经成为欧盟的基本价值之一。③《条约》第 2 条再次强调，"欧盟是建立在尊重人类尊严、自由、民主、平等、法治以及尊重包括少数人权利在内的人权这些价值之上；而在多元化、不歧视、融合、正义、团结和男女平等的社会中，这些价值普遍存在，为成员国所共有"。④《条约》第 3 条第 3 款规定，"欧盟应当建立统一市场……推动充分就业和社会进步；欧盟应当打击社会隔离和歧视，促进社会正义以及男女之间的平等"。⑤ 从中可以看出，《欧盟条约》对于就业和职业领域内平等机会和待遇问题，仅作出了原则性和宣言性的规定。而《欧盟运行条约》对这一问题进行了更加具体和更加具有操作性的规定。

《欧盟运行条约》第 10 条规定，在不违反该条约其他条款的情况下，理事会可以根据特别立法程序，一致采取行动，"打击基于性别、种族或

---

① The Treaty of Lisbon, article 1. 8.

② Consolidated Versions of the Treaty on European Union and the Treaty on the Functioning of the European Union, 7 June 2016, O. J. C 202.

③ Treaty on European Union, preamble.

④ Treaty on European Union, article 2.

⑤ Treaty on European Union, article 3. 3.

民族出身、宗教或信仰、残疾、年龄或性取向的歧视".① 该条款为欧盟
理事会以及委员会通过制定法律和政策，打击基于上述理由的就业歧视，
保障平等就业权在欧盟领域内的实施，提供了法律依据。根据上文对欧盟
平等就业权法律保护的发展历程来看，对于平等的追求，特别是对性别平
等的追求，一直是欧盟社会政策的核心。对于性别平等的追求自 1957 年
《罗马公约》起就进入了联盟的视线。但对于其他平等的追求，特别是种
族或民族出身、宗教或信仰、残疾、年龄以及性取向方面，却是在《罗
马条约》通过 40 年之后，直到 1997 年《阿姆斯特丹条约》才具有了具
体的形式。② 长期以来，在欧盟层面上，只有对性别平等的保护才具有欧
盟基本法律所提供的法律基础，而基于其他原因的平等能够获得欧盟基本
法律的保护和承认，仅是近 20 年以来的事情。各种因素相互交织，才使
得基于其他原因的平等问题获得了欧盟立法者的注意。简单来说，其中既
有经济原因，也包括了政治原因。就经济原因而言，在欧盟高度一体化的
统一市场中，防止"社会倾销"以及扭曲性竞争十分必要。因此需要在
欧盟层面上，采取统一措施，提高社会保障标准。另外，就政治原因而
言，欧盟在经历了大范围的经济危机的冲击之后，越来越需要向欧盟公民
证实其在社会政策方面所作出的努力，以提高欧盟公民对于欧盟以及统一
市场的信心。而平等就业提供了一个相对无害，而且极易获得普遍认同的
平台，来展示欧盟人性化的一面。

《欧盟运行条约》第 157 条是欧盟基本法律中有关平等就业权的主要
条款。③ 第 157 条第 1 款及第 2 款对男女同工同酬进行了详细的规定。而
157 条第 3 款为欧盟通过一般法律程序，采取包括立法在内的措施，为
"实施男女就业和职业中的平等机会和平等待遇原则，包同工同酬原则"
提供了法律授权。第 157 条第 4 款确认，为了保障实践中男女在工作中充
分平等，平等原则不应当禁止成员国"保持或通过提供特别优待的措施，
来使得未得到充分代表的性别能够从事职业活动，禁止职业中的不利状况

---

① Treaty on the Functioning of the European Union, article 10.

② Treaty of Amsterdam, article 2. 7.

③ Treaty on the Functioning of the European Union, article 157.

或为此提供赔偿"。这一条款赋予了成员国采取"积极行动"来为劳动力市场中处于不利地位的劳动者群体提供保障的权力，而不构成对欧盟基本法律的违反。这一条款，对于实践中打破"形式意义"上就业平等的束缚，保障"实质意义"上的就业平等提供了法律保障。

《欧盟运行条约》第 157 条集中体现了欧盟的社会维度。作为欧盟的前身，根据《欧洲经济共同体条约》而建立的欧洲经济共同体，长期以来保障就业平等的原因主要是为了禁止"社会倾销"，保障统一市场内的有序竞争，而忽略了保障就业平等所具有的社会意义和正当性。欧盟法院在著名的 1976 年 *Gabriellc Defrenne v. Société Anonyme Belge de Navigation Aérienne Sabena* 案中指出，第 157 条应当具有双重目标。首先，法院确认了第 157 条的目的确实是避免实施平等报酬原则的国家在欧盟的内部竞争中陷入不利地位。其次，法院指出第 157 条应当成为欧盟社会目标的一部分。欧盟联盟不仅仅是经济联盟，同时也应当通过采取共同行动，保证社会进步，以及寻求人们生活和工作条件的提高。[①] 而在 1978 年的 *Defrenne v. SAENA* 案的判决中，法院进一步将性别平等提升到了基本人权的地位，"个人的基本人权形成了共同体法律的一般性原则……而消除基于性别的歧视，构成了这些基本权利的一部分"。[②] 这一条款标志着欧盟从单纯的经济、政治组织，发展为具有了社会维度的一面。

2. 《欧盟基本权利宪章》

1999 年欧盟科隆会议就任命了工作组，来规划和起草《欧盟基本权利宪章》，并在 2000 年举行的尼斯会议上得到了通过。它被认为是欧盟在人权领域内所作出的第一份全面声明。[③] 但欧盟对于基本权利的关注远远早于 1999 年科隆会议。欧盟长期以来就试图推动基本权利的实现，这体现在欧盟所通过的条约及法律、欧盟机构的其他决议和宣言以及欧盟法院

---

① Gabriellc Defrenne v. Société Anonyme Belge de Navigation Aérienne Sabena, Judgment of the Court, 8 April 1976, C 149/77, p. 17.

② Gabriellc Defrenne v. Société Anonyme Belge de Navigation Aérienne Sabena, Judgment of the Court, 15 June 1978, C 149/77, p. 1.

③ Peter Goldsmith, "A Charter of Rights, Freedoms and Prnciples" *Common Market Law Review*, Vol. 38, 2001, p. 1201.

判决中。欧盟对于基本权利的推动，应当结合其历史、政治、经济、社会和法律环境进行分析。例如，欧盟社会政策的第一次迅速发展，是伴随着1980 年代末的石油危机和经济危机而产生的。在此时期，欧盟通过了《社会行动计划》以及有关就业机会和待遇的指令，欧盟法院也作出了许多支持性的判决。

《欧盟基本权利宪章》通过的最初动机，是为了平衡欧盟范围内经济和社会的发展，填补欧盟在社会政策方面的空缺。正如前文所言，《宪章》所作出的突破，就是不仅对传统的公民和政治权利提供保护，还明确承认了经济和社会权利。通过 2007 年《里斯本条约》的修订，《欧盟条约》第 6 条规定，"欧盟承认 2000 年 12 月 7 日通过的《欧盟基本权利宪章》中所规定的权利、自由和原则，《欧盟基本权利宪章》应当具有和条约同样的法律价值。"① 因此，《宪章》应当具有与《欧盟条约》以及《欧盟运行条约》相同的法律地位，即自 2009 年《里斯本条约》生效之后，《宪章》也具有了欧盟基本法律的地位，进而对欧盟及其机构、成员国以及个人和团体产生直接的影响和约束。《宪章》构成了欧盟劳动关系和工业关系的核心，并为新时期欧盟平等就业权法律保护的完善和进步提供了新基石。

就《欧盟基本权利宪章》中关于平等就业权的规定而言，首先，《宪章》第 15 条确认了欧盟公民 "享有选择职业的自由和参与工作的权利"，同时，每人都有权参与工作并自由选择和接受职位，欧盟的公民应当具有在所有成员国中自由求职、工作、建立企业和提供服务的权利；第三国的公民经授权在成员国领土内工作的应当获得与联盟公民相等的工作条件等。② 其次，《宪章》在第三章 "平等" 部分，对平等及不歧视问题以及特殊群体应当获得的特别关注进行了规定。第 20 条规定，"法律面前人人平等。"③ 第 21 条规定，应当禁止任何基于 "性别、种族、肤色、民族或社会出身、基因特征、语言、宗教或信仰、政治或其他观点、国内少数

---

① Treaty of European Union, article 6.1.

② Charter of Fundamental Rights of the European Union, article 15.

③ Charter of Fundamental Rights of the European Union, article 20.

者群体成员身份、财产、出生、残疾、年龄或性取向"的歧视,另外在不违反条约适用范围以及特殊规定的情况下,也禁止基于国籍的歧视。①

对于《欧盟基本权利宪章》第 20 条而言,可以结合经《阿姆斯特丹条约》修订后的《欧盟运行条约》第 10 条来进行分析。很明显,《欧盟基本权利宪章》极大地扩大了自《阿姆斯特丹条约》以来,欧盟对歧视原因的禁止范围,并为男性和女性、老年人和残疾人在就业和职业方面获得平等机会和待遇的特殊需要进行了承认。但是相比较而言,《欧盟运行条约》第 10 条的价值在于直接赋予了联盟在"打击基于性别、种族或民族出身、宗教或信仰、残疾、年龄或性取向的歧视"行动中的权限,② 而《欧盟基本权利宪章》的主要意义则在于向欧盟及成员国全面强调消除歧视问题。

就《欧盟基本权利宪章》中关于平等问题上特殊群体应当获得的特别关注而言,《宪章》主要对男性和女性、老年人以及残疾人进行了规定。第 23 条提出了男女之间的平等,要求必须保证在包括就业、工作和报酬在内的所有领域中,保证男女之间的平等;同时,平等原则不得禁止维持或通过"为未能得到充分代表的性别提供特定优待"的措施。③ 这体现了自《阿姆斯特丹条约》以来,欧盟对于"积极行动"的肯定和推进。《宪章》第 25 条规定,联盟应当承认和尊重老年人获得有尊严和独立的生活,以及参与社会和文化生活的权利。④《宪章》第 26 条规定,联盟应当承认和尊重残疾人有权通过相关措施,保证独立、社会和职业融合以及参与联盟生活的权利。⑤

另外,正如上文所讨论的,根据欧盟理事会通过的《关于〈欧盟基本权利宪章〉的解释》,《欧盟基本权利宪章》中既包括了权利也包括了原则,"权利应当获得尊重,而原则应当得到遵守"。"原则"可以通过联盟和成员国在实施联盟法律时所通过的法律或行政法规进行实施。而对法

---

① Charter of Fundamental Rights of the European Union, article 21.

② Treaty on the Functioning of the European Union, article 10.

③ Charter of Fundamental Rights of the European Union, article 23.

④ Charter of Fundamental Rights of the European Union, article 25.

⑤ Charter of Fundamental Rights of the European Union, article 26.

院而言，只有在解释或审查这些法律或行政法规时，这些原则才具有重要性。就该解释的举例来看，第 25 条关于老年人权利，第 26 条关于残疾人融合仅构成了一项原则，而非一项明确的权利。① 但在实践中，《欧盟基本权利宪章》在具有法律效力之后，已经成为欧盟法院处理经济和社会权利相关案件的重要依据。例如，就老年人的权利而言，在欧盟法院在 2010 年对关于就业年龄歧视的 *Seda Kücükdeveci v. Swedex GmbH & Co. KG* 案中指出，"应当注意到的是，《欧盟条约》第 6 条第 1 款规定《欧盟基本权利宪章》具有与条约相同的法律价值…… '应当禁止任何基于年龄的歧视'。"②

（二）欧盟衍生法律

欧盟衍生法律指的是欧盟基本法律中演化而来的法律规范。欧盟理事会和委员会，根据条约赋予他们的权力，起草并制定出了相关的法律规范，作为欧盟的衍生法律。根据《欧盟运行条约》第 288 条规定，为了履行欧盟的职能，欧盟机构可以通过规章、指令、决定、建议和意见。③ 其中，欧盟机构所通过的规章、指令和决定构成了欧盟衍生法律，而建议和意见并不具有法律上的约束力，而是仅具有参考性的价值。根据这一条款，规章应当获得普遍的适用，其效力应当完整且直接适用于所有成员国，并不受成员国权力机构对此类衍生法律的干涉；而指令虽然对成员国也具有约束力，但是却允许成员国根据本国的情况，选择此类衍生法律的实施形式和方式。因此，相较于规章，指令更加具有灵活性，并允许成员国根据自认为最合适的方式将其转变为国内法的一部分进行实施。另外，决定也应当具有完整的约束力，但决定仅对所涵盖的主体具有法律约束力。

欧盟所通过的与平等就业权相关的衍生法律主要以指令为主，允许成员国根据本国情况选择指令的实施方式。指令规定了保证平等就业和待遇、禁止就业歧视以及确保受害者能够享有最低限度的救济这一一般性的

---

① Council of the European Union, Explanations of the Charter of Fundamental Rights, O. J. C 303/02, 14 December 2007, p. 35.

② Seda Kücükdeveci v. Swedex GmbH & Co. KG, Judgment of the Court, 19 January 2010, C555/07, para. 22.

③ Treaty of the Functioning of the European Union, article 288.

目标。指令允许成员国考虑到本国特定的历史和传统情况，结合本国具体的经济和社会发展现状，在实施指令规定时保持灵活性。平等就业权指令在实施上的灵活性，有助于推动成员国实现欧盟层面上的共同目标，特别是对于欧盟根据欧盟及成员国经济社会发展状况所通过的《成员国就业指导纲要》而言，有助于其中共同就业策略的实施。同时，通过指令保障平等就业、打击就业歧视的过程中，还有助于明确适用于欧盟所有公民的共同保护标准，加强并补充成员国中已存在的保护措施，有助于扩大成员国国内的保护主体范围或者是扩展成员国国内的保护和救济渠道。而考虑到欧盟成员国所具有的多样性特征，指令也有助于加强欧盟内部的经济和社会融合，保证所有欧盟公民都能够得到基本保障，确保享有平等就业机会、不受就业歧视的侵害。

长期以来，欧盟通过了数个有关平等就业的指令，主要包括：1975 年《关于实施男女同工同酬指令》①；1976 年《关于实施男女就业、职业培训和升职、工作条件平等待遇原则指令》②；1986 年《关于实施男女职业社会保障框架中平等待遇原则指令》③；1997 年《关于性别歧视案件中举证责任指令》④；2000 年《关于实施不同种族或民族出身之间平等待遇原则的指令》⑤；2000 年《关于建立就业和职业平等待遇一般性框架的指令》⑥；

---

① Council of the European Union, Council Directive on the Approximation of the Laws of the Member State Relating to the Application of the Principle of Equal Pay for Men and Women, 10 February 1975, 75/117/EEC, O. J. （1975）L 45/19.

② Council of the European Communities, Council Directive on the Implementation of the Principle of Equal Treatment for Men and Women as regards Access to Employment, Vocational Training and Promotion, and Working Conditions, 9 February 1976, 76/207/EEC, O. J. （1976）L 39/40.

③ Council of the European Communities, Council Directive on the Implementation of the Principle of Equal Treatment for Men and Women in Occupational Social Security Schemes, 24 July 1986, 86/378/EEC.

④ Council of the European Union, Council Directive on the Burden of Proof in Cases of Discrimination Based on Sex, 15 December 1997, 97/80/EC.

⑤ Council of the European Union, Council Directive on Implementing the Principle of Equal Treatment Between Persons Irrespective of Racial or Ethnic Origin, 29 June 2000, 2000/43/EC.

⑥ Council of the European Union, Council Directive on Establishing A General Framework for Equal Treatment in Employment and Occupation, 27 November 2000, 2000/78/EC.

2006 年《关于实施男女就业和职业平等机会和平等待遇原则的指令》①。

就欧盟现行的平等就业权相关的指令而言，主要包括了 2000 年《关于实施不同种族和民族出身之间平等待遇原则的指令》、2000 年《关于建立就业和职业平等待遇一般性框架的指令》以及 2006 年《关于实施男女就业和职业平等机会和平等待遇原则的指令》。

1.《关于实施男女就业和职业平等机会和平等待遇原则的指令》

2006 年《关于实施男女就业和职业平等机会和平等待遇原则的指令》（下称 2006/54/EC 指令）是以《欧盟运行公约》第 157 条以及《欧盟基本权利宪章》第 21 条及 23 条为依据，重塑了之前欧盟平等就业权指令。正如指令第 1 条所指出的，该指令的目的是"在就业和职业问题上，保障男女平等机会和平等待遇原则的实施"。② 在 2006/54/EC 指令第三章"关于获得就业、职业培训、升职及工作条件的平等待遇"部分中，第 14 条第 1 款规定了该指令的适用范围，该指令应当适用于"（a）获得就业、自雇佣和职位的条件……（b）获得各类型和层次的职业指导、职业培训、高级职业培训和进修……（c）就业和工作条件……（d）加入和参与劳动者组织或其他职业组织。"③

2006/54/EC 指令首先在第 2 条对直接歧视、间接歧视、骚扰以及性骚扰进行了定义。④ 该条款进而提出，对于该指令而言，歧视包括骚扰、性骚扰和因某人拒绝或接受特定行为而产生的不利待遇，以及基于性别原因而针对某人进行歧视的指示。应当指出的是，根据这一条款，骚扰和性骚扰违反了男女之间平等待遇原则，并构成了该指令意义下的歧视。这一类的歧视不仅发生在工作场所，而且也存在于获得就业、职业培训和升职

---

① Council of the European Union, Council Directive on the Implementation of the Principle of Equal opportunities and Equal Treatment of Men and Women in Maters of Employment and Occupation, 5 July 2006, 2006/54/EC. 2006 年《关于实施男女就业和职业平等机会和平等待遇原则的指令》融合和取代了 1975 年《关于实施男女同工同酬指令》、1976 年《关于实施男女就业、职业培训和升职、工作条件平等待遇原则指令》、1986 年《关于实施男女职业社会保障框架中平等待遇原则指令》以及 1997 年《关于性别歧视案件中举证责任指令》。

② Directive 2006/54/EC, article 1.

③ Directive 2006/54/EC, article 14. 1.

④ Directive 2006/54/EC, article 2.

过程中，因此应当被有效禁止。值得注意的是，该条款强调因女性怀孕或休产假而产生的不利待遇，也应当构成本指令所规定的歧视。

2006/54/EC 指令还对不构成就业歧视的情况进行了规定。该指令第 3 款对就业中的"积极行动"措施进行了规定。该条款指出，"禁止性别歧视并不妨碍成员国保持或通过相应措施，防止或为某一性别所遭受的不利提供补偿"。① 这一措施的目的在于满足特定性别的特殊需要，并促进男女之间实质性的平等。这为成员国在该领域采取"积极行动"，通过积极措施来促进男女就业平等提供了基础。第 14 条第 2 款对"真正和决定性的"职业要求进行了规定。根据这一条款，"成员国在获得就业以及培训指导中规定基于性别特征的区别待遇不构成歧视"；但同时应当强调的是，"依据特定职业活动的本质或内容，这一特征必须构成真正和决定性的职业要求，这一目标应当合法而且要求应当合比例"。②

2006/54/EC 指令第三标题对权利的救济以及指令的实施进行了规定。第 17 条要求成员国应当保证认为自己因未能适用平等待遇原则而遭受损害的个人，能够获得调解程序或司法程序的救济；第 18 条要求成员国应当在国内法律体系中通过必要措施，来确保为遭受性别歧视的个人提供真实和有效的补偿或赔偿，这应当具有劝诚性，并且应当与个人遭受的损害成比例；第 19 条规定在涉及平等待遇原则的案件中，应当由被告人来证明没有违反平等待遇原则，即适用举证责任倒置规则；第 24 条要求成员国应当保护受害者不因提起诉讼而遭受报复；第 25 条要求成员国应当对违反相关国内法规定的行为施加惩罚。③

2006/54/EC 指令确认促进就业和职业中的男女平等待遇不能仅限于采取法律措施。相应地，成员国还应当推动公众意识的提高并改变公众态度。第 20 条要求成员国建立相关机构，来推动、分析、监督和支持性别平等待遇，禁止任何基于性别的歧视；第 21 条指出，成员国应当依据国内的传统和实践，采取适当措施来推动社会对话，以求推动就业中平等机

---

① Directive 2006/54/EC, article 3.

② Directive 2006/54/EC, article 14.2.

③ Directive 2006/54/EC, article 17-18, 24-25.

会和待遇的实现；第 22 条要求成员国推动与非政府组织之间的对话；第 23 条对成员国如何遵守指令提出了一般性要求；第 26 条为成员国设置了一般性的劝诫义务，来鼓励雇主和其他主体采取措施消除就业中的性别歧视，保障男女平等就业机会和待遇；第 30 条要求成员国采取措施来发布信息，引起相关主体对 2006/54/EC 指令的关注。①

2.《关于实施不同种族或民族出身之间平等待遇原则的指令》

1999 年 10 月 15 日至 16 日，欧洲理事会在芬兰坦佩雷召开的非常规会议上，邀请欧盟委员会尽快起草一份指令草案，来打击种族主义和仇外心理，并根据《欧洲共同体条约》第 13 条采取有效措施来打击基于种族或民族出身的歧视及不公正待遇。在随后提交的《关于实施不同种族或民族出身之间平等待遇原则的指令草案》② 的解释备忘录中，欧盟委员会提到，反对种族主义一直是国际社会关注的重要问题，并在近几十年中处于国际合作的核心地位。在经历过 20 世纪的战争和冲突之后，欧洲已注意到了种族主义所带来的危险，以及对人类尊严所造成的巨大威胁。但是，直到 20 世纪末，种族主义仍未被根除。立法这一方式对于打击种族主义和不容忍而言是最为重要的。法律不仅保护受害者并给予他们救济，还表明了社会对于种族主义的坚决反对，以及权力机构消除歧视的真诚承诺。反种族主义法的实施对于塑造社会态度会产生重要影响。因此，2000 年欧盟通过了《关于实施不同种族或民族出身之间平等待遇原则的指令》（下称 2000/43/EC 指令）。

根据 2000/43/EC 指令第 1 条，这一指令的目标是"建立打击民族或种族歧视的框架，并推动平等原则在成员国范围内的实现"。③ 2000/43/EC 指令指出，基于种族或民族出身的歧视，既有可能会减损《欧盟条约》所制定的目标，特别是会损害达成高层次的就业和社会保障、提高生活水平和生活质量、促进经济和社会融合及团结。同时，也不利于建立

---

① Directive 2006/54/EC, article 20-23, 26, 30.

② Commission of the European Communities, Proposal for a Council Directive Implementing the Principle of Equal Treatment Between Persons Irrespective of Racial or Ethnic Origin, Explanatory Memorandum, 25 November 1999, COM (1999) 566 final.

③ Directive 2000/43/EC, article 1.

一个自由、安全和正义的欧洲联盟这一目标。因此应当在种族或民族歧视问题上采取特别行动，保证民主社会和融合性社会的发展，保证所有人的社会参与，而无论其种族或民族出身为何。

2000/43/EC 指令第 3 条第 1 款就该指令的适用范围进行了规定，该指令应当适用于"（a）获得就业、自雇佣和职位的条件……（b）获得各类型和层次的职业指导、职业培训、高级职业培训和进修……（c）就业和工作条件……（d）加入和参与劳动者组织或其他职业组织……（e）获得社会保障……（f）社会福利；（g）教育……（h）获得公共产品和服务上。"① 这一条款规定了相当广泛的适用范围，即 2000/43/EC 指令不仅适用于就业领域还适用于教育和社会保障领域。这使得禁止民族或种族出身歧视超出了就业领域的范围，对包括社会保障和教育领域在内的社会领域也起到了作用，突出地体现了欧盟在推动经济发展的同时在社会政策领域做出的努力。

2000/43/EC 指令第 2 条对歧视进行了规定，任何基于种族或民族的直接或间接歧视都应当受到禁止，而骚扰以及指示歧视也应当被认为是歧视的一种而加以禁止。②同样地，该指令对不构成就业歧视的情况进行了规定。第 4 条对"真正和决定性的"职业要求进行了规定。该条款保证了在特定情况下，成员国基于种族或民族出身的就业限制可以具有合理性，但应当根据该国的实际情况以及职业要求进行综合分析。③ 同时，该指令第 5 条对就业中的"积极行动"措施进行了规定。该条款指出，为了保证充分的平等，不应当妨碍成员国维持或通过相应措施，来为遭受不利情况的特定种族或民族群体提供保护或补偿。④ 成员国应当根据本国传统和实践，为遭受种族或民族歧视的个人提供适当的保护，而这一条款，为成员国采取"积极行动"，保证实质意义上的种族或民族平等提供了条件。

2000/43/EC 指令就权利的救济以及指令的实施进行了详细的规定。

① Directive 2000/43/EC, article 3.1.

② Directive 2000/43/EC, article 2.

③ Directive 2000/43/EC, article 4.

④ Directive 2000/43/EC, article 5.

第 7 条要求成员国应当保证认为自己因未能适用平等待遇原则而遭受损害的个人，能够获得司法或行政程序救济；第 8 条规定在涉及平等待遇原则的案件中，应当由被告人来证明没有违反平等待遇原则，即适用举证责任倒置规则；第 9 条要求成员国应当保护受害者不因提起诉讼而遭受报复；第 15 条要求成员国应当对违反相关国内法规定的行为施加惩罚。①

除了司法救济之外，该指令同样要求成员国采取其他措施来促进指令的实施。这包括第 10 条要求成员国采取措施来发布信息，引起相关主体对该指令的关注；第 11 条要求成员国推动社会对话；第 12 条要求成员国推动与非政府组织的对话；另外，第 13 条还要求成员国建立相关机构，来推动种族或民族出身问题上的平等待遇，并禁止任何形式的歧视。②

3.《关于建立就业和职业平等待遇一般性框架的指令》

2000 年通过的《关于建立就业和职业平等待遇一般性框架的指令》（下称 2000/78/EC 指令）指出，就业和职业是保证所有人获得平等机会中的关键因素，并对于推动公民充分参加经济、文化和社会生活，实现他们的自身潜能具有重大意义。因此，指令第 1 条提出，该指令的目标是"建立起一般性框架，打击就业或职业中基于宗教或信仰、残疾、年龄或性取向的歧视，来推动平等待遇原则在成员国中的实施。"③ 第 3 条第 1 款规定了该指令的适用范围，该指令应当适用于"（a）获得就业、自雇佣和职位的条件…… （b）获得各类型和层次的职业指导、职业培训、高级职业培训和进修…… （c）就业和工作条件…… （d）加入和参与劳动者组织或其他职业组织"；但第 3 条第 2 款和第 3 款指出，该指令并不适用于基于国籍的区别待遇，也不适用于包括社会福利或社会保障体系在内的国家给付体系。④

同 2000 年通过的 2000/43/EC 指令相似，2000/78/EC 指令第 2 条也对歧视进行了界定。⑤ 根据第 2 条第 1 款，"任何基于宗教或信仰、残疾、

① Directive 2000/43/EC, article 7-9, 15.
② Directive 2000/43/EC, article 10-13.
③ Directive 2000/78/EC, article 1.
④ Directive 2000/78/EC, article 3.
⑤ Directive 2000/78/EC, article 2.

年龄或性取向的直接或间接歧视都应当受到禁止"。但有所不同的是，该指令在第 2 条第 2 款的间接歧视部分指出，"这一规定、标准或实践可以因法定目的而获得客观正当性，实现这一目的的方式是必要且正当的"；以及对于具有特定残疾的人而言，该指令所规范的雇主或其他主体或组织，有义务根据国内法采取适当措施来消除该规定、标准或实践带来的不利。另外，该条款规定，骚扰行为和指示歧视也应当被认为是构成了歧视行为的一种。最后，与其他平等就业权指令不同的是，该指令第 2 条第 5 款特别指出，该指令"并不禁止国内法所采取的在民主社会中为维护公共安全、公共秩序以及阻止刑事犯罪、保护健康以及保护他人权利和自由而采取的措施"。这一条款在保证就业和职业中的平等机会和待遇的同时，同意成员国采取合理的限制性措施。

2000/78/EC 指令第 4 条对"真正和决定性的"职业要求进行了规定，成员国可以规定基于宗教或信仰、残疾、年龄或性取向有关特征的特别待遇而不构成歧视。① 但第 4 款还特别规定，就有关基于残疾和年龄的歧视而言，成员国可以规定该指令并不适用于军队。另外，就基于宗教或信仰的"真正和决定性的"职业要求而言，第 4 条第 2 款特别指出，对于在教堂中或其他宗教或信仰类机构中的职业活动而言，成员国维持或规定基于个人宗教或信仰的区别待遇，并不构成歧视。因为，依据这一职业活动的本质及内容，个人的宗教或信仰构成了真正的职业要求。同时，这一条款也不禁止宗教或信仰类机构要求为其工作的劳动者诚信行动，并维持对该组织精神的忠诚。

2000/78/EC 指令第 5 条对残疾人合理安排进行了特别规定，为了保证遵守有关残疾人的平等待遇原则，应当为残疾人提供合理安排。雇主应当采取适当的措施，来保证残疾人能够获得、参与就业、升职或者接受培训，除非这一措施会对雇主产生不合比例的负担。该条款还提出，相关成员国残疾人政策若有现行措施为雇主提供充分补偿，则不构成不合比例的负担。② 另外，该指令在前言部分还提出，对不能胜任相关职位必要职能

---

① Directive 2000/78/EC, article 4.

② Directive 2000/78/EC, article 5.

的个人，该指令并不要求在就业或培训中对其进行雇佣、升职或维持其职位，这并不构成对残疾人合理便利义务的违反。

2000/78/EC 指令第 6 条对就业中的年龄问题进行了规定。第 6 条第 1 款指出，"成员国可以规定基于年龄的区别待遇不构成歧视，但应当根据国内法客观并合理地证明具有正当性，并且这一目的的方式具有合理性和必要性"。这些区别待遇可能包括："（a）为年轻人、老年人和负有特定看护义务的人设定就业、职业培训、职业岗位特定条件……（b）设定就业或就业相关优待的最低年龄条件……（c）设定雇佣的最高年龄……。"① 另外，第 6 条第 2 款允许"成员国制定基于年龄的就业、退休或定期收益相关的职业社会保障框架并不构成基于年龄的歧视，但应当保证这一职业社会保障框架不得导致基于性别的歧视。"② 应当指出的是，结合该指令第 3 条第 4 款的规定，考虑到部分职业，特别是军队、警察、监狱或紧急救援部门的特殊需要，根据维持这些部门运作能力的法定目标，并不要求以上部门雇佣不具有从事相应职业活动能力的个人。同时，为了保证成员国能够保持军队的战斗力，成员国可以选择在军队中不适用有关残疾或年龄的规定。

2000/78/EC 指令通过单独的条款对于"积极行动"进行了规定。第 7 条第 1 款指出，"为了保证实践中的充分平等，平等待遇原则不应当禁止成员国维持或通过特别措施，来预防或补偿基于宗教或信仰、残疾、年龄或性取向原因所遭受的不利情况。"③ 另外，第 7 条第 2 款对残疾人就业过程中应当采取的"积极行动"措施进行了特别规定，"平等待遇原则不应当禁止成员国维持或通过保护工作中健康和安全的规定，或采取措施来促进他们融入工作环境。"④

2000/78/EC 指令第二章就权利的救济以及指令的实施进行了规定。第 9 条要求成员国应当保证认为自己因未能适用平等待遇原则而遭受损害的个人，能够获得司法或行政程序救济；第 10 条规定在涉及平等待遇原

---

① Directive 2000/78/EC, article 6. 1.
② Directive 2000/78/EC, article 6. 2.
③ Directive 2000/78/EC, article 7. 1.
④ Directive 2000/78/EC, article 7. 2.

则的案件中，应当由被告人来证明没有违反平等待遇原则，即适用举证责任倒置规则；第 11 条要求成员国应当保护受害者不因提起诉讼而遭受报复；第 17 条要求成员国对违反相关国内法规定的行为施加惩罚。①

2000/78/EC 指令还规定了其他措施来推动该指令所保障的平等就业权的实现，包括第 12 条要求成员国采取措施来发布信息，引起相关主体对该指令的关注；第 13 条要求成员国推动社会对话；第 14 条要求成员国推动与非政府组织的对话。②

（三）具有参考价值的其他文件

具有参考价值的欧盟机构文件具有多种表现形式，既包括了欧盟机构所通过的建议与意见，也包括了采用欧盟机构的报告、宣言、措施、行动计划、行动纲要以及框架文件等形式的文件。这些文件原则上没有约束力，但是在实践中具有参考价值。

根据《欧盟运行条约》第 288 条的规定，欧盟机构所通过的建议和意见并不具有约束力，而大部分仅仅是一种政治性意愿的引导和表达。③但是该类文件并不能被认为是完全不具有法律效果。在 1989 年的 *Salvatore Grimaldi v. Fonds des Maladies Professionnelles* 案中，欧盟法院指出，"为了对国内法院提交的疑问作出全面的回答，应当强调的是……案件所涉及的（建议）措施不应当被认为是没有法律效力的。国内法有义务充分考虑相关建议，来对相关争议进行裁决。"④

自 1980 年代起，欧盟就开始制定政策并通过大量建议和措施来推动平等就业。例如，1986 年《关于推动女性机会平等的措施》指出，需要通过指令、建议、措施和其他文件来推动女性机会平等，在共同体和成员国国内层面完善和明确措施，通过系统和全面的广泛政策，消除所有歧视并推动真正的机会平等，并要求成员国采取适当的行动，特别是通过

---

① Directive 2000/78/EC, article 9-11, 17.

② Directive 2000/78/EC, article 12-14.

③ Treaty of the Functioning of the European Union, article 288.

④ Salvatore Grimaldi v. Fonds des Maladies Professionnelles, Judgement of the Court, 13 December 1989, para. 18.

"积极行动"来为弱势群体提供特别措施来保证就业中的平等。① 1987 年《关于女性职业培训的建议》指出，成员国应当采取措施，使得年轻女性能够在平等的基础上参与职业培训项目。② 1991 年《关于保护工作中男女尊严的建议》指出，对于具有性本质的行为（即性骚扰行为）或其他基于性别影响女性和男性工作中尊严的行为，成员国应当采取措施提高社会公众的意识，并鼓励成员国在公共部门内实施这一建议，推动在私人部门制定相应措施来保护女性和男性在工作中的尊严。③ 1994 年《关于欧盟就业密集型经济增长战略中女性平等参与的措施》指出，男女生活和工作状况的和谐对于保障公平的经济和社会发展具有必要性，因此应当特别强调男性和女性在就业中的平等机会，而为了能够保障欧盟内部市场的高速发展，必须采取积极的措施来推动男女就业中的机会平等。④

另外，上文提到的欧盟通过的 1993 年《绿皮书——欧洲社会政策——联盟的选择》⑤，1993 年《发展、竞争以及就业——21 世纪的挑战和道路——白皮书》⑥，1994 年《欧洲社会政策——联盟的道路——白皮书》⑦，2007 年《机会、准入和团结：21 世纪欧洲的新社会视角》⑧ 以及

① Council of the European Communities, Council Resolution on the Promotion of Equal Opportunities for Women, 24 July 1986, O. J. C 203/2.

② Commission of the European Communities, Commission Recommendation on Vocational Training for Women, 24 November 1987, O. J. L 342/45.

③ Commission of the European Communities, Commission Recommendation on the Protection of the Dignity of Women and Men at Work, 27 November 1991, 92/131/EEC.

④ Council of the European Union, Council Resolution on Equal Participation by Women in an Employment - Intensive Economic Growth Strategy within the European Union, 6 December 1994, O. J. C 368/3.

⑤ Commission of the European Communities, Green Paper - European Social Policy - Options for the Union, 17 November 1993, COM/93/551 final.

⑥ Commission of the European Communities, Growth, Competitiveness, Employment - The Challenges and Ways Forward into the 21st Century - White Paper, 5 December 1993, COM/93/700 final.

⑦ Commission of the European Communities, European Social Policy - A Way Forward for the Union - A White Paper, 27 July 1994, COM/94/333 final.

⑧ Commission of the European Communities, Opportunities, Access and Solidarity: Towards A New Social Vision for 21st Century Europe, 20 November 2008, COM/2007/726 final.

2008 年《更新后的社会议程：21 世纪欧洲的机会、准入和团结》① 等委员会报告和建议也对欧盟平等就业权法律保护产生了巨大的推进作用。而欧盟自 1998 年起就开始通过制定《成员国就业指导纲要》来指导欧盟就业法律及政策在成员国国内的落实，尽管这些《成员国就业指导纲要》本身并不具有约束力，但是成员国应当将指导纲要的内容纳入国内就业政策中，并就具体的实施情况向欧盟委员会进行报告。

　　尽管欧盟机构所通过的上述形式的文件并不具有约束力，但是这些文件作为"软法"的一部分，其所规定的弹性条款及时反映了欧盟平等就业权法律保护中面临的问题以及可能的应对措施。这些措施引导并鼓励欧盟和成员国积极采取行动，在更加灵活的政策层面，对就业中的歧视和不平等问题作出回应，并更加灵活地应对和解决"遭受着多层次就业歧视的主体"所面临的就业困境。② 这些具有参考价值的文件，为欧盟在平等就业权法律保护问题上采取一致行动铺平了道路，减轻了来自于欧盟成员国的压力和阻力，并为鼓励欧盟成员国采取统一措施保护平等就业权提供了指导。

（四）欧盟普遍性价值和基本权利

　　《欧盟条约》在序言部分承认，"保障平等，与人类不可侵害和不可剥夺的权利以及自由、民主和法治一道，已经成为了欧盟的基本价值之一。"③《欧盟条约》第 2 条再次强调，"欧盟是建立在尊重人类尊严、自由、民主、平等、法治以及尊重包括少数人权利在内的人权这些价值之上；而在多元化、不歧视、融合、正义、团结和男女平等的社会中，这些价值普遍存在，为成员国所共有"。④ 因此，平等作为欧盟成员国所共同拥有的普遍性价值，对于指导欧盟平等就业权法律及政策的通过和实施，

---

① Commission of the European Communities, Renewed Social Agenda: Opportunities, Access and Solidarity, 2 July 2008, COM/2008/412 final.

② Dagmar Schiek Broadening, "The Scope and the Norms of EU Gender Equality Law: Towards a Multidimensional Conception of Equality Law" *Maastricht Journal of European and Comparative Law*, Vol. 12, 2005, p. 427.

③ Treaty on European Union, preamble.

④ Treaty on European Union, article 2.

具有重要的参考性价值。

根据《欧盟条约》第 6 条第 3 款，"源于成员国共同宪法传统的基本权利，构成了联盟的一般性原则。"① 而平等权作为成员国宪法传统所普遍承认的公民基本权利之一，在欧盟中应当获得一般性原则的地位。另外，《欧盟条约》第 6 条第 2 款指出，"在不影响条约所定义的欧盟职能的条件下，欧盟应当加入《欧洲保护人权和基本自由公约》。"② 结合《欧盟条约》第 6 条第 3 款的规定，"《欧洲保护人权和基本自由公约》所保障的基本权利，应当构成欧盟的一般性原则。"③《欧洲保护人权和基本自由公约》所表达出的禁止一切形式歧视这一基本权利，在欧盟加入《公约》之后，可以作为欧盟范围内的一般性原则而对欧盟平等就业权法律保护产生影响。因此，在此有必要对《欧洲保护人权和基本自由公约》进行一个简短的说明。

1950 年 11 月 4 日，欧洲理事会通过了《欧洲保护人权和基本自由公约》。④《公约》集中反映了 1948 年联合国《世界人权宣言》中所宣誓的权利和自由，体现了第二次世界大战之后，欧洲理事会为维护和实现成员国之间的团结，维持并进一步实现人权以及基本自由的意愿。⑤ 其第 14 条规定，"禁止任何基于性别、种族、肤色、语言、宗教、政治或其他观点、国籍或社会出身、国内少数者身份、财产、出生或其他情况的歧视。"⑥ 但应当指出的是，这一条款仅适用于《公约》所规定的权利和自由的享有，而该《公约》并未对平等就业权进行规定。因此，该《公约》

① Treaty on European Union, article 6. 3.

② Treaty on European Union, article 6. 2.

③ Treaty on European Union, article 6. 3.

④ Council of Europe, European Convention for the Protection of Human Rights and Fundamental Freedoms, Rome, 4 November 1950, amended by Protocol no. 14 as from the date of its entry into force on 1 June 2010.

⑤ 施鹏鹏：《基本权利谱系与法国刑事诉讼的新发展——以〈欧洲人权公约〉及欧洲人权法院判例对法国刑事诉讼的影响为中心》，《暨南学报》（哲学社会科学版）2013 年第 7 期。

⑥ European Convention for the Protection of Human Rights and Fundamental Freedoms, article 14.

中的这一条款，并不能直接适用于欧洲范围内平等就业权的保障和
促进。①

　　甚至于在根据《欧洲保护人权和基本自由公约》所建立的欧洲人权
法院中，也极少适用第 14 条的规定，而是倾向于通过该《公约》规定的
其他条款来对相关诉讼案件进行审查。例如，在过去的几十年中，欧洲人
权法院致力于保护少数群体权利，特别是同性恋群体以及宗教群体的权
利，但是欧洲人权法院经常依据的是该《公约》第 8 条对隐私权的规定、
第 9 条对宗教自由的规定或其他条款的规定。② 例如，在 1982 年的
Dudgeon v. The United Kingdom 案中，法院依据《公约》第 8 条对隐私权
的规定来为受害人提供救济，而不是依据第 14 条关于平等和禁止歧视的
规定。③ 之所以造成这一现象，是因为欧洲人权法院在审判过程中，会首
先判断诉讼所涉及的权利是否在《公约》其他条款的适用范围之内，然
后再判断是否存在区别待遇，这一区别待遇是否符合第 14 条所规定的理
由，以及这一区别待遇是否能够客观证明具有正当性。而造成在实践中缺
乏以第 14 条为依据的案例的这一现象，恰恰反映出这一策略存在着缺陷
和不足。在判断诉讼所涉及的权利是否在其他条款的适用范围之内时，欧
洲人权法院并没有明确的依据进行判断，而判断是否具有区别待遇时也缺
乏准确的判定标准。例如，1998 年的 *Petrovic v. Austria* 案中反映出了欧洲
人权法院在适用《公约》第 14 条这一条款中所持有的暧昧态度。④ 但这
一问题并非与本书主题相关，在此不做详细论述。

（五）欧盟法院的司法判决

　　欧盟法院作为欧盟的司法审查机关，自 1952 年建立以来，其使命就

---

　　①　Colm O'Cinneide, "The Rights to Equality: A Substantive Legal Norm or Vacuous Rhetoric?", *UCL Human Rights Review*, Vol. 1, 2008, pp. 83−84.

　　②　European Convention for the Protection of Human Rights and Fundamental Freedoms, article 8, article 9.

　　③　Dudgeon v. The United Kingdom, Judgement of the European Court of Human Rights, 22 October 1981, application no. 7525/76.

　　④　Petrovic v. Austria, Judgement of the European Court of Human Rights, 27 March 1998, application no. 20458/92, para. 28.

是"通过解释和适用条约",保证"法律得到遵守"。欧盟法院的司法实践,在欧盟平等就业权法律保护的救济方面具有核心作用。具体而言,欧盟法院有权审查欧盟机构行为的合法性,保证成员国履行条约义务,应国内法院和法庭的要求解释欧盟法律,并为欧盟公民享有基本权利和自由提供了司法保障。就平等就业权的司法保护而言,欧盟法院处理大量有关平等就业权问题的诉讼,并通过预先裁决制度和直接诉讼程序中的相关判决,进一步明确了欧盟平等就业权法律保护的内容和标准,构建了欧盟平等就业权法律保护中的司法救济框架,并针对欧盟平等就业权法律保护中出现的新问题和新挑战表明观点和态度。

欧盟法院在为平等就业权提供司法救济过程中所作出的司法判决分为两类,一类是通过直接诉讼程序对欧盟机构或欧盟成员国作出的司法判决,另一类是通过预先裁决机制对欧盟平等就业权相关法律进行的解释。而欧盟法院在审理案件的过程中,虽然也会对之前所作判决进行引用和参考,但欧盟基本法律并没有通过明确条款,赋予欧盟法院的判决以"判例法"的地位。① 因此,在讨论欧盟法院司法判决在欧盟平等就业权法律保护框架中的地位时,可以根据上述司法判决的类别进行分类讨论。对于第一类直接诉讼程序中的司法判决而言,根据《欧盟运行条约》第 260条第 1 款的规定,"若欧盟法院判定成员国没有履行条约义务,则成员国须采取必要措施来执行法院判决。"② 因此,这一类型的判决对于当事方具有约束力。而对于第二类预先裁决机制中的司法判决而言,提起预先裁决申请的国内法院在审理纠纷时受到欧盟法院所作判决的约束,审理同样案件的其他成员国国内法院同样受欧盟法院判决的约束。因此,欧盟法院在司法实践中作出的判决,极大地推动了欧盟平等就业权法律保护的发展。

---

① Mary Ann Glendon, Paolo G. Carozza & Colin B. Picker, *Comparative Legal Traditions*: *Text*, *Materials and Cases on Western Law*, 3rd editon, Masson: Thomson West, 1985, p. 598.

② Treaty of the Functioning of the European Union, article 260. 1.

二　欧盟平等就业权法律保护的特征

在对欧盟平等就业权法律保护的框架进行分析后，可以对其中所体现出的欧盟平等就业权法律保护的特征进行梳理。具体包括立法形式的多层次和多元化，对欧盟法律"超国家性"的强调，对欧盟成员国自主裁量权的尊重以及对欧盟法院司法实践的重视。

（一）立法形式的多层次和多元化

从上文讨论的欧盟平等就业权法律保护的框架来看，很明显地体现出了欧盟在平等就业权法律保护这一领域内，立法形式的多层次和多元化。[①]

《欧盟条约》《欧盟运行条约》以及《欧盟基本权利宪章》作为欧盟基础性法律，对保障就业中的平等机会和待遇作为欧盟公民应当享有的权利进行了基本表达，为欧盟平等就业权法律保护提供了基础和依据，并赋予了欧盟理事会在平等就业权法律保护领域的立法权限。根据欧盟基础性法律的规定以及所赋予的立法权限，欧盟委员会和理事会起草并通过了以指令为主要形式的欧盟衍生性法律，对平等就业权的法律保护进行具体的规定，明确欧盟公民在就业过程中应当享有的平等就业机会和待遇的内容和保护标准，并对欧盟公民在就业过程中可能面对的基于就业主体性别、种族或民族、宗教或信仰、残疾、年龄及性倾向等特征的歧视进行禁止并规定救济途径。[②]

考虑到欧盟作为多个欧盟成员国的联合组织，在通过具有普遍约束的平等就业权法律方面，常常需要漫长的起草和谈判过程。因此，为了更加有效、及时地应对平等就业权法律保护中出现的问题，除却具有直接约束力的规章、指令和决定等立法形式外，欧盟机构还通过了不具有直接约束力的建议、意见、报告、宣言、措施、行动计划、行动纲要以及框架文件

[①]　李星明：《欧盟禁止性别歧视的立法与实践》，载周伟、李薇薇、杨聪、何霞等《禁止就业歧视的法律制度与中国的现实》，法律出版社 2008 年版，第 140 页。

[②]　张淑慧：《欧盟反歧视立法概论》，《凯里学院学报》2008 年第 5 期。

等多种形式文件，来对平等就业权的法律保护进行指导和建议。尽管这一类文件原则上并不具有法律约束力，但是对于平等就业权的法律保护具有重要的参考价值。另外，《欧盟条约》还赋予了"平等"作为欧盟基本权利和普遍性价值的欧盟一般性原则的地位，对于平等就业权的法律保护同样具有指导性意义。

（二）对欧盟法律"超国家性"的强调

欧盟作为欧盟成员国转让部分主权而建立起来的特殊机构和法定人格共同体，欧盟制定和通过的条约及法律具有"超国家性"的特征，即相对于一般性的国家间和政府间的组织而言，欧盟在一定程度上超越了主权国家的管制和利益局限性，独立行使其职能，并对主权国家行成了制约。① 在 1964 年 *Flaminio Costa v. ENEL* 案中，欧盟法院明确确认了这一点，"不同于一般性的国际条约，该（经济共同体）条约所建立的法律体系，是一个独立的法律体系。在（经济共同体）条约生效之后，应当作为成员国国内法律体系的一部分。成员国国内法院有义务进行适用。"②

欧盟平等就业权法律保护也体现了欧盟法律的"超国家性"特征。在欧盟平等就业权法律保护中强调欧盟法律的"超国家性"特征，这一策略的目的最初是保证各国能够对欧盟平等就业权法律进行统一的适用和解释，来确保劳动力能够在欧盟统一市场中自由的流动。而随着欧盟平等就业权法律保护的进一步发展，强调欧盟法律"超国家性"的目的，也逐渐转移到对"平等"这一欧盟普遍性价值和基本权利上来。根据这一规则，欧盟构建了新型的国际法法律秩序，对于欧盟平等就业权的法律保护，通过在这一特定领域限制国家的主权，确保欧盟法律高于成员国国内法律的优先性，继而保障欧盟法律在欧盟范围内能够获得统一的适用和解释，确保欧盟公民在就业过程中能够享有平等就业权的保障。③ 但应当指出的是，尽管作为"超国家性"的法律，欧盟平等就业权法律保护的效力应当在所有成员国国内相关法律的效力之上，但成员国可以在实施方式

---

① 屈从文：《欧盟委员会超国家性质分析》，《欧洲研究》2004 年第 6 期。

② Flaminio Costa v. ENEL, Judgment of the Court, 15 July 1964, C-6/64, p. 563.

③ 郝红梅：《欧盟对平等就业权的法律保障》，《云南大学学报》（社会科学版）2012年第 5 期。

上享有相当程度的自主裁量权。

（三）　对欧盟成员国自主裁量权的尊重

在欧洲，特别是欧洲经济共同体和欧洲共同体时期，平等就业权的法律保护问题主要归属于成员国国内事务的范围之内，由成员国通过国内法律和措施予以保护和推动。造成这一现象的原因，一方面是由于平等就业权作为劳动者经济、社会权利的一种，其保护和发展程度依赖于国家的经济、社会发展程度；另一方面是由于欧盟成员国之间平等就业权法律保护的程度和标准差异较大，很难在平等就业权的法律保护问题上达成具有强制约束性的统一标准。因此，在平等就业权问题上，各国保留了相当程度的自主裁量权，可以根据本国的实际情况，对平等就业权进行保护。

欧盟建立之后在平等就业权法律保护问题上取得了巨大的成就，而其中也体现出了对欧盟成员国在这一问题上所享有的自主裁量权的尊重。在对欧盟平等就业权法律框架进行分析时，可以看到在制定欧盟平等就业权法律保护的具体内容和保护标准时，欧盟主要采用的是衍生性法律中的指令这一形式。作为约束成员国的法律形式，指令对于监督成员国切实履行欧盟条约义务具有法律上的约束力。但是指令这一法律形式的实现，允许成员国根据本国的具体情况，通过国内立法程序将相关指令转化为国内立法来进行实施。因此，在欧盟平等就业权法律保护中，指令这一形式使得欧盟成员国可以通过行使自主裁量权，结合本国的历史、文化传统，并根据本国的法律、经济、社会等实际情况，将指令转化为国内法条款，来对平等就业权进行保护。这很大程度体现了欧盟平等就业权法律保护中对欧盟成员国自主裁量权的尊重。

（四）　对欧盟法院司法实践的重视

自1952年建立以来，欧盟法院作为欧盟的司法审查机关，其使命就是通过解释和适用条约，保证欧盟法律得到遵守。欧盟法院有权审查欧盟机构行为的合法性，保证成员国履行条约义务，应国内法院和法庭的要求解释欧盟法律，并为欧盟公民享有基本权利和自由提供司法保障。欧盟法院在平等就业权问题上进行了丰富的司法实践，包括通过预先裁决机制对欧盟平等就业权法律进行解释，通过直接诉讼程序审查欧盟机构和欧盟成员国有关平等就业权的行为，以及针对平等就业权保护中出现的新问题和新挑战表明观点和态度。因此，欧盟法院的司法实践对于监督和审查成员国责任和义务的履行，为欧盟公民提供司法救济，以及推动欧盟平等就业权法律保护的完善发挥了巨大作用。

尽管根据上文所讨论的，欧盟法院在平等就业权案件中作出的判决，并不具有"判例法"的地位和效果。但是欧盟法院在审理案件中，特别是通过预先裁决机制审理案件时，对欧盟平等就业权法律进行的解释，对其他欧盟成员国国内法院在适用同一条款时也产生约束力。因此，欧盟法院通过明确平等就业权在实践中的法律保护标准和要求，有助于推动欧盟平等就业权法律保护在欧盟成员国内的统一适用。另外，欧盟法院针对平等就业权法律保护中的新问题所作出的意见和提出的观点，对于欧盟委员会和欧盟理事会起草及制定欧盟平等就业权相关法律和政策具有重大的参考价值。

三　本章小结

在欧盟平等就业权法律保护的发展过程中，欧盟建立起了较为完善和系统的框架，这一框架包括了欧盟基本法律、欧盟衍生法律、具有参考价值的相关文件、欧盟基本权利和普遍性价值以及欧盟法院判决。这些法律和文件在运行过程中互相补充、互相作用，共同为欧盟范围内的平等就业权提供充分、有效的法律保护。

就欧盟平等就业权法律保护框架而言，首先包括《欧盟条约》《欧盟运行条约》以及《欧盟基本权利宪章》在内的欧盟基本法律为欧盟平等就业权法律保护提供了基础和依据。《欧盟条约》对于就业和职业领域内平等机会和待遇问题，仅作出了原则性和宣言性的规定。《欧盟运行条约》第 10 条以及第 157 条对这一问题进行了更加具体和更加具有操作性的规定，为欧盟委员会以及理事会起草和制定法律和政策，打击基于性别、种族或民族出身、宗教或信仰、残疾、年龄或性取向的就业歧视，推动平等就业权法律保护提供了欧盟基本法律上的依据，同时也为欧盟采取"积极行动"推动平等就业权的实现提供了正当性基础。《欧盟基本权利宪章》通过的最初动机，是为了平衡欧盟经济和社会的发展，填补欧盟社会政策方面的空缺。对欧盟平等就业权法律保护而言，《欧盟基本权利宪章》极大地扩大了受保护的主体特征范围，对于欧盟平等就业权法律保护的进一步发展具有重要意义。

其次，根据欧盟基本法律的规定，欧盟委员会和理事会起草并通过了以指令为主要形式的欧盟衍生法律，规定了欧盟平等就业权法律保护的具体内容和保护标准。欧盟所通过的与平等就业相关的衍生法律主要以指令为主，允许成员国根据本国情况，结合本国特定的历史、文化、经济和社会情况，选择指令的实施方式，在实施指令规定时保持灵活性。指令的灵活性有助于推动成员国实现欧盟层面上的共同目标，有助于加强欧盟内部的经济和社会融合。并且考虑到欧盟成员国历史、政治、社会、经济及文化的多样性，指令能够保证所有成员国国内的公民都充分享有平等就业机会和待遇、不受就业歧视的这一基本保障。其中现行指令主要包括了2000年《关于实施不同种族和民族出身之间平等待遇原则的指令》、2000年《关于建立就业和职业平等待遇一般性框架的指令》以及 2006 年《关于实施男女就业和职业平等机会和平等待遇原则的指令》。

再次，欧盟机构还通过了大量不具有普遍性约束力的相关文件，来对平等就业权的法律保护问题提出建议和意见。其中既包括了欧盟机构所通过的建议与意见，也包括了欧盟机构的报告、宣言、措施、行动计划、行动纲要以及框架文件等形式。这些形式的文件原则上对欧盟及欧盟成员国没有普遍性约束力，但是对于欧盟平等就业权的法律保护具有重要的参考价值。这些文件作为"软法"的一部分，其中所规定的弹性条款及时反映了欧盟平等就业权法律保护中面临的问题以及可能的应对措施，在更加灵活的政策层面，对就业中的歧视和不平等问题作出回应。这为欧盟委员会在平等就业权法律保护问题上采取行动铺平了道路，减轻了来自于欧盟成员国的压力和阻力，并为鼓励欧盟成员国采取统一措施保护平等就业权提供了指导。

另外，根据包括《欧盟条约》《欧盟运行条约》以及《欧盟基本权利宪章》在内的欧盟基本法律的规定，"平等"作为欧盟及欧盟成员国的普遍性价值和基本权利，对于欧盟平等就业权法律保护也具有重要的指导意义。其中，尽管《欧洲保护人权和基本自由公约》并不能直接适用于欧洲范围内平等就业权的保障和促进，但其中所规定的"平等"权利构成了欧盟的一般性原则，在欧盟平等就业权法律保护中也具有一定的借鉴意义。除此之外，欧盟法院在审理平等就业权相关案件的司法实践中，对于欧盟平等就业权法律保护也作出了巨大的努力。作为欧盟平等就业权法律保护框架中的欧盟法院司法判决分为两类，一类是通过直接诉讼程序对欧盟机构或欧盟成员国作出的司法判决，这一类型的判决对于当事方具有约束力。另一类是通过预先裁决机制对欧盟平等就业权相关法律进行的解释，这一类型的判决对提起预先裁决申请的国内法院在审理纠纷时具有约束力，而审理同样案件的其他成员国国内法院同样受到欧盟法院判决的约束。

欧盟在长期发展过程中所建立的这一框架体系，集中体现了欧盟平等就业权法律保护的特征。首先，体现了欧盟平等就业权法律保护中的立法形式多层次和多元化特征。通过多层次和多元化的立法形式，欧盟在平等就业权法律保护方面，除了通过基本法律和衍生法律的形式制定有普遍约束力的规定外，还通过了多种形式的文件，来对平等就业权的法律保护进行指导和建议。尽管这一类文件原则上并不具有约束力，但是对于平等就业权的法律保护具有重要的参考价值。其次，欧盟平等就业权法律保护中强调了欧盟法律"超国家性"特征。这一强调有效地保证了欧盟法律获得超过成员国国内法律的优先性，继而保障平等就业权在欧盟范围内能够获得统一的适用和解释，确保欧盟公民在就业过程中能够享有平等的就业机会和待遇。再次，欧盟平等就业权法律保护也尊重欧盟成员国的自主裁量权。这使得欧盟成员国可以通过行使自主裁量权，结合本国的历史、文化传统，根据本国的法律、经济、社会等实际情况，将指令转化为国内法条款进行实施。最后，欧盟平等就业权法律保护重视欧盟法院在司法实践中所作出的判决。尽管欧盟法院在平等就业权案件中作出的判决，并不具有"判例法"的地位和效果，但是欧盟法院在审理案件中，特别是通过预先裁决机制审理案件时，对欧盟平等就业权法律进行了解释，明确了平等就业权在实践中的法律保护标准和保护要求。同时，欧盟法院在判决中针对平等就业权法律保护中的新问题所作出的意见，对于欧盟平等就业权法律保护的完善具有重大的参考价值。

第三章　欧盟平等就业权法律保护的
基本原则与内容

在讨论欧盟平等就业权法律保护时，其基本原则和内容应当作为这一研究的核心和重点。欧盟通过一系列的法律和文件，构建起了欧盟平等就业权法律保护的基本框架，并通过欧盟法院在司法实践中的解释和适用不断进行完善。其中，欧盟平等就业权法律保护的基本原则和内容集中体现了欧盟平等就业权法律保护在发展和演进过程中所取得的成就和欧盟在保障和推动平等就业权的适用和发展中作出的努力以及欧盟法院在捍卫欧盟公民平等就业权的司法实践中所取得的成果。因此，对于这一问题的分析和研究具有重要的意义和价值。本章尝试在欧盟语境下，讨论平等就业权法律保护中应当遵守的基本原则，即"平等保护原则""特殊保护原则"以及"合理限制原则"，并结合欧盟平等就业权相关法律和文件以及欧盟法院相关判决，重点分析在欧盟平等就业权法律保护中受保护的就业主体特征以及受禁止的就业歧视行为类型。

一　欧盟平等就业权法律保护的基本原则

在为平等就业权提供法律保护的过程中，欧盟体现和遵循了平等就业权法律保护所要求的基本原则。具体而言，平等保护原则要求，在就业过程中应当保障每个劳动者都能够享有平等的就业机会和待遇，不受任何形式就业歧视的影响或侵害；特殊保护原则要求，在就业过程中应当为处于不利地位的劳动者制定和实施特别优待措施，以改善相关劳动者的就业状况；合理限制原则要求，在就业中可以对平等就业权进行限制，作为平等就业权法律保护中的例外情况而不构成就业歧视，但这一限制应当基于合理化事由并且合比例。

（一）平等保护原则

平等保护原则，在欧盟平等就业权法律保护中又称为平等待遇原则，是平等就业权法律保护中的基本原则，体现了"平等"这一基本理念和价值。从欧洲基本权利和自由的发展脉络来看，"平等"作为一项普遍性价值和基本权利，长期以来受到了极大的重视。《欧盟条约》在序言部分承认，"保障平等，与人类不可侵害和不可剥夺的权利以及自由、民主和法治一道，已经成为欧盟的基本价值之一。"① 同时，《欧盟条约》第2条再次强调，"欧盟是建立在尊重人类尊严、自由、民主、平等、法治以及尊重包括少数人权利在内的人权这些价值之上；而在多元化、不歧视、融合、正义、团结和男女平等的社会中，这些价值普遍存在，为成员国所共有。"②

就"平等"这一理念的发展而言，"平等"在发展过程中经历了从"形式平等主义"到"实质平等主义"的发展历程。由于奴隶社会以及封建社会是以阶级等级为基础所构建起来的，因而"平等"作为一种理念通常被认为是现代社会的产物。③ 但"平等"作为一种思想却可被追溯到古希腊时期。从亚里士多德到阿奎那，古希腊的思想家们都不约而同地将"平等"解释为"相同的人应当被相同对待"或"平等的人应当被平等对待"，该时期所产生的"平等"思想经其继承者发扬，多被表述为"形式平等主义"。④但"形式平等主义"的反对者认为，"（形式平等主义）未能在实质意义上为保障平等以及人类尊严提供基础，而是用形式平等主义

---

① Treaty on European Union, preamble.

② Treaty on European Union, article 2.

③ Sandra Fredman, *Discrimination Law*, 2nd Edition, Oxford: Oxford University Press, 2011, p. 4.

④ Claire L'Heureux-Dube, "The Search for Equality: A Human Rights Issue", *Queen's Legal Journal*, Vol. 25, 2000, pp. 401-403.

偷换实质平等主义，因而不具有道德性内容或价值。"① "形式平等主义"因忽略了每个个体或群体之间的差异性而饱受诟病。

相对地，为了弥补"形式平等主义"的缺陷，"实质平等主义"开始盛行。"具有相同能力或天赋的人应当被给予相同的机会、途径以及资源以获得其期冀的职位或地位，同时合理的区别对待是被允许的。"② "实质平等主义"认为，为保证每个社会成员的平等，有必要打破相关个人或群体的劣势循环，尊重并保护社会成员作为人所固有的平等尊严，针对实际情况及个体差异性做出结构性改变，以提高社会成员平等的社会参与性。③ "实质平等主义"考虑到每个个人或群体的地位、财产以及社会阶级的差异，倾向于采取灵活措施以保证其能够享有实质的平等，并特别强调机会平等对于实现实质平等的意义，因而又被称为"实质机会平等"。

"机会平等"与"结果平等"相对应：机会平等强调竞争过程，而结果平等强调应当达成的结果。换句话说，机会平等强调每个人应当获得平等的机会来参与竞争，而结果平等强调应当保障每个人都能够获得平等的结果。④ 这两者所反映的是对平等待遇原则实施过程中不同阶段的强调。根据"实质机会平等"对"平等"的定义，"平等"可被大致定义为社会中的每个成员都应当被赋予同样的机会及条件，以保证其可享有相同的权利、特权及豁免并承担相同的义务、责任及负担，同时在必要的情况下，要求将社会成员的个体差异性纳入考量范围，并采取相应措施，以保证个人或群体享有充分的机会或资源以达到实质上权利与义务的平等。而随着平等就业权法律保护的发展，通过在一定程度上保障有限的结果平等，为劳动力市场中的弱势群体提供保护，也成为平等就业权的应有之意，并体现在平等就业权法律保护的特殊保护原则中。

---

① Peter Westen, "The Empty Idea of Equality", *Harvard Law Review*, Vol. 95, 1982, p. 547.

② John Bordley Rawls, *The Theory of Justice*, Cambridge: Belknap Press, 2005, pp. 3-7.

③ Sandra Fredman, *Discrimination Law*, 2nd Edition, Oxford: Oxford University Press, 2011, pp. 25-33.

④ Hugh Collins, "Discrimiantion, Equality and Social Inclusion", *The Modern Law Review*, Vol. 66, 2003, p. 17.

"平等"作为欧盟普遍性价值和基本权利之一，体现在就业领域中即为平等就业权。平等就业权法律保护中的平等保护原则完全体现了"平等"这一普遍性价值和基本权利的要求。具体而言，平等就业权法律保护中的平等保护原则要求，在就业过程中应当保证每个劳动者都享有平等的就业机会和待遇，不受就业歧视的影响或侵害，并在侵害发生之时给予受害者平等、有效和充分的救济。① 因此，平等保护原则包含了"平等的就业机会和待遇"以及"不歧视"两方面内容，这两方面内容互相依存、互为保障。

首先，欧盟平等就业权法律保护的相关文件明确规定了"平等的就业机会和待遇"这一内容。例如，《欧盟运行条约》第157条明确规定，欧盟应当"通过措施来实施就业和职业中的男女平等机会和平等待遇原则。"② 因此，"平等的就业机会"以及"平等的就业待遇"共同构成了平等就业权内容的重要方面，而后者应当包含在前者之中，并作为前者必不可少的保障而存在。③ "平等的就业机会"指求职者获得某一职位的可能性，而"平等的就业待遇"为实现该可能性的必要保障。对于"平等的就业待遇"而言，其出现的根本原因在于就业问题得到了越来越多的关注，国际社会和各个国家开始通过保障包括就业指导、职业培训在内的平等的就业待遇，来保障劳动者能够享有平等的就业机会，并进而全面推动平等就业权的实现。

其次，平等就业权中的"不歧视"这一内容，要求消除就业中一切形式的就业歧视。就业过程中的"不歧视"与"平等的就业机会和待遇"，应当被作为是一个问题的两个方面来进行分析。平等就业权要求保障"平等的就业机会和待遇"，而"不歧视"要求消除就业中一切形式的就业歧视。因而，"不歧视"为"平等的就业机会和待遇"提供了保障。反之，保障"平等的就业机会和待遇"为消除一切形式的就业歧视提供

---

① David A. Strauss, "The Illusory Distinction Between Equality of Opportunity and Equality of Result", *William and Mary Law Review*, Vol. 34, 1993, p. 171.

② Treaty on the Functioning of the European Union, article 157.

③ 王全兴:《劳动法》, 法律出版社 2004 年版, 第 288 页。

了标准和参照。① 另外，根据"不歧视"这一内容的应有之意，在消除就业歧视的过程中，也应当保障受就业歧视影响或侵害的受害者，能够获得平等、有效和充分的救济。

"平等的就业机会和待遇"以及"不歧视"这两方面内容互相依存、互为保障，应当被认定为平等就业权中平等保护原则内涵中不可分割的两个方面而加以重视。这已经在立法和实践方面得到了欧盟的承认。例如，2000/43/EC 指令第 1 条、2000/78/EC 指令第 1 条以及 2006/54/EC 指令第 1 条，明确提出了上述指令的目标在于"打击歧视以及保证平等待遇原则的有效实施"。② 同时，法律顾问 Jacobs 先生在向欧盟法院提交的关于 2005 年 Europe Chemi-Con（Deutschland）v. Council 案的意见书中也明确提出，"'平等待遇'和'不歧视'仅仅是统一法律原则的两个标签而已。"③

另外，尽管《欧盟条约》第 10 条仅确认了应当打击基于性别、种族或民族出身、宗教或信仰、残疾、年龄或性取向的歧视。且 2000/43/EC 指令第 1 条、2000/78/EC 指令第 1 条以及 2006/54/EC 指令第 1 条也明确提出，应当打击基于性别、种族民族出身、宗教或信仰、残疾、年龄或性取向的歧视，并推动平等原则在成员国中的实现。④ 2009 年《里斯本条约》生效后，获得欧盟基本法律地位的《欧盟基本权利宪章》极大地扩大了这一范围。《欧盟基本权利宪章》第 21 条规定，应当禁止任何基于"性别、种族、肤色、民族或社会出身、基因特征、语言、宗教或信仰、政治或其他观点、国内少数者群体成员身份、财产、出生、残疾、年龄或性取向的歧视……另外在不违反条约适用范围以及特殊规定的情况下，也

---

① 李雄、吴晓静：《我国反就业歧视法律规范规控研究》，《河北法学》2010 年第 12 期。

② Directive 2000/43/EC, article 1; Directive 2000/78/EC, article 1; Directive 2006/54/EC, article 1.

③ Europe Chemi-Con（Deutschland）v. Council, Opinion of Advocate General, delivered on 29 April 2004, para. 36.

④ Directive 2000/43/EC, article 1; Directive 2000/78/EC, article 1; Directive 2006/54/EC, article 1.

禁止基于国籍的歧视。"① 尽管欧盟衍生法律以及其他文件还没有对这一平等保护原则扩大之后的适用范围进行具体的规定，但这一扩大性的规定显然有利于之后欧盟平等就业权法律保护中平等保护原则的适用，并为其打下了更加牢固的基石。

（二）特殊保护原则

在人类社会的演进历程中，随着经济的进一步发展，社会分工呈现出高度发达的特征。而随着劳动力市场竞争程度不断加深，如何保障在就业过程中处于不利地位的劳动者平等就业权问题，渐渐进入了人们的视线之中。"平等保护原则"为劳动者所提供的保护，已经不能满足劳动力市场中弱势劳动者群体的需求，也无法为其平等就业权提供充分、有效的保护，保障他们不受就业歧视的影响或侵害。

在平等保护原则进一步发展的过程中，逐渐允许雇主及政府在必要的情况下，依据劳动者的合理需求，采取相应的倾斜性措施，以保证劳动力市场中的相对弱势群体能够拥有必要的资源，并在实质意义上享有平等就业机会和待遇、不受就业歧视的影响或侵害，这为后来特殊保护原则的出现奠定了基础。另外，根据现今人权法以及劳动法理念的发展，就业中弱势群体已经超出了传统意义上的老弱病残群体范围，还应当包括在劳动力市场中不具有充分竞争力、难以获得平等就业机会和待遇、处于相对不利地位并容易陷入失业或贫穷境地的个人或群体。② 平等就业权作为人权的一种，在人权的实施过程中，"若不给予弱势群体以特殊保护，其人权将失去真实性。"③ 仅依据"平等保护原则"简单地为弱势群体提供与其他群体同样的"平等"保护，在一定程度上以形式上的平等掩饰了实质上的不平等，削弱了法律对平等就业权保护的力度与效能，使得弱势群体陷入更加不利的境地当中。

因此，平等就业权法律保护进一步提出了特殊保护原则。特殊保护原则体现了"实质平等主义"的要求，这一原则的目的是保证每个社会成

---

① Charter of Fundamental Rights of the European Union, article 21.

② 齐延平主编：《社会弱势群体的权利保护》，山东人民出版社 2006 年版，第 2 页。

③ 徐显明主编：《人权法原理》，中国政法大学出版社 2008 年版，第 128 页。

员的平等，打破相关个人或群体的劣势循环，尊重并保护社会成员作为人所固有的平等尊严，针对实际情况及个体差异性做出结构性改变，以提高社会成员平等的社会参与性。① 相较于平等保护原则，特殊保护原则包含了更多积极方面，并可以认为是"实质平等主义"在劳动及就业领域的进一步反映。具体而言，特殊保护原则要求在实施平等保护原则的基础上，通过实施倾向性措施，以改善弱势群体在劳动力市场中的不利地位，在实质意义上促进其平等就业权的充分实施，确保就业中的弱势群体能够获得平等的就业机会和待遇，不受就业歧视的影响或侵害。

在欧盟平等就业权法律保护中，根据特殊保护原则为劳动者提供或实施的特别措施被称为"积极行动"。根据《欧盟运行条约》第 157 条第 4 款的规定，"平等待遇原则并不禁止成员国保持或通过提供特别优待的措施，来使得未得到充分代表的性别能够从事职业活动，禁止职业中的不利状况或为此提供赔偿。"② 这一条款赋予了成员国采取"积极行动"来为劳动力市场中处于弱势地位的群体提供保障的权力，而不构成对欧盟基本法律的违反。而在欧盟衍生法律中根据这一原则，规定了基于就业主体性别、种族或民族出身、残疾、年龄、性倾向特征的特殊保护。例如，根据 2000/43/EC 指令第 5 条、2000/78/EC 指令第 7 条以及 2006/54/EC 指令第 3 条的规定，为了保证实践中的充分平等，平等待遇原则不得"禁止任何成员国保留或通过特定措施来禁止或为性别、种族或民族、宗教或信仰、残疾、年龄或性倾向相关的不利情况提供补偿"。③

值得注意的是，现今欧盟成员国对待就业中的特殊保护原则的态度仍然并不统一，如英国认为特殊保护原则的实施违反了平等保护原则的基本要求，构成了对其他就业主体的歧视；而德国则认为特殊保护原则是平等保护原则内容的自然延伸，对于贯彻不歧视原则以及达到实质性平等具有

---

① Sandra Fredman, *Discrimination Law*, 2nd Edition, Oxford: Oxford University Press, 2011, pp. 25-33.

② Treaty on the Functioning of the European Union, article 157. 4.

③ Directive 2000/43/EC, article 5; Directive 2000/78/EC, article 7; Directive 2006/54/EC, article 3.

重要意义。① 但随着平等就业权法律保护的发展，后一种观点获得了国际社会越来越多的承认，特殊保护原则对于平等就业权法律保护的合理性和正当性也渐渐得到认可。例如，国际劳工组织《就业和职业歧视公约》第 5 条第 1 款规定，"……救助措施，不应视为歧视。"② 在欧盟委员会的推动下，欧盟已经确认特殊保护原则应当作为平等保护原则的补充予以肯定及实施，并通过了大量的"积极行动"措施来推动欧盟范围内平等就业权的实现。

（三）合理限制原则

应当明确的是，平等就业权的保护应当遵循一定的合理限制，例如职业和职位本身的要求，对保护劳动者的需要，以及维护公共安全以及公共利益的需要等。合理限制原则建立在合理化事由以及实质性平等的基础之上，因而不应当被视为对于平等就业权平等保护原则或是特殊保护原则的损害。但合理限制原则作为平等就业权法律保护的例外甚至是"克减"，在实施过程应当进行严格审查。对于合理限制原则的严格审查一方面是为了在平等就业权的法律保护中，保障劳动者的平等就业权不受肆意的侵害和减损；另一方面法律作为社会秩序的维护工具，必须在不同法益之间作出选择和维持平衡。③ 具体而言，为了检验合理限制原则是否得到了遵守，应当从关联性、必要性以及法益相称性 3 方面进行分析。关联性用于检测对平等就业权的限制与目的之间是否具有关联；必要性用于检测对平等就业权的限制对于目的而言是否必要；法益相称性用于检测对平等就业权的限制所造成的损害是否最小。

就欧盟平等就业权法律保护中体现的合理限制原则而言，主要分为如

---

① Sandra Fredman, Discrimination Law, 2nd Edition, Oxford University Press, 2011, pp. 134–144.

② 国际劳工组织《就业及职业歧视公约》第 5 条第 1 款规定，"国际劳工大会所通过的其他公约或建议里所规定的救助措施，不应视为歧视。任何成员在同代表性的雇主组织和工人组织——如果这种组织存在——磋商后，可以确定某些其他的特殊措施，不应视为歧视，因为这些措施的目的是为了适应一些由于性别、年老无能、家庭负担或社会或文化地位的原因而公认更加以特殊保护或扶助的人的特殊需要的。"

③ 翟业虎：《竞业禁止的法益冲突及其衡平原则研究》，《河南大学学报》（社会科学版）2013 年第 5 期。

下几类。第一类是特定职业和职位的要求。在欧盟平等就业权法律保护中，这一特定职业和职位要求被称为是"真正和决定性的"职业要求。根据欧盟 2000/43/EC 指令第 4 条、2000/78/EC 指令第 4 条以及 2006/54/EC 指令第 14 条第 2 款的规定，成员国可以规定基于性别、种族或民族出身、宗教或信仰、残疾、年龄或性取向有关特征的特别待遇而不构成歧视。根据特定职业活动的本质或内容，这一特征应当构成了"真正和决定性的"的职业要求，且目的具有合法性以及方式具有合比例性。① 具体的例子包括如法官、律师、医生或财会人员等特定职业领域对于劳动者特定职业知识和技能的要求，以及宗教性机构对劳动者宗教或信仰的要求，妇科检查医生对劳动者性别的偏向，时尚界在录用模特时对于求职者身高的限制等。

第二类是保护女性生理或心理状况的需要。在欧盟平等就业权法律保护中，2006/54/EC 指令第 28 条第 1 款特别规定，该指令"不禁止有关女性保护的规定，特别是关于怀孕和生产"。这一例外情况是出于对女性生理或心理状况保护的需要，尤其是在怀孕和生产期间对女性的保护。这对于保护女性的生理和心理健康以及维持女性和子女之间特殊关系具有重要意义。因此，基于这一理由对女性平等就业权实施的限制，可以被认为是合理限制原则在平等就业权法律保护中的正当适用而具有合理性。② 例如，对孕期或哺乳期女性的保护，禁止其参与重体力劳动或者在有毒环境下劳动等。

第三类是基于其他合理事由的限制，如维护公共利益和社会秩序的需要。在欧盟平等就业权法律保护中，2000/78/EC 指令第 2 条第 5 款特别指出，该指令"并不禁止在民主社会中国内法为维护公共安全、公共秩序以及阻止刑事犯罪、保护健康以及保护他人权利和自由而采取的措施"。③ "禁止邪教团体成员、具有危险生理或心理疾病的人，特别是恋童

---

① Directive 2000/43/EC, article 4; Directive 2000/78/EC, article 4; Directive 2006/54/EC; article 14. 2.

② Directive 2006/54/EC, article 28. 1.

③ Directive 2000/78/EC, article 2. 5.

癖者”获得指令的保护，进入与公共安全或公共利益相关的职业之中。①

二 欧盟平等就业权法律保护的就业主体特征

根据欧盟平等就业权相关法律和政策，受欧盟平等就业权法律保护的就业主体特征②主要规定在《欧盟条约》《欧盟基本权利宪章》以及2000/43/EC 指令、2000/78/EC 指令以及 2006/54/EC 指令这 3 部有关就业的主要指令之中。1997 年《阿姆斯特丹条约》通过之后，将欧盟所保护的就业主体特征扩展到性别、种族或民族出身、宗教或信仰、残疾、年龄或性取向，这基本上也体现出了主要国际人权文件以及欧盟成员国国内法律的规定，而就业 3 指令也与此相对应。另外《欧盟基本权利宪章》第 21 条禁止的歧视类别更加广泛，而且不限于就业和职业中的歧视，具体包括了“任何基于性别、种族、肤色、民族或社会出身、基因特征、语言、宗教或信仰、政治或其他观点、国内少数群体成员身份、财产、出身、残疾、年龄、性倾向以及国籍”。③

对于上述受欧盟平等就业权法律保护的就业主体特征而言，可以根据是否可变以及是否可以被明确知晓进行一个简单的划分。欧盟禁止基于性别、种族或民族出身特征的歧视，这些特征是基本固定而不会改变的，同时在就业过程中，雇主能够明确知晓这些特征。雇主根据这些特征筛选劳

---

① Barnard Catherine, *EU Employment Law*, 4ᵗʰ edition, Oxford: Oxford University Press, 2012, p. 367.

② 通过上文对相关研究成果进行分析可以发现，我国学者在研究欧盟平等就业权法律制度的主体范围时，采用了不同的表述。例如，孙亮在《欧盟反歧视的立法与实践》中采用了 3 大反歧视“领域”的表述，周长征在《欧盟反就业歧视法律制度》中采用了就业歧视“类型”的表述。但欧盟平等就业权相关指令，在规定适用主体范围时，普遍采用了“特征”（characteristic）这一表述，例如 2000 年《关于建立就业和职业平等待遇一般性框架的指令》序言第 23 段以及第 4 条，《关于实施不同种族或民族出身之间平等待遇原则的指令》序言第 18 段及第 4 条，以及 2006 年《关于实施男女就业和职业平等机会和平等待遇原则的指令》第 14 条第 2 款。在此，本书也采取了就业主体“特征”这一表述，来讨论受欧盟平等就业权法律制度保护的就业主体特征的范围。

③ Charter of Fundamental Rights of the European Union, article 21.

动者，通常是基于刻板印象或假设，因为这些特征与劳动者的个人就业能力或技能基本无关。而基于宗教和信仰、残疾、年龄以及性倾向特征的歧视，并不完全具有不可改变或能够被明确知晓这两个特征。例如，劳动者的宗教或信仰情况可能会出现变化；劳动者的残疾情况可能会改善或恶化；劳动者年龄的不断增长会影响劳动者的就业能力；在通常情况下，雇主也难以知晓劳动者的性取向情况，但与性别、种族或民族出身特征相同的是，在劳动力市场中，具有这些特征的劳动者，都可能会处于遭受刻板偏见所带来的就业歧视或不公正待遇的侵害的风险中，可能会被排除在劳动力市场之外，无法充分参与就业过程。

欧盟在《2010 就业指导纲要》中指出，"扩大就业机会是成员国预防和减轻贫穷，推动社会和经济充分参与的必要方面……成员国应当实施有效的反歧视措施，赋予人们参与劳动力市场的能力并预防工作中的贫穷，进而有效打击社会隔离。"① 在实施有效的反歧视措施过程中，应当明确就业主体的哪些特征在欧盟平等就业权法律保护的范围之内。这对于全面、系统地理解欧盟对平等就业权的法律保护具有重要意义。下文将根据欧盟平等就业 3 指令的分类，对受欧盟平等就业权法律保护的就业主体特征进行讨论。

（一）性别

欧盟平等就业权法律基于劳动者性别特征，而对劳动者平等就业权所进行的保护，贯穿了欧盟平等就业权法律保护发展的整个过程。自欧共体时期以来，欧盟平等就业权法律保护便对就业中的性别平等问题给予了极大的关注。欧盟关于性别平等的法律和政策，无论是完善程度还是发展深度，都远远超出了欧盟平等就业权法律保护中其他就业主体特征相关的法律和政策，而欧盟法院在就业领域中所作出的有关性别的重要判决也远远多于有关其他就业主体特征的判决。

欧盟平等就业权法律保护中对就业主体性别的保护，并非是一蹴而就的。平等就业权保护从只强调女性性别扩展到了男性性别及其他性别

---

① Council of the European Union, Council Decision on Guidelines for the Employment Policies of the Member States, 21 October 2010, 2010/707/EU.

（主要包括变性人）；从只禁止直接和故意歧视，扩展到了间接歧视、苛刻待遇和骚扰；从只关注单纯的就业领域扩展到了与就业相关的婚姻和家庭领域。同时，平等就业权保护问题也进一步引出了"积极行动"和反向歧视的争论，其保护的范围也扩大到了就业条件、职业培训和社会福利等方面，涵盖了公共部门和私人部门。在性别平等领域的发展过程中所形成的平等就业权相关理念和原则，对其他领域也产生了根本性的影响。①

1. 从"经济工具"到"社会目标"

欧盟平等就业权法律基于就业主体性别特征所给予的保护，首先是源自于为女性追求就业中的平等机会和待遇，而这可以追溯到 1957 年《罗马条约》第 119 条关于男女同工同酬的规定。② 作为欧洲较早确立同工同酬原则的国家，法国政府在条约商讨过程中考虑到其他国家，特别是比利时雇主可能会压低女性工资进行竞争，进而损害到法国纺织工业企业的利益，因此坚持要求欧洲共同体通过这一条款。从中可以看出，这一条款的最初目的主要是在于避免欧洲统一市场内各国在劳动报酬方面的扭曲竞争，防止"社会倾销"。推动劳动力市场内的性别平等以及社会正义并非是这一条款的主要目标。但随着欧洲一体化程度的加深，女性在劳动市场中的参与程度和参与深度日益加强，对于社会维度上性别保护的的关注也在逐渐加强，并逐步提升到与经济方面相近的层面。在 1976 年的 *Gabriellc Defrenne v. Société Anonyme Belge de Navigation Aérienne Sabena* 案中，法院强调，"（第 119 条）构成了共同体社会目标的一部分，共同体并不仅仅只是一个经济组织，也应当通过共同行动来确保社会进步，并推动人们生活和工作条件的稳定提高。"③ 2000 年，欧盟法院在 *Deutsche Telekom AG v. Lilli Schröder* 案的判决中进一步指出，"（罗马）条约第 119 条所追求的经济目标，即消除不同成员国企业之间的不正当竞争，应当次

---

① Evelyn Ellis, "The Definition of Discrimination in European Community Sex Equality Law", *European Law Review*, Vol. 19 (6), 1994, p. 563.

② Treaty of Roma, article 119.

③ Gabriellc Defrenne v. Société Anonyme Belge de Navigation Aérienne Sabena, Judgment of the Court of 8 April 1976, C-43/75, p. 17.

于该条款所追求的社会目标，而这构成了基本人权的表达"。① 为了回应这一时期欧洲统一市场的发展要求以及成员国劳动法的发展进程，欧盟制定了一系列指令，使得性别平等的内涵超出了男女同工同酬的范畴。1976年《关于实施男女就业、职业培训和升职、工作条件平等待遇原则指令》，第一次将就业中的性别平等，主要是男女平等扩展到了就业准入、职业培训、晋升和工作条件等方面。② 标志着就业这一过程中的性别平等待遇得到了欧盟平等就业权法律保护的正式关注，并为性别平等在这一法律保护中的突出地位奠定了基础。

2. 从"生理性别"到"社会性别"

通过对欧盟有关平等就业权的法律及政策进行分析可以发现，欧盟并没有对"性别"这一术语进行定义。值得强调的是，"性别"一词的含义并非是显而易见的。一般而言，"性别"指的是个人出生时的性别，这也被称为"生理性别"。但是在 1995 年的 *P. v. S. and Cornwall County Council* 案中，法律顾问 G. Tesauro 先生指出，法律上对于性别的理解不应当仅仅包含"生理性别"，也应当包含社会对性别的构建和理解，即"社会性别"。"性别应当被认作是一种重要的习俗和社会参数。女性常常成为性别歧视受害者的原因，并不当然是因为她们的生理性别，还是因为她们的社会角色以及社会形象。女性遭受不利待遇的原因，在于她们应当扮演的社会角色，而不是她们的生理性别。"③ 因此，在讨论基于性别的歧视问题时，单单强调就业主体的生理性别并不全面，且容易滑入"形式平等"而忽略了对于性别平等的实质保护。

欧盟平等就业权法律保护中的性别平等的出发点，是保障劳动力市场

---

① Deutsche Telekom AG v. Lilli Schröder, Judgment of the Court on 10 February 2000, C-50/76, para. 57.

② Council of the European Communities, Council Directive on the Implementation of the Principle of Equal Treatment for Men and Women as regards Access to Employment, Vocational Training and Promotion, and Working Conditions, 9 February 1976, 76/207/EEC, O. J. (1976) L 39/40, article 1.

③ P. v. S. and Cornwall County Council, Opinion of Advocate General Tesauro, 14 December 1995, para. 20.

中"未被充分代表的性别"能够获得平等的机会和待遇。这种平等的机会和待遇在最初仅强调的是在"形式意义"上保障"未被充分代表的性别"能够获得平等的机会和待遇。但这并没有考虑到社会角色和社会形象所造成的性别歧视,也没有为较为弱势的性别提供特殊或倾向性的扶持和帮助,来保证实质层面上的性别平等。随着欧盟平等就业权法律保护的进一步发展,女性进一步参与劳动力市场过程中所面临的较为深层次问题开始突显出来。欧盟开始认识到现行框架中的性别平等流于形式,无法从根本上解决就业过程中的性别不平等问题,即无法从实质上消除长期以来社会结构中"性别分工"对女性就业造成的消极影响,无法为女性获得平等的就业机会和待遇提供保障。

除生理性别之外,社会性别对于弱势性别所造成的影响,至少一定程度上逐渐得到了欧盟的重视和强调。2006/54/EC 指令第 2 条第 2 款(c)规定,女性因怀孕或产假而遭受的不利待遇,也构成了歧视。① 这一条款不仅是出于对女性生理状况的照顾,还体现了欧盟承认基于女性社会形象,女性因与子女天然的照料和责任关系而可能对就业所产生的影响。1984 年欧盟通过的《关于推动女性积极行动的建议》指出,欧盟现行的有关平等待遇的法律规定,并不足以消除所有现存不平等现象。② 因此,欧盟建议成员国政府采取积极行动,来消除就业中社会态度、社会行为和社会结构对女性所造成的歧视性影响。自此,欧盟开始通过"积极行动",逐步采取措施,来保证实践中平等待遇原则的遵守,并推动实践中女性能够享有平等机会。

3. "性别主流化"

20 世纪末,在欧洲平等和反歧视思潮中,"利益相关者"的参与意识不断增强,对于性别平等的追求超出了单纯的平等就业领域,出现了"性别主流化"现象。所谓"性别主流化",指的是将性别平等作为经济、社会发展的主要目标之一,贯彻和融入欧盟机构法律、政策及建议的制

---

① Directive 2006/54/EC, article 2.2. (c).

② Council of the European Communities, Council Recommendation on the Promotion of Positive Action for Women, 13 December 1984, 84/635/EEC.

定、通过和实施的所有过程中，而不是单纯地为"未被充分代表的性别"通过专门的计划或措施。① 1997 年《阿姆斯特丹条约》第 2 条第 3 款对《欧盟条约》第 3 条进行了补充，要求"本条款所提及的所有活动中，共同体都应当致力于消除男女之间的不平等，推动男女之间的平等。"② 这一条款对欧盟"性别主流化"进行了特别强调，并确认了性别平等不应当被视为一个孤立的问题，而是应当融入欧盟的所有政策之中进行考虑。2000 年欧盟提出的《2001—2005 共同体性别平等框架战略计划》很好地反映了"性别主流化"的趋势。这一文件指出，性别平等框架战略计划应当适用于经济生活、决策过程、社会权利、公民生活，并要求克服对男性和女性的性别形象和性别角色的刻板偏见。③

反过来，"性别主流化"也使得关于就业中性别平等的讨论不断深入。性别平等超出了原先对女性作为弱势性别的单一强调，通过欧盟法院的判例，男性以及其他性别（主要包括变性人）主体的就业平等问题也开始得到了强调。例如，1997 年 *Hellmut Marschall v. Land Nordrhein-Westfalen* 案中，欧盟法院指出对女性采取的"积极行动"构成了对于男性权利的克减，对女性候选人特别有利的国内措施不得为女性提供绝对和无条件的优先权，这会超出"积极行动"条款的限度。因此，在男性和女性候选人具有相同资格时，应当采取客观的分析。④ 在 1996 年 *P. v. S. and Cornwall County Council* 案中，法院认定，"（该指令）的范围不应当仅仅局限于基于相关主体属于某一性别这一事实的歧视。根据指令的目标以及所保护权利的本质，该指令也应当适用于相关主体性别改变所引起的歧视。"⑤ 法律顾问 G. Tesauro 先生也指出，"变性者所遭受的不利待遇，通

---

① Brain Bercusson, *European Labour Law*, 2nd edition, Cambridge: Cambridge University Press, 2009, p. 340.

② The Treaty of Amsterdam, article 2. 3.

③ Council of the European Union, Council Decision on Establishing a Programme Relating to the Community Framework Strategy on Gender Equality (2001 - 2005), 20 December 2000, 2001/51/EC, p. 6.

④ Hellmut Marschall v. Land Nordrhein-Westfalen, Judgment of the Court, 11 November 1997, C-409/95, p. 11.

⑤ P. v. S. and Cornwall County Council, Judgment of the Court, 20 April 1996, C-13/94.

常是与社会的消极印象相关，而这是一个道义上的判断，与他们在就业中的能力无关。"①

另外，随着性别主流化的不断发展，就业中性别平等的相关内容和适用范围也不断扩大。欧盟对于就业歧视的认定也从 1976 年 76/207/EEC 指令所认定的直接或间接歧视，② 扩大到了直接或间接歧视、骚扰和性骚扰、指示歧视。而这一扩大也适用于欧盟平等就业权法律框架中的种族或民族出身、宗教或信仰、残疾、年龄和性倾向问题上。③

（二）种族或民族出身

反对种族主义一直是国际社会关注的重要问题，并在近几十年中处于国际合作的核心地位。由于欧盟的扩张以及大量移民的存在，基于种族或民族出身的就业歧视一直是欧盟就业领域中的重要问题。在经历过 20 世纪的战争和冲突之后，欧洲已经普遍注意到了种族主义所带来的危险，以及对人类尊严所造成的巨大威胁。但是，直到 20 世纪末，种族主义仍未被根除。另外，例如历史遗留下的对于罗曼尼人（即吉普赛人，该称呼因含贬义已被废除）的歧视问题，在欧盟内部也备受关注。④

欧盟认为，参与经济生活对于成功的社会融合是具有必要性的。而平等的参与就业对于保证社会融合、维护政治稳定性以及保证欧盟经济发展，发挥着基础性的作用。而获得与就业相关的其他社会保障体系中的福利和其他形式的支持，对于改善来自少数种族或民族群体的个人在劳动力市场和社会中的边缘化地位也具有重要性。而其他与就业并非具有直接联

---

① P. v. S. and Cornwall County Council, Opinion of Advocate General Tesauro, 14 December 1995, para. 20.

② Council of the European Communities, Council Directive on the Implementation of the Principle of Equal Treatment for Men and Women as regards Access to Employment, Vocational Training and Promotion, and Working Conditions, 9 February 1976, 76/207/EEC, O. J. (1976) L 39/40, article 2.

③ Directive 2000/43/EC, article 2; Directive 2000/78/EC, article 2.

④ Mathias Moschel, "Race Discrimination and Access to the Euroepan Court of Justice: Belov", *Common Market Law Review*, Vol. 50, 2013, p. 1435.

系的领域，对于促进社会和经济融合也具有重要意义，例如教育和技能培训等。① 同时，欧盟打击种族歧视以及仇外心理，为欧盟的进一步扩张也提供了坚实的基础。欧盟的扩张应当是建立在充分和有效尊重人权的基础上，而扩张的过程为欧盟带来了不同的文化和种族群体。为了避免和缓和新老成员国之间的紧张关系，并创造出尊重和容忍种族及民族多样性的联盟共同体，有必要推进打击种族主义和仇外心理的欧盟共同政策及措施。② 值得强调的是，欧盟在打击基于种族或民族出身的就业歧视过程中，特别重视女性和女童的人权保护，并作为就业主体普遍性人权中不可分割的一部分。欧盟认为，基于种族或民族出身的歧视会对女性和男性产生不同的影响。而与女性和男性的性别以及性别职能相关的结构性不平等，常常会造成更加严重的双重歧视。男女平等作为欧盟的基本原则之一，欧盟应当在所有活动中都消除性别不平等。而之前我们所讨论的"性别主流化"要求，也应当适用于种族或民族平等这一问题上。

欧盟长期以来坚持认为，立法方法对于打击种族主义而言具有至关重要性。法律不仅保护受害者，并给予他们救济，还表明了社会对于种族主义的坚决反对，以及权力机构消除歧视的真诚承诺。反种族主义法的实施对于塑造态度会产生重要影响。③ 因此，欧盟及欧盟成员国在过去的几十年间，都致力于推动并通过打击种族主义的法律文件。欧盟在多个文件中都表达了捍卫人权和基本自由，以及打击种族主义、仇外心理以及反犹太主义的决心。早在 1977 年，欧盟在《欧洲议会、欧盟理事会和欧盟委员会的共同宣言》中就提出，欧盟应当致力于捍卫人权和基本自由，打击种族主义、仇外心理以及反犹太主义。④ 1993 年 5 月 31 日，欧盟在《关

① Mark Bell, "Combating Racial Discrimination Through the European Employment Strategy", *Cambridge Year Book of Euroepan Legal Studies*, Vol. 6, 2006, p. 56.

② Mathias Moschel, "Race Discrimination and Access to the Euroepan Court of Justice: Belov", *Common Market Law Review*, Vol. 50, 2013, p. 1434.

③ Commission of the European Communities, Proposal for a Council Directive Implementing the Principle of Equal Treatment Between Persons Irrespective of Racial or Ethnic Origin, Explanatory Memorandum, 25 November 1999, COM (1999) 566 final.

④ Euroepan Communities, Joint Declaration by the European Parliament, the Council and the Commission, 27 April 1977, O. J. C 103.

于欧洲种族主义和仇外心理复燃以及右翼极端主义暴力危险的决议》中指出，"种族主义和仇外心理损害了民主原则，以及对人权、基本自由以及成员国共同的宪法传统的保护。"① 1996 年 7 月 23 日，欧盟及成员国代表通过决议，将 1997 年作为"欧洲反种族主义年"。② 1997 年《阿姆斯特丹条约》生效之后，欧盟采取适当行动，打击基于"种族或民族出身"的歧视和不公正待遇，获得了欧盟基本法律层面上的依据。③ 随后，1998年 3 月 25 日，欧盟委员会通过了一项《打击种族主义行动计划》。④ 该行动计划强调，应当在欧盟所有政策中都强调打击种族主义的重要性，并加强与欧盟机构和所有相关主体的合作。

欧盟 2000 年通过了 2000/43/EC 指令，建立打击种族或民族出身歧视的框架，并推动平等原则在成员国范围内的实现。⑤ 但这一指令并没有对种族或民族出身进行定义。《牛津英语字典》将种族定义为"具有共同特征的人组成的群体或团体"。⑥ 而对于民族而言，一个民族群体必须能够自我认知，通过特定的特征或本质来区别于其他群体。一般而言，一个民族必要特征包括了"长期共有的历史，使得群体自觉与其他群体相区分，并保留对该历史的记忆；群体共同的文化传统，包括家庭和社会习俗。"⑦ 值得注意的是，2000 年的 2000/43/EC 指令并没有提到肤色问题，这不能不被认为是该指令在打击基于种族或民族特征的歧视问题上存在的不可忽视的缺憾。因为施加歧视行为的主体很少能清楚了解受害者的种族

---

① The European Parliament of the Euroepan Communities, Resolution on the Resurgence of Racism and Xenophobia in Europe and the Danger of Right‑wing Extremist Violence, 31 May 1993, O. J. C 150.

② Council of the European Union, Council Resolution of the Council and the Representatives of the Governments of the Member States, Meeting within the Council Concerning the European Year Against Racism (1997), 23 July 1996, 96/C 237/01.

③ The Treaty of Amsterdam, article 2. 7.

④ Commission of the European Communities, Communication from the Commission – An Action Plan Against Racism, 25 March 1998, COM/98/0183 final.

⑤ Directive 2000/43/EC, article 1.

⑥ Oxford English Dictionary, 5ᵗʰ edition, Oxford: Oxford Press, 2002.

⑦ Barnard Catherine, *EU Employment Law*, 4ᵗʰ edition, Oxford: Oxford University Press, 2012.

或民族出身，但却能很明确地辨别受害者的肤色，而大部分针对种族或民族的歧视行为，很有可能就是根据受害者的肤色所作出的。而《欧盟基本权利宪章》第21条将禁止基于肤色的歧视，与禁止基于种族、民族或社会出身的歧视相并列，在一定程度上弥补了这一缺憾。①

（三）宗教或信仰、残疾、年龄及性倾向

2000年欧盟通过了《关于建立就业和职业平等待遇一般性框架的指令》，作为对1997年《阿姆斯特丹条约》中欧盟保护的就业主体特征范围扩大的回应。该《指令》对性别以及种族或民族出身之外受保护的就业主体特征进行了规定，提出基于宗教或信仰、残疾、年龄或性取向的歧视可能会损害欧盟条约目标的实现，特别是不利于达成高层次的就业和社会保障、提高生活水平和生活质量、促进经济及社会融合和团结以及人员的自由移动。② 依据该指令，欧盟建立起就业和职业平等待遇的一般性框架，打击基于宗教或信仰、残疾、年龄或性取向的就业歧视和不公正待遇，来推动平等就业权在欧盟和成员国中的保障和实现。

1. 基于宗教和信仰的平等就业权保护

2000年2000/78/EC指令并没有对"宗教和信仰"进行定义。对于"宗教和信仰"这一术语的定义，可以参照《欧洲保护人权公约》第9条第1款所作出的规定，"人人都有……宗教自由的权利……包括改变宗教或信仰的自由，以及……表达宗教或信仰的自由。"③ 宗教或信仰包括了被广泛承认的宗教，例如基督教、伊斯兰教、犹太教、佛教以及道教等。而一种宗教内的分支，也可以被认为是宗教或信仰，例如基督教内的天主教和新教分支。与其他受保护的就业主体特征相比较，"宗教和信仰"可能具有可变性以及不可见性，除非因宗教和信仰要求，需要遵循特定的着装或行为规则。一般而言，宗教或信仰与就业主体的工作能力和技能无关。但也存在例外，例如穆斯林教徒装卸工人拒绝搬运酒精制品。若就业主体的宗教或信仰与工作能力可能相关，则应当根据"真正和决定性的"

---

① Charter of Fundamental Rights of the European Union, article 21.

② Directive 2000/78/EC, pp. 1-2.

③ Council of Europe, Convention for the Protection of Human Rights and Fundamental Freedoms, article 9. 1.

职业要求进行处理，来判断是否具有客观正当性，或者是否具有歧视性。

另外，根据上述《欧洲人权公约》的规定，宗教或信仰自由，作为一项基本的人权，既包括了持有宗教或信仰的自由，也包括了表达宗教或信仰的自由。参照《欧洲保护人权公约》第 9 条第 2 款的内容，"表达……宗教或信仰的自由……受到法律规定的限制……为了公共安全……为了保护公共秩序、健康或道德，或保护他人的权利与自由。"① 因此，表达"宗教和信仰"的自由时，应当受到一定的法律约束，来确保能够维持与公共利益和他人权利之间的有序平衡。而"宗教和信仰"的表达行为可能会对就业主体在特定职业或职位中的就业问题产生影响。例如，依据宗教要求需要佩戴头巾的穆斯林教徒，是否能够以"宗教和信仰"的表达为由，来拒绝在应当佩戴安全帽的场合中佩戴安全帽？这一"宗教和信仰"的表达是否应当根据维护公共利益和安全的需要而受到限制？这一问题也应当根据"真正和决定性的"职业要求来进行分析，来判断与"宗教和信仰"表达相悖的职业要求是否具有正当性和合理性。

2. 基于残疾的平等就业权保护

残疾人群体构成了世界规模最大、数量最多的弱势群体。② 欧盟早期通过社会福利政策，来为残疾人提供帮助和支持。例如 1986 年通过了《关于共同体中残疾人就业的建议》，目标是通过提供就业培训、康复和安置，来推动残疾人在就业和职业培训中享有平等的机会，并要求通过创造就业、庇护就业，就业过渡、职业康复和培训以及就业指导、分析和安置，来激励雇主和劳动者组织提供社会安排等措施，协助残疾人参与工作生活。③ 2007 年 3 月 30 日，欧盟作为一个地区缔约方，签署了联合国《残疾人权利公约》，极大地体现了欧盟对于消除基于残疾的歧视所作出

---

① Council of Europe, Convention for the Protection of Human Rights and Fundamental Freedoms, article 9. 2.

② United Nations, From Exclusion to Equality: Realizing the Rights of Persons with Disability-Handbook for Parliamentarians on the Convention on the Rights of Persons with Disabilities and its Optional Protocol, United Nations Publication, 2007, pp. 1-2.

③ Council of the European Communities, Council Recommendation on the Employment of Disabled People in the Community, 24 July 1986, 86/379/EEC.

的承诺。①

1960 和 1970 年代，残疾人权利运动渐渐发展，其目标是推动残疾人独立生活，促进社会全面承认残疾人固有权利。这一残疾人权利运动严厉地批判了传统的"医学模式"②，认为"医学模式"严重阻碍了残疾人权利的实现。长期以来，"医学模式"主导了人们对残疾的认识，几乎所有的社会都认为残疾人是有缺陷的个体，并将他们排斥在主流文化之外。③残疾人面对社会带来的重重阻碍，必须尽最大的努力降低自身残疾带来的影响，以便能够参与社会生活。1981 年残疾人国际在世界峰会中发布声明，残疾人的残疾状态是身体功能的残损以及正常参与社会生活机会的减损所共同造成的，这提出了残疾的"社会模式"。④ 残疾人权利保护的"社会模式"⑤ 的产生和发展，使人们逐渐认识到，与健康人一样，残疾人也应当享有完全平等的权利。这一模式迅速得到人们的普遍认可。从要求残疾人适应社会，到改变社会态度、消除社会障碍来促进残疾人的个人发展和价值实现，是"社会模式"最大的贡献。这一模式也对残疾人的法律保护发展产生了重要影响，对残疾人保护的重心，开始从仅注重提供社会保障和社会福利，逐渐向注重对残疾人的赋权这一方向转变。这使得

---

① Grainne de Burca, "The European Union in the Negotiation of the UN Disability Convention", *European Law Review*, 2010 Vol. 35 (2), p. 174.

② "医学模式"将残疾视为个人身体和精神方面医学功能损伤或残缺，把残疾人视为与身体健全人相对的非正常人，对其进行医学的治疗和矫正。"医学模式"认为，医学概念上的功能残缺是造成残疾人不能正常参与社会生活的唯一原因，而忽视了外部社会环境对残疾人社会参与能力的影响，并将残疾作为一种"个人悲剧"。

③ Michael Ashley Stein & Penelope J. S. Stein, "Beyond Disability Civil Rights", *Hastings Law Journal*, Vol. 58, 2007, p. 1206.

④ Richard Rieser, *Implementing Inclusive Education: A Commonwealth Guide to Implementing Article 24 of the UN Convention on the Rights of People with Disabilities*, London: Commonwealth Secretariat, 2008, p. 15.

⑤ "社会模式"认为，残疾这一概念不仅仅是医学概念，同时也是一社会概念，对残疾人设置了重重障碍的社会同样需要治疗和矫正。残疾人需要的不仅仅是怜悯和同情，而是对他们平等权利的尊重和保障，以及享有平等、充分、全面参与社会生活的机会。

对残疾人权利的法律保护进入了新的历史阶段。①

　　欧盟 2000/78/EC 指令并没有体现出对"残疾"这一术语的定义和概念。但出人意料的是，在 2006 年 *Sonia Chacón Navas v. Eurest Colectividades SA* 案中，欧盟法院似乎是支持了残疾的"医学模式"。欧盟法院指出，2000/78/EC 框架指令的目的是打击就业和职业中所有类型的歧视。据此，"残疾"的概念应当被理解为，"由于生理或心理缺陷导致的限制，并阻碍参与职业生活"。另外，法院还指出，"残疾"这一概念应当与"疾病"相区分，不能简单地将这两种概念混为一类。因此，因就业主体疾病而遭受的就业歧视或不公正待遇，不能依据 2000/78/EC 框架指令而获得保护。②

　　值得指出的是，个人因与残疾主体有特定联系而遭受的就业歧视，也构成了基于残疾的歧视。这一类歧视，也被称为关联歧视。在 2008 年的 *S. Coleman v. Attridge Law and Steve Law* 案中，欧盟法院曾经做出判决，指出 2000/78/EC 框架指令第 1 条以及第 2 条第 1 款和第 2 款（a）应当做如下解释，这些条款所禁止的直接歧视，不应当仅限于自身具有残疾的主体。若雇主给予自身不是残疾人的劳动者不利于他人的待遇，这一不利待遇是由于该劳动者负主要看护责任的子女具有残疾，那么这一不利待遇则违反了第 2 条第 2 款（a）。③

　　2000/78/EC 指令第 5 条对适用于残疾人的合理性安排进行了特别规定，"为了保证残疾人相关的平等待遇原则的遵守，应当提供合理性安排。"④ 根据这一条款，雇主应当采取适当措施，来保证残疾人能够获得就业、参与就业、升职或获得培训，除非这会对雇主施加不合比例的负担。但若相关成员国国内残疾人政策框架内存在充分的补偿措施，则不应

---

　　① 刘文静：《〈残疾人权利公约〉视角下的中国残疾人权益保障：理念变迁与制度创新》，《人权》2015 年第 2 期。

　　② Sonia Chacón Navas v. Eurest Colectividades SA, Judgment of the Court, 11 July 2006, C-13/05, para. 43-45.

　　③ S. Coleman v. Attridge Law and Steve Law, Judgment of the Court, 17 July 2008, C-303/06, para. 56.

　　④ Directive 2000/78/EC, article 5.

当认为存在不合比例的负担。简单来说，雇主所采取的适当措施是指通过有效和可行的措施，来使得工作场所适合残疾人的工作需要，例如适合残疾人需要的场所和设施、工作时间、工作模式、任务分配、就业培训或资源整合。为了确定这一措施是否对雇主造成了不合比例的负担，应当结合企业规模和财政来源以及获得公共基金或协助的可能性，对造成的财务或其他成本进行综合考虑。① 合理性安排这一义务，是新时期欧盟为了消除针对残疾人歧视所采取的策略中的核心要素。合理性安排认为，只有为残疾人提供合理的安排和帮助，才能使得残疾人的能力和价值在工作中得到最大的发挥，进而保证残疾人获得平等的就业机会和待遇。②

基于残疾特征的歧视与其他类别的歧视有些不同，简单说来，不同种类的残疾所具有的特征不同，对就业主体的影响也不同。首先，就业主体的残疾状况可能具有可变性，也可能具有不可变性。残疾可能是就业主体先天具有的，也有可能是后天造成的；残疾可能是不可康复的，也可能是可以康复的。其次，残疾可能是第三方主体可见的，例如肢体残疾；也可能是不可见的，例如心理缺陷。再次，残疾可能会影响就业主体的工作能力或工作技能，例如智力残疾可能无法从事高工作能力要求的工作；也有可能不会影响，例如腿部残疾的就业主体能够与普通劳动者一样从事文职工作。

3. 基于年龄的平等就业权保护

随着欧洲社会、经济的进一步发展，如何应对人口老龄化问题已经成为欧洲就业战略的核心重点，而年龄问题也已经成为欧盟在平等就业权保护中必须面临的问题。就业主体年龄特征与性别相似，是可见而且基本无法改变的。与其他歧视理由不同的是，就业者的年龄情况是一个动态的过程而不是固定的状态。例如，大多数人可能不会经历具有另一种性别、种族或民族出身、宗教或信仰、残疾或性取向特征的主体的生活，但每个人

① Richard Whittle, "The Framework Directive for Equal Treatment in Employment and Oc-cupation: An Analysis from a Disability Rights Perspective", *European Law Review*, Vol. 27 (3), 2002, p. 309.

② Barnard Catherine, *EU Employment Law*, 4th edition, Oxford: Oxford University Press, 2012, p. 355.

都会经历由年轻到年老的过程。因此，年龄问题越来越多地获得人们的关注。

　　早在1999年《就业指导纲要》中就提出了应当根据"积极老龄化"政策，制定措施来保证工作能力、终身学习并提供其他灵活工作安排，来保证老年劳动者能够积极参与工作生活。[①] 早期，欧洲共同体通过软法措施，来加强应对劳动力市场中的人口老龄化问题，在禁止年龄歧视，特别是在禁止针对老年人的年龄歧视方面取得了一定进展。但这也引发了一定的问题：强调老年人遭受年龄歧视，但忽略了年轻人同样遭受年龄歧视。因而这两个群体之间的利益可能会发生冲突。2005年《就业指导纲要》中第18号指导纲要提出，应当推动劳动者工作生涯周期战略，应当支持"积极老龄化"，包括提供适当的工作条件，改善职业健康状况、制定适当的工作激励措施以及阻止过早的退休，同时也有必要努力重新为年轻人搭建就业途径，降低年轻人的失业率。[②] 因此，2000年2000/78/EC框架指令规定了禁止基于年龄的就业歧视，并对老年人和年轻人的年龄歧视问题进行区分。同时通过指令第6条第1款特别规定了欧盟成员国基于年龄的区别待遇可能不构成歧视，"若根据国内法，可以通过合法目标客观、合理证明具有正当性，包括法定就业政策、劳动力市场和职业培训目标，达成这一目标的方式应当是适当且必要的。"[③]

　　而基于年龄的就业歧视问题，也成为了近年来欧盟平等就业权法律保护所必须要思考的问题之一。根据一份对雇主雇佣偏好的调查研究显示，一方面大龄劳动者更加可靠、忠诚、负责，与年轻劳动者相比更不容易离职；但另一方面，大龄劳动者也更加不适应经济、社会变化以及技术变革所带来的影响，因而缺乏灵活性、求知欲和创造性。[④] 这在一定程度上，

---

　　① Council of the European Union, Council Resolution on the 1999 Employment Guidelines, 22 February 1999, 1999/C 69/02, p. 4.

　　② Council of the European Union, Council Resolution on the 2005 Employment Guidelines, 12 July 2005, 2005/60/EC, p. 4.

　　③ Directive 2000/78/EC, article 6. 1.

　　④ Judy McGregor, "Stereotypes and Older Workers", *Journal of Social Policy New Zealand*, Vol. 18, 2002, p. 163.

表明了雇主在就业过程中对于劳动者的年龄特征具有刻板印象，并可能会影响在就业过程中所作出的选择。而根据 2009 年欧盟发布的一份特别报告，在欧盟成员国以及备选成员国的调查中，其中一个问题提出："在候选人具有同样的技术和资格的情况下，在你看来哪一种要素会使得候选人可能处于不利地位？"在对这一问题进行回答时，48%的被调查对象选择"候选人的年龄"这一项，而选择"候选人的肤色或种族出身"的占38%，选择"候选人的残疾状况"的占37%，选择"候选人的性别"的占19%。① 结合这一报告的调查结果，就业主体所具有的年龄特征，在就业过程中，越来越可能会成为劳动者遭受就业歧视和不利待遇的原因。而相关研究对欧盟法院中劳动权利案件数量的统计数据分析来看，有关年龄歧视的案件也呈现出了上升趋势。② 因此，如何打击年龄歧视，推动基于年龄的平等就业权保护问题，在欧盟范围内得到了越来越多的关注。

4. 基于性倾向的平等就业权保护

性倾向又被称为"性取向"，对于基于性倾向的权利的承认，是最近二十几年在欧盟法律中新出现的现象。在 1997 年《阿姆斯特丹条约》之前，欧盟法律几乎从未明确提及过对性倾向相关权利的保护。③ 但就性倾向相关权利在欧盟的发展历程来看，欧盟曾在 1994 年《关于共同体中同性恋以及女性同性恋权利的措施》中，对性倾向相关的平等权利进行了有限的承认，要求欧盟成员国禁止基于性倾向的歧视，并对性倾向中的少数群体提供保护。④ 但由于这一措施并不具有约束力，因此其仅仅是表明了欧盟承认了性倾向问题上的少数群体的权利。而 1997 年《阿姆斯特丹条约》通过后，才正式标志着禁止基于性倾向的歧视在欧盟具有了法律

---

① European Commission, Discrimination in the EU in 2009, Special Eurobarometer 317, November 2009, p. 44.

② Claire Kilpatrick, "The Court of Justice and Labor Law in 2010: A New EU Discrimination Law Architecture" *Industrial Law Journal*, Vol. 40 (3), 2011, p. 281.

③ Jeneba H. Barrie, "European Union Law and Gay Rights: Assessing the Equal Treatment in Employment and Occupation Directive and Case Law on Employemnt Benefits for Registered Same -Sex Partnerships" *Journal of Civil Law Studies*, Vol. 6, 2013, p. 618.

④ European Parliament, Resolution on Equal Rights for Homosexuals and Lesbians in the EC, 28 Febuary 1994, O. J. C 61/40.

基础和法律约束力。在 1998 年 *Lisa Jacqueline Grant v. South-West Trains Ltd* 一案中，法院指出，随着 1997 年《阿姆斯特丹条约》生效，欧盟可以采取适当行动，来消除多种形式的歧视，其中包括了基于性取向的歧视。[①] 随后通过的《欧盟基本权利宪章》以及 2000 年的 2000/78/EC 框架指令，也为禁止就业和工作中的基于性取向的歧视提供了基础。

在讨论性倾向时，应当明确性倾向可以指向个人与同性、个人与异性以及个人与同性和异性所产生的性方面的倾向，而性倾向的上述指向，涵盖了同性恋、异性恋以及双性恋。[②] 在现今人类社会中，同性恋和双性恋作为性倾向方面的少数群体，对其权利，特别是平等权利的保护，已经显示出了必要性。欧盟法律及政策同样没有对性倾向这一术语进行准确的定义。个人的性倾向与性别相关，但欧盟法院在 1998 年 *Lisa Jacqueline Grant v. South-West Trains Ltd* 一案中指出，条约条款和欧盟法律规定的适用范围应当严格遵循其用词和目的，以及在条约框架中的位置和法律语境，因此"性别"不应当被解释为包括性倾向。[③] 因而，性倾向应当作为独立的理由，来为欧盟公民的权利提供保障。同时，在此也应当区分性倾向和性行为，性倾向大多是不可改变的，而性行为不具有这一特征。性倾向具有私密性，一般很难为其他主体所知晓。一般而言，性倾向与就业主体的工作能力基本无关。而同性恋就业主体也多选择并不表现出性倾向，以避免在求职过程中，遭受就业歧视的影响和侵害。

三 欧盟平等就业权法律禁止的就业歧视行为类型

正如之前所讨论的，平等就业权中的平等保护原则包含了"平等的就业机会和待遇"，以及"不歧视"两方面内容。这两方面内容互相依存、互为保障，这在立法和实践中都已经得到了欧盟法律的承认。例如，

---

① Lisa Jacqueline Grant v. South-West Trains Ltd, Judgment of the Court, 17 February 1998, C-249/96, para. 47-48.

② HazelOliver, "Sexual Orientation Discrimination: Perceptions Definitions and Genuine Occupational Requirements", *Industrial Law Journal*, Vol. 33, 2004, p. 3.

③ Ibid.

2000/43/EC 指令第 1 条、2000/78/EC 指令第 1 条以及 2006/54/EC 指令第 1 条，明确提出了上述指令的目标在于"打击歧视以及保证平等待遇原则的有效实施"。① 同时，法律顾问 Jacobs 先生在向欧盟法院提交的关于 2005 年 *Europe Chemi-Con（Deutschland）v. Council* 案的意见书中，也明确提出"平等待遇和不歧视"仅仅是同一法律原则的两个标签而已。② 因此，在讨论欧盟平等就业权法律保护的内容时，必然要对欧盟平等就业权法律所禁止的就业歧视行为类型进行讨论。

"歧视"这一用语长久以来表达的都是负面的含义。但应当指出的是，歧视指代的并非是单纯的区别待遇，而是在相似情况下无法证明合理性的区别待遇。20 世纪以来，随着政治和人权运动在欧洲的进一步展开，人们普遍认识到仅仅因为不同群体成员所具有的特征，而对不同群体施加区别待遇是不具有正当性的。仅仅因为个人所具有的无法改变或不应负责的特征而相较于他人遭受了不利待遇，这应当被认为构成了歧视，除非这一区别对待行为基于的是其他可以接受的原因，并根据客观的标准可以被判定具正当性，才可以不被认定构成了歧视。③

在欧盟平等就业权法律保护中，受禁止的就业歧视行为类型主要包括了直接歧视、间接歧视、骚扰或性骚扰以及指示歧视。在最初阶段，歧视仅仅指的是基于被禁止的原因，在相同情况下所实施的区别待遇。随着欧盟立法和实践的不断发展，才将歧视区分为直接歧视和间接歧视，并建立了各自独立的判定标准。④ 随着 2000/43/EC 指令、2000/78/EC 指令以及 2006/54/EC 指令的通过并生效，欧盟平等就业权法律所禁止的就业歧视类型还包括了骚扰或性骚扰以及指示歧视，下文将对这些就业歧视类型进

---

① Directive 2000/43/EC, article 1; Directive 2000/78/EC, article 1; Directive 2006/54/EC, 1.

② Europe Chemi-Con（Deutschland）v. Council, Opinion of Advocate General, delivered on 29 April 2004, C-422/02, para. 36.

③ Alina Tryfonidou, *Reverse Discrimination in EC Law*, Amsterdam: Kluwer Law International, 2009, p. 1.

④ Catalina-Adriana Ivanus, "Justification for Indirect Discrimination in EU", *Perspective of Business Law Journal*, Vol. 3, 2004, p. 154.

行分类讨论。

（一） 直接歧视

简单说来，直接歧视指个人所获得的待遇，不如在相似情况下他人所获得的待遇。对于直接歧视的定义而言，2000/43/EC 指令第 2 条第 2 款（a）、2000/78/EC 指令第 2 条第 2 款（a）以及 2006/54/EC 指令第 2 条第 1 款（a）作出了相似的规定。① 因此，根据上述条款，直接歧视应当指的是因性别、种族或民族出身、宗教或信仰、残疾、年龄或性倾向，个人所获得的待遇不如在相似情况下他人所获得的待遇。

就直接歧视的判定而言，要求提供具有可比较性的参照物。欧盟法院在 2011 年 *Jürgen Römer v. Freie und Hansestadt Hamburg* 案中指出，在判定是否存在歧视时，首先应当明确相关情况是否具有可比较性。同时，法院还强调，相关情况不需要具有明确性，仅要求具有可比较性。② 换句话说，认为自己遭受到直接歧视的受害人，应当指出在相似情况下，获得更好待遇的参照物，以求进行比较来确定是否存在直接歧视。而这一参照物并不要求是确定存在或实际存在的，潜在的或者合理推断的参照物也可以认定具有可比较性。

对于判定直接歧视时的参照物，值得一提的是性别歧视中的参照物问题。一般而言，在性别歧视中通常是将一种性别作为参照物，分析在假设就业主体性别相同的情况下，相关主体所应当得到的机会和待遇是否相同。但是在一些情况下，由于性别所具有的特性，例如女性怀孕和生产，无法将另一种性别作为参照物进行比较。例如，在 1990 年 *Elisabeth Johanna Pacifica Dekker v. Stichting Vormingscentrum voor Jong Volwassenen* (*VJV Centrum*) *Plus* 案中，一名女性的就业申请因怀孕而被拒绝，另一位未怀孕女性得到了雇佣。在该案中没有男性候选人，但法院仍然认定不能

---

① Directive 2000/43/EC, article 2.2. (a); Directive 2000/78/EC, article 2.2. (a); Directive 2006/54/EC, article 2.1. (a).

② Jürgen Römer v. Freie und Hansestadt Hamburg, Judgment of the Court, 10 May 2011, C-147/08, para. 41-42.

因为怀孕而拒绝女性获得就业，这构成了基于性别的歧视。① 在 1994 年 *Carole Louise Webb v. EMO Air Cargo（UK）Ltd* 案中，法院也明确指出，"根据 76/207/EEC 指令，若因为性别相关标准的适用，使得女性遭受了不利，例如怀孕，不需要将男性作为参照物，而这应当构成了基于性别的歧视。"②。

　　另外，就直接歧视的受害者而言，并不要求存在明确认为自己作为直接歧视受害者的申诉人。在 2008 年 *Centrum voor Gelijkheid van Kansen en voor Racismebestrijding v. Firma Feryn NV* 案中，潜在的雇主公开宣称，在雇佣劳动者时，不会雇佣 "移民"，因为顾客不愿让这类劳动者在工作时进入他们的私人住所。法院认为，雇主公开宣称不会雇佣特定种族或民族出身的劳动者，可能会严重阻碍具有该种族或民族出身的劳动者提交就业申请。因此影响了劳动者进入劳动力市场，构成了就业过程中的直接歧视。另外，法院补充到，这一直接歧视的存在，并不依赖于是否存在明确认为自己遭受直接歧视的受害者或申诉人。③

（二）间接歧视

　　间接歧视的提出反映了欧盟在平等就业权法律保护方面的进一步认识，也反映了欧盟对于形式平等和实质平等之间关系的进一步认识。正如前文所分析，起源于亚里士多德观念的 "形式平等" 要求相同的人获得相同的对待。④ 而这反映在欧盟法律中，则体现为对直接歧视的禁止，即禁止在相同情况下，个人所获得的待遇不如他人所获得的待遇。而仅禁止直接歧视，无法保障就业中实质平等的实现。而仅在形式意义上保障就业条款、标准或实践的中立性和平等性，无法真正保障劳动力市场中的弱势群体获得平等的就业机会。甚至于，这一做法可能会使得劳动力市场中本

---

① Elisabeth Johanna Pacifica Dekker v. Stichting Vormingscentrum voor Jong Volwassenen（VJV Centrum）Plus, Judgment of the Court, 8 November 1990, C-177/88.

② Carole Louise Webb v. EMO Air Cargo（UK）Ltd, Judgment of the Court, 14 July 1994, C-32/93, para. 24-25.

③ Centrum voor Gelijkheid van Kansen en voor Racismebestrijding v. Firma Feryn NV, Judgment of the Court, 20 July 2008, C-54/07.

④ [古希腊] 亚里士多德：《政治学》，吴寿彭译，商务印书馆 1965 年版，第 148 页。

就处于不利地位的上述群体，被迫陷入更加窘迫的困境之中。①

因此，在禁止就业中的直接歧视行为的基础上，欧盟进一步提出了禁止就业中的间接歧视行为。将间接歧视从直接歧视中分化出来，对于在实质意义上禁止歧视、保障平等具有价值。对于间接歧视而言，2000/43/EC 指令第 2 条第 2 款（b）、2000/78/EC 指令第 2 条第 2 款（b）以及 2006/54/EC 指令第 2 条第 1 款（b）作出了相似的规定。② 因此，根据上述条款，间接歧视指的是"看起来中立的条款、标准或实践会使得具有某一种性别、种族或民族出身、宗教或信仰、残疾、年龄或性倾向的个人，相较于他人而处于特定不利之中，除非这一条款、标准或实践能够由法定目标来客观证明具有正当性，且达成这一目标的方式适当且必要"。

长期以来，欧盟法院的相关判例一直对间接歧视问题，特别是性别间接歧视问题提供了重要的指导。一般而言，法院在判定间接歧视时，也会重点分析初步看来具有间接歧视性的措施，是否能够根据性别以外的理由客观证明具有正当性，以及所采取的措施是否是适当且必要的。例如，在 2000 年 *Birgitte Jørgensen v. Foreningen af Speciallæger and Sygesikringens Forhandlingsudvalg* 案中，法院提到，"根据法院判例法，有关获得就业或工作条件的国内规定或规则，尽管在用语上中立，但遭受不利影响的女性比例远高于男性，则对女性造成了间接歧视，除非这一区别待遇能够根据与性别歧视无关的客观因素来证明具有正当性。"③ 再如，在 2000 年的 *Julia Schnorbus v. Land Hessen* 案中，一名女性向司法部申请法律实践培训，但是遭到了拒绝。因为，根据申请人的数量，完成强制兵役或公共服务的人具有优先性。但由于只有男性能够完成强制兵役或公共服务，因而认为这一规则看似具有间接歧视性。但法院认为这一规则可以被证明具有正当性，因为这一国内规则考虑的是完成强制兵役或公共服务会延误男性劳动

---

① Catherine Barnard and Simon Deakin, "A Year of Living Dangerously? EC Social Rights, Employment Policy, and EMU" *Industrial Relations Journal*, Vol. 30 (4), 1999, p. 365.

② Directive 2000/43/EC, article 2.2. (b); Directive 2000/43/EC, article 2.2. (b); Directive 2006/54/EC, article 2.1. (b).

③ Birgitte Jørgensen v. Foreningen af Speciallæger and Sygesikringens Forhandlingsudvalg, 6 April 2000, C-226/98, para. 29.

者的受教育过程这一事实。因此，国内规则在本质上是具有客观性的，其目的是为了在一定程度上平衡男性劳动者受教育过程的延误所造成的不利后果。①

值得指出的是，2000/78/EC 指令第 2 条第 2 款（b）（ii）基于残疾的间接歧视制定了特别规则。这一条款规定，基于残疾的间接歧视是非法的，除非"适用该指令的雇主或其他个人或组织，根据国内法有义务采取符合第 5 条所规定原则的适当措施来消除这些规定、标准或实践所造成的不利。"②而 2000/78/EC 第 5 条主要对适用于残疾人的合理性安排进行了规定。根据这一条款，雇主应当采取适当措施，来保证残疾人能够获得就业、参与就业、升职或获得培训，除非这会对雇主施加不合比例的负担。但若相关成员国国内残疾人政策框架内存在充分的补偿措施，则不应当认为存在不合比例的负担。③ 这一规定也存在一定的局限性，例如，若雇主认为应当优先雇佣能够驾驶机动车辆的劳动者，则会使得盲人处于不利之中。但雇主可以客观证明这一规则具有正当性，并不构成间接歧视。而根据第 2 款（b）（ii），若雇主为盲人提供了"合理性安排"，就可以保留优先雇佣能够驾驶机动车辆劳动者的这一要求。

（三）其他就业歧视行为

1. 骚扰和性骚扰

对于骚扰而言，2000/43/EC 指令第 2 条第 3 款、2000/78/EC 指令第 2 条第 3 款以及 2006/54/EC 指令第 2 条第 1 款（c）作出了相似的规定。④ 根据上述条款，骚扰指的是"出现与性别、种族或民族出身、宗教或信仰、残疾、年龄或性倾向相关的不受欢迎的行为，目的或产生的效果是侵害了个人尊严，以及造成恐吓、敌对、贬低、羞辱或冒犯性的环境"。

---

① Julia Schnorbus v. Land Hessen, Judgment of the Court, 7 December 2000, C-79/99, para. 44.

② Directive 2000/78/EC, article 2.2.（b）.（ii）.

③ Directive 2000/78/EC, article 5.

④ Directive 2000/43/EC, article 2.3; Directive 2000/78/EC, article 2.3; Directive 2006/54/EC, article 2.1.（c）.

值得指出的是，就"骚扰"这一类型的就业或职业歧视而言，在措辞上与其他类型的歧视略有不同。2000/43/EC 指令、2000/78/EC 指令以及 2006/54/EC 指令相关条款仅要求的是与性别、种族或民族出身、宗教或信仰、残疾、年龄或性倾向"相关的"的不受欢迎行为就可能构成骚扰，这不同于其他歧视类型所要求的"基于"性别、种族或民族出身、宗教或信仰、残疾、年龄或性倾向的行为才可能构成歧视。这一措辞使得"骚扰"这一类型的歧视，涵盖了更加广泛的行为。以性别歧视为例，在判定针对某一性别的"基于性别"的歧视时，要求提供另一性别作为参照物，而在判定针对某一性别的"与性别相关"的骚扰时，所需证据门槛要求则较低，并不一定需要提供另一性别作为参照物。

另外，2006/54/EC 指令对于就业和职业中的性骚扰进行了特别规定。2006/54/EC 指令第 2 条第 1 款（d）规定，"性骚扰是指任何形式的具有性本质的语言、非语言或身体行为，目的或产生的效果是损害了个人的尊严，特别是当造成恐吓、敌对、贬低、羞辱或冒犯性的环境时"。① 第 2 条第 2 款（a）规定，"骚扰和性骚扰，以及因拒绝或服从这些行为而产生的不利待遇，都构成歧视。"② 因此，性骚扰应当作为一个独立的概念进行讨论。这一概念涵盖了具有性本质的行为，而不仅仅是基于某一性别的行为。另外，该指令第 26 条还特别强调："成员国应当鼓励雇主或其他相关责任主体采取有效措施来防止任何形式的基于性别的歧视，特别是工作场所中以及获得就业、职业培训和升职中的骚扰和性骚扰。"③

1986 年 6 月欧盟通过了一项《关于针对女性暴力的决议》，提出性骚扰是对获得就业、升职和工作条件相关的平等待遇原则的不尊重，要求委员会对成员国国内劳动和反歧视法律进行审查，来确定相关法律对于性骚扰问题的适用性。并且，由于现存法律可能并不充分，因此进一步要求委员会起草相关指令来对现存法律进行补充。④ 委员会在 1988 年提交的

---

① Directive 2006/54/EC, article 2.1.（d）.

② Directive 2006/54/EC, article 2.2.（a）.

③ Directive 2006/54/EC, article 26.

④ European Parliament of the European Communities, Resolution on Violence against Women, 11 June 1986, O. J. C 176/79.

《女性工作中的尊严：关于欧洲共同体成员国中性骚扰问题的报告》中指出，尽管已经有大量证据证明，就业和职业中的性骚扰会造成严重后果，但是多数国家并没有为性骚扰提供有效的法律救济。考虑到打击性骚扰与捍卫女性在工作中尊严的必然联系，应当将性骚扰列为歧视的一种并予以打击和禁止。① 随后，欧盟通过了一系列不具有约束力的决议和建议来处理和应对就业和职业中的性骚扰问题，以求保证劳动者，主要是女性劳动者在工作中的尊严。例如，1990 年《关于保护工作中女性和男性尊严的措施》②，1991 年《关于保护工作中女性和男性尊严的建议》③，1991 年《关于实施委员会保护工作中女性和男性尊严建议的宣言及打击性骚扰的实践规则》④。

1990 年《关于保护工作中女性和男性尊严的决议》第 1 条对性骚扰进行了详细的定义。该决议指出，性骚扰是指"影响了女性或男性在工作中的尊严，具有性本质或其他基于性别的行为，包括上级或同事的行为，并构成了对劳动者或实习生尊严不可容忍的侵害，该行为是不可接受的，若（a）这一行为对接受者而言是不受欢迎的、不合理的并具有侵犯性的；（b）个人拒绝雇主或劳动者（包括上级或同事）的这类行为，会被明示或暗示将作为影响该人获得职业培训、就业、继续工作、升职、工作或其他就业相关决定的理由；以及（c）该类行为对接受者造成了恐吓、敌对或耻辱性的工作环境；并且在特定情况下，性骚扰构成了对于平等待遇原则的违反，影响了女性和男性获得就业、职业培训、升职和工作

---

① Commission of the European Communities, The Dignity of Women at Work: A Report on the Problem of Sexual Harassment in the Member States of the European Communities, Office for Official Publications of the European Communities, 1988.

② Council of the European Communities, Council Resolution on the Protection of the Dignity of Women and Men at Work, 29 May 1990, O. J. C 157/02.

③ Commission of the European Communities, Commission Recommendation on the Proection of the Dignity of Women and Men at Work, 27 November 1991, 92/131/EEC.

④ Council of the European Communities, Council Declaration on the Implementation of the Commission Recommendation on the Protection of the Dignity of Women and Men at Work, Including the Code of Practice to Combat Sexual Harassment, 19 December 1991, O. J. C 27/1.

条件方面的平等机会和待遇。"① 另外，该决议附录中的《保护工作中女性和男性尊严：打击性骚扰措施的实践规则》，进一步指出性骚扰的必要特征是相关行为对于接受者而言是不受欢迎的。因此，对于行为是否具有可接受性或是否具有侵犯性，是由接受者来决定的。换言之，对于一项行为是否构成了性骚扰，应当考虑行为对于相关人的具体影响，因此更多地依赖主观判断而不是完全的客观标准。

2. 指示歧视

对于指示歧视而言，2000/43/EC 指令第 2 条第 4 款、2000/78/EC 指令第 2 条第 4 款以及 2006/54/EC 指令第 2 条第 2 款（b）作出了相似的规定。② 根据上述指令的定义，指示歧视是指因性别、种族或民族出身、宗教或信仰、残疾、年龄或性倾向所作出的歧视某人的指示。

指示歧视与直接歧视、间接歧视和骚扰及性骚扰等一般性的就业歧视行为类型的区别首先在于，这一歧视行为的实施人并非是出于本人的意愿来实施歧视性行为，而是接受了他人的命令或指示来实施歧视性行为。其次，就一般的就业歧视类别而言，就业歧视行为的实施人应当是一般性政策制定者或者雇佣关系中的雇主或其他责任主体，但指示歧视的歧视行为实施人则并不一定是上述主体中的一方，而可能是接受上述主体命令或指示而实施歧视行为的任何人。但无论实施人是否是一般性政策制定者或者雇佣关系中的雇主或其他责任主体，只要实施了歧视性的行为，构成了歧视性的结果，则应当被认定为构成了歧视。再次，指示歧视可能会同时构成直接歧视、间接歧视和骚扰及性骚扰等一般性的就业歧视行为类型。

四　本章小结

欧盟通过欧盟基本法律、欧盟衍生法律、具有参考价值的欧盟机构文

---

① Commission Recommendation on the Protection of the Dignity of Women and Men at Work, article 1.

② Directive 2000/43/EC, article 2.4; Directive 2000/78/EC, article 2.4; Directive 2006/54/EC, article 2.2. (b).

件并结合欧盟普遍性价值和基本权利，构建起欧盟平等就业权法律保护的基本原则和内容，并通过欧盟法院在司法实践中的解释和适用不断进行完善。本章对欧盟平等就业权法律保护的基本原则和内容进行了一个系统的讨论和分析。主要总结了平等就业权法律保护中应当遵守的基本原则，探讨了欧盟平等就业权法律保护中应当受保护的就业主体特征以及应当受禁止的就业歧视行为类型。

欧盟平等就业权法律保护中体现和遵循了平等就业权法律保护的基本原则。首先，就平等保护原则而言，这一原则是平等就业权法律保护中的核心原则，体现了"平等"这一基本理念和价值的要求。具体而言，平等就业权法律保护中的平等保护原则，要求在就业过程中应当保证每个劳动者都享有平等的就业机会和待遇，不受任何形式的就业歧视的影响和侵害，并在侵害发生之时给予受害者平等、有效和充分的救济。其次，就特殊保护原则而言，要求在就业中为处于不利状况中的劳动者制定和实施特别措施，以改善上述劳动者在劳动力市场中的弱势地位，进而促进和保障平等就业权在实质意义上的充分实现。随着社会、经济的不断进步和发展，平等保护原则为劳动者所提供的保护，已经不能满足劳动力市场中弱势群体的需求，也无法为其平等就业权提供充分、有效的保护，保障他们不受不合理就业歧视的影响或侵害。特殊保护原则要求在实施平等保护原则的基础上，通过实施特别措施或有利待遇，确保就业中的弱势劳动者群体能够获得平等的就业机会和待遇，主要体现为就业中的"积极行动"措施。再次，就合理限制原则而言，允许基于合理化事由规定平等就业权法律保护中的例外情况，对劳动者的平等就业权进行合理的限制。这一做法在合理的范围之内，可以被客观证明具有正当性，因此并不构成就业歧视。合理限制原则建立在合理原因的基础之上，其目的是为了保障就业中的实质性平等。但合理限制原则作为平等就业权法律保护的例外甚至是"克减"，因此在实施过程中应当根据比例原则来严格检验相关法律或措施是否符合合理限制的要求。就欧盟平等就业权法律保护中的合理限制原则而言，主要分为职业和职位本身的要求，保护女性劳动者的需要，以及维护公共安全以及公共利益的需要3类。

为保证平等就业权法律保护的有效性，划定受保护的就业主体特征范围十分必要且关键。根据欧盟平等就业权相关法律和政策,受欧盟平等就业权法律保护的就业主体特征主要规定在《欧盟条约》以及《欧盟基本权利宪章》之中。1997 年《阿姆斯特丹条约》通过之后,《欧盟条约》将欧盟受保护的就业主体特征扩展到了性别、种族或民族出身、宗教或信仰、残疾、年龄或性取向,这基本上也反映出了欧盟成员国国内法律的规定,并体现在欧盟衍生法律之中。而《欧盟基本权利宪章》第 21 条禁止的歧视原因更加广泛,而且不限于就业和职业中的歧视,具体包括了"任何基于性别、种族、肤色、民族或社会出身、基因特征、语言、宗教或信仰、政治或其他观点、国内少数群体成员身份、财产、出身、残疾、年龄、性倾向以及国籍"。尽管这一范围的扩大还没有体现在有约束力的欧盟衍生法律中,但随着 2009 年《里斯本条约》生效,《欧盟基本权利宪章》所规定的广泛的就业主体特征保护范围势必将极大地推动欧盟平等就业权法律保护的发展。

在欧盟平等就业权法律保护中,受禁止的就业歧视行为类型主要包括了直接歧视、间接歧视、骚扰或性骚扰以及指示歧视。根据包括 2000/43/EC 指令、2000/78/EC 指令以及 2006/54/EC 指令在内的欧盟衍生法律的规定,同时结合受欧盟平等就业权法律保护的就业主体特征,可以对上述就业歧视行为类型进行定义。直接歧视指的是因性别、种族或民族出身、宗教或信仰、残疾、年龄或性倾向,个人所获得的待遇,不如在相似情况下他人所获得的待遇。间接歧视指的是看起来中立的条款、标准或实践会使得具有某一种性别、种族或民族出身、宗教或信仰、残疾、年龄或性倾向的个人,相较于他人而处于特定不利之中。骚扰指的是出现与性别、种族或民族出身、宗教或信仰、残疾、年龄或性倾向相关的不受欢迎的行为,目的或产生的效果是侵害了个人尊严,以及造成恐吓、敌对、贬低、羞辱或冒犯性的环境;性骚扰是指任何形式的具有性本质的语言、非语言或身体行为,目的或产生的效果是损害了个人的尊严,特别是造成恐吓、敌对、贬低、羞辱或冒犯性的环境。指示歧视是指因性别、种族或民族出身、宗教或信仰、残疾、年龄或性倾向所作出的歧视某人的指示,构成了歧视性的结果,则应当被认定为构成了歧视。

第四章 欧盟平等就业权法律保护的
例外情况与"积极行动"

应当明确的是，平等就业权并非一项绝对权利。因此在为平等就业权提供保护时，法律可能会对平等就业权保护的例外情况进行规定。对于平等就业权法律保护的例外情况，最早出现在性别领域之中，自 76/207/EEC 指令开始就有所规定。76/207/EEC 指令第 2 条对于基于性别的平等原则，明确规定了 3 种例外情况。该指令并不禁止成员国在下列情况中，排除性别平等待遇原则的适用："（1）根据职业活动和相关培训的本质或内容，劳动者性别构成了决定性因素（第 2 条第 2 款）；（2）为了保护女性，特别是在怀孕和生产的情况下（第 2 条第 3 款）；（3）为了推动男女平等机会，特别是为了消除现存的影响女性获得机会的不平等（第 2 条第 4 款）。"① 欧盟法院在多个案件中对这一条款进行了解释，例如，1985 年 *Commission of the European Communities v. Federal Republic of Germany* 案②，1986 年 *Marguerite Johnston v. Chief Constable of the Royal Ulster Constabulary* 案③，以及 1995

---

① Directive 76/207/EEC, article 2.

② Commission of the European Communities v. Federal Republic of Germany, Judgment of the Court, 21 May 1985, C-248/83.

③ Marguerite Johnston v. Chief Constable of the Royal Ulster Constabulary, Judgment of the Court, 15 May 1986, C-222/84.

年 *Eckhard Kalanke v. Freie Hansestadt Bremen* 案①等。

随后欧盟通过 2000/43/EC 指令、2000/78/EC 指令以及 2006/54/EC 指令继承和发展了 76/207/EEC 指令所规定的平等就业权法律保护的例外情况，对不同领域中欧盟平等就业权法律保护的例外进行了系统规定。其中"真正和决定性的"职业要求、保护女性生理或心理状况的需要、维护公共安全的需要体现了平等就业权法律保护中合理限制原则的要求，通过对劳动者的平等就业权进行合理限制，来维持法益的平衡。而与上述 3 类例外情况不同，"积极行动"则体现了平等就业权法律保护中特殊保护原则的要求，通过为就业过程中处于不利地位的劳动者提供有利待遇，从而在实质意义上确保弱势劳动者群体能够享有真正的平等就业机会和待遇。尽管"积极行动"的实施在保障弱势劳动者群体平等就业权的同时，可能会对部分其他劳动者群体的平等就业权产生影响。但本书认为"积极行动"不应仅仅作为平等就业权法律保护的例外情况来看待，还应当被认为是实现平等就业权的重要方式。

一 "真正和决定性的"职业要求

在谈论平等就业权的法律保护时，应当承认的是，特定的职业和职位会对就业主体提出一定的职业要求，而这一职业要求若能够合法证明具有正当性，则应当被认为是平等就业权法律保护的例外，而不构成对平等就业权的侵害或违反。在欧盟平等就业权法律保护中，这一职业或职位的正当要求被称为"真正和决定性"的职业要求，若基于"性别、种族或民族出身、宗教或信仰、残疾、年龄和性倾向"的就业主体特征所产生的职业要求，能够证明是"真正和决定性的"，则应当认为是平等就业权法律保护的例外情况，而不构成对平等就业权的违反。

（一）"真正和决定性的"职业要求的判定标准

76/207/EEC 指令就对"真正和决定性的"职业要求进行了规定。第

---

① Eckhard Kalanke v. Freie Hansestadt Bremen，17 October 1995，Judgment of the Court，C-450/93.

2 条第 2 款规定，"该指令并不禁止成员国在适当情况下在职业活动以及相关培训中排除适用（平等待遇原则），若根据所进行的活动的本质或内容，劳动者的性别构成了决定性因素。"① 这成为欧盟平等就业权法律保护中"真正和决定性的"职业要求的最初规定。而随后通过的 2000/43/EC 指令第 4 条、2000/78/EC 指令第 4 条以及 2006/54/EC 指令第 14 条第 2 款都用单独条款对此进行了规定。根据上述条款，"真正和决定性的"职业要求是指，"成员国可以规定，基于性别、种族或民族出身、宗教或信仰、残疾、年龄或性倾向相关特征的区别待遇不构成歧视，若根据特定相关职业活动的本质或内容，这一特征构成了真正和决定性的职业要求，且目标是合法的，要求是合比例的。"②这使得"真正和决定性的"职业要求超出了性别就业歧视的范围，扩展到了种族或民族出身、宗教或信仰、残疾、年龄或性倾向方面。

根据上述法律的规定，可以对"真正和决定性的"职业要求的判定标准进行总结。首先，构成"真正和决定性的"职业要求的就业主体特征，应当包括性别、种族或民族出身、宗教或信仰、残疾、年龄和性倾向。除上述特征之外，则不构成"真正和决定性的"职业要求。因此，《欧盟基本权利宪章》第 21 条所规定的扩展性特征，例如肤色、基因特征、语言、政治或其他观点、国内少数群体成员身份、财产、出身以及国籍等，并不符合"真正和决定性的"职业要求的判定标准。其次，"真正和决定性的"职业要求应当是施加了区别待遇。但这一区别待遇可以是对平等就业机会施加的区别待遇，也可以是对平等就业待遇施加的区别待遇。而根据相关规定，这一区别待遇并不要求实质上对就业主体产生了不利后果或不利影响。再次，"真正和决定性的"职业要求的目标是合法的。这要求在判定"真正和决定性的"职业要求时，应当判断这一职业要求的目的是否符合相关法律的规定，否则不构成平等就业权法律保护的例外情况。最后，"真正和决定性的"职业要求应当是合比例的。在判断

① Directive 76/207/EEC, article 2. 2.

② Directive 2000/43/EC, article 4; Directive 2000/78/EC, article 4; Directive 2006/54/EC, article 14. 2.

"真正和决定性的"职业要求是否是合比例的,应当根据比例原则,结合成员国国内经济、社会发展以及劳动力市场状况来进行综合的分析。①

（二）"真正和决定性的"职业要求的具体适用

在实践中来看,可能构成"真正和决定性的"职业要求的就业主体特征,主要包括了性别、种族或民族出身、宗教或信仰以及年龄。一般而言,根据职业活动的本质或内容,残疾或性倾向并不会构成职业活动"真正或决定性的"职业要求。根据欧盟平等就业权法律保护设定的"真正和决定性的"职业要求的判定标准,欧盟法院在通过直接诉讼程序审理案件以及通过预先裁决机制解释欧盟法律的过程中,对"真正和决定性的"职业要求在实践中的具体适用作出了巨大的贡献。因此,下文将结合欧盟法院的司法实践,主要对性别、种族或民族出身、宗教或信仰以及年龄特征相关的"真正和决定性的"职业要求进行讨论。

1. 性别

2006/54/EC 指令第 14 条第 2 款规定了基于性别的"真正和决定性的"职业要求。"对于就业和相关培训,成员国可以规定基于性别相关特征的区别待遇不构成歧视,若根据特定相关职业活动的本质或内容,这一特征构成了真正和决定性的职业要求,且目标是合法的,要求是合比例的。"②

2006/54/EC 指令继承了 76/207/EEC 指令第 2 条第 2 款的规定,并将这一规定进行了扩展。76/207/EEC 指令第 2 条第 2 款仅要求,"根据职业活动的本质和内容,劳动者的性别构成了决定性因素。"③ 而在 2006/54/EC 指令生效之后,判定基于性别的"真正和决定性的"职业要求时,在确定（1）"根据特定相关职业活动的本质或内容,性别相关特征构成了真正和决定性的职业要求后",还应当保证（2）"目标是合法的",以及（3）"要求是合比例的"。基于就业主体的性别特征而对平等就业权规定的例外情况,即作出基于性别的区别待遇,也可以被"真正和决定性

---

① 何琼、裴瑈:《论就业歧视的界定——欧盟"正当理由"理论对我国的启示》,《法学》2006 年第 4 期。

② Directive 2006/54/EC, article 14. 2.

③ Directive 76/207/EEC, article 2. 2.

的"职业要求证明具有正当性，并作为欧盟平等就业权法律保护的例外情况，不构成就业歧视。

在 1985 年 *Commission of the European Communities v. Federal Republic of Germany* 案中，欧盟法院指出，76/207/EEC 指令第 2 条第 2 款并没有对成员国施加义务，而是允许成员国排除该指令在特定职业活动中的适用。而这一条款的目标或者效果并不是要求成员国通过特定的方式来行使这一权力，因为排除适用的领域各不相同，与特定职业或活动的规则密切相关。① 根据欧盟和成员国的国内法律和实践而言，法院认为，根据一些职业的特征和内容，可以明确使用"真正和决定性的"职业要求，例如演唱、表演、舞蹈、艺术或时尚模特等。因为这些职业中，性别是否构成了"真正和决定性的"职业要求非常容易理解和判定。

但成员国基于社会、道德和宗教考虑，也可以根据职业特征和雇主及就业者的关系及具体情况，对"真正和决定性的"职业要求保留各自的选择。例如，在 1983 年 *Commission of the European Communities v. United Kingdom of Great Britain and Northern Ireland* 案中，欧盟法院认为，对于在私人家庭或小型企业中的特定就业而言，基于就业主体性别特征的"真正和决定性的"职业要求，可能构成对于欧盟平等就业权法律保护的例外。就私人家庭中的特定就业而言，例如私人厨师、花匠或司机等，这种形式的雇佣很可能构建在雇主和劳动者之间非常紧密的私人关系之上，因为劳动者一般而言会与雇主同住或可能作为私人仆佣。因此，雇主可能会认为就业主体的性别构成了决定性因素。而就不超过 5 名劳动者的小型企业而言，同样由于企业中常常存在着紧密私人关系，因此可能会排除性别相关的平等就业权法律保护的适用。法院在此举例称，例如小型商店的女性老年店主，可能会更愿意雇佣同一性别的店员。同时，该案件还对助产士这一职业进行了讨论。助产士在产妇生产后较长一段时间内会继续照料产妇。产妇的"敏感性"，可能会在助产士和产妇的关系中发挥重要作用。若产妇不能选择女性助产士，可能会有拒绝助产士给予照料的危险。

---

① Commission of the European Communities v. Federal Republic of Germany, Judgment of the Court, 21 May 1985, C 248/83, para. 36-37.

同时，产妇应当能够选择照料自己和新生儿的助产妇的性别。因此，考虑到不同文化背景的人所具有的敏感性和信仰问题，应当逐步引入男性助产士的概念。① 而在 30 多年后的今天，助产士这一职业已经在包括英国在内的欧盟大部分成员国中向男性全面开放。

另外，基于性别的"真正和决定性的"职业要求，实际上很大一部分也是出于保护女性生理或心理状况的考虑，特别是在军队和警察机构或其他相似组织的就业问题上。欧盟法院对在军队或警察机构中排除女性就业的案件中，如何认定相关政策或规定是否符合基于性别的"真正和决定性的"职业要求作出了重要的贡献。法院多次强调应当运用"比例原则"来进行判定，来保证在平等就业权的法律保护中规定例外情况、适用区别待遇是适当和必要的，并要求成员国保证为此提供有效的司法救济。法院还多次指出，应当定期根据成员国社会的发展，来分析是否应当保留就业中基于性别的区别待遇。

在 1986 年的 *Marguerite Johnston v. Chief Constable of the Royal Ulster Constabulary* 案中，欧盟法院认定北爱尔兰境内特定的警察勤务活动中，警员的性别可能构成了决定性因素，符合基于性别的"真正和决定性的"职业要求。在遭受大量针对警局、警察的恐怖袭击之后，北爱尔兰警员开始配备枪支。但出于公共安全的考虑，警局决定女性警员不能配枪。因此，北爱尔兰警局不再向女性提供全职合同，也不为女性提供使用枪械的相关培训。法院认为这一规定构成了对于就业中性别平等待遇原则的克减，因此应当遵循严格的解释。但法院指出成员国武装警察力量所执行的职业活动内容，是由执行活动的环境所决定的。因此，在存在严重国内争端的情况下，女性警员佩戴枪械可能会造成额外的被暗杀的风险，而这与公共安全的要求不符。因此，在这一情况下，对于特定警务活动的内容而言，警员的性别构成了决定性因素。因此，成员国可以将职业活动以及相关培训限定于一种性别，即男性。同时，法院坚持成员国应当有义务定期分析相关职业活动，来确定根据社会发展，是否应当保留就业中性别平等

---

① Commission of the European Communities v. United Kingdom of Great Britain and Northern Ireland, Judgment of the Court, 8 November 1983, C-165/82, pp. 8-9.

待遇原则的例外情况。而在决定就业中性别平等待遇原则的例外情况范围时，法院认为应当遵循比例原则。根据"真正和决定性的"职业要求，对于就业中性别平等待遇原则的例外情况应当保证在达成其目标的适当和必要的限度之内，并要求在保障公共安全的同时，尽可能地遵守平等待遇原则。另外值得指出的是，在该案件中，这一限制女性参与就业或培训的命令由主管部长签发，且不得向法院起诉。因此，法院强调对于这一例外情况应当保障有效的司法救济，排除法院对国家机构颁布命令的审查，违反了欧盟法律的有效司法控制的要求。① 在 1988 年 *Commission of the European Communities v. French Republic* 案中可以看出，法院延续了在 1986 年 *Marguerite Johnston* 案中的判决。法院认为在监狱中，看守的职位特征以及看守的工作情况也可以证明在男子监狱中主要为男性保留职位，以及在女子监狱中主要为女性保留职位具有的合理性。同时，法院再次强调，对于就业中性别平等原则的例外情况应当仅限于特定活动，并必须符合社会的发展状况。而这作为平等就业权法律保护的例外情况，还应当保证具有充分的透明性，以确保委员会能够进行有效的监督。②

在 1999 年的 *Angela Maria Sirdar v. The Army Board and Secretary of State for Defence* 案中，法院再次确定了在军队战斗单元中排除女性就业具有正当性。该案中，Angela Maria Sirdar 女士自 1983 年起在英国军队中供职，自 1990 年起担任皇家炮兵突击团团长。在 1994 年，Angela Maria Sirdar 女士因经济原因造成的人员过剩而面临解雇，随后其收到了调职到皇家海军主管职位的邀请，并要求其通过初步选拔并完成培训过程。但随后皇家海军提出，由于相关政策排除女性参与这一军团，因此撤回了对其的邀请。法院指出，关于武装力量组织因保护公共安全的需要所采取措施的一般性保留，并不适用于男女平等待遇原则，因此应当对成员国为保证战斗效率而作出的关于获得就业、培训或工作条件的决定进行分析，即排除女性在战斗单元服役是否具有正当性。同 1986 年 *Johnston* 案一样，法院承认性

---

① Marguerite Johnston v. Chief Constable of the Royal Ulster Constabulary, Judgment of the Court, 15 May 1986, C-222/84, para. 36-38.

② Commission of the European Communities v. French Republic, Judgment of the Court, 30 June 1988, C-318/86, para. 12, 25.

别可能会构成"真正和决定性的"职业要求，并再次强调了在确定就业中性别平等待遇原则的克减范围时，应当根据社会发展来进行定期审查，并遵循比例原则，以保证这一措施在适当和必要的范围之内，在满足公共安全要求时尽可能遵循平等待遇原则。但法院同样也指出，成员国对于保障公共安全所采取的必要措施保有一定程度的自由裁量权。法院认为，皇家海军为保证作战有效性而根据"协同作战能力"规则，完全排除女性参与作战单元具有正当性。法院承认，皇家海军与英国其他武装力量单元具有本质不同，其作为小型武装并战斗在第一线。而作战主管官员也被要求作为一线突击队成员，因此雇佣和培训所有队员都必须服务于这一目的，并不存在例外情况。因此，在这一情况下，当局有权根据社会的发展，通过行使自由裁量权来决定是否保留这一政策，并在不违反比例原则的情况下，考虑到皇家海军突击部队发展的特定情况，特别是"协同作战能力"规则，这使得成员构成仅限于男性具有了正当性。①

在 2000 年的 *Tanja Kreil v. Bundesrepublik Deutschland* 案中，根据德国法律的规定，将女性排除在军队职位之外，包括可能使用武器的职位，而仅允许女性获得医疗或军乐队中的相关职位。法院继承了 1986 年 *Johnston* 案以及 1999 年 *Sirdar* 案的判决，法院重申在对就业中性别平等待遇原则进行克减时，应当遵循比例原则，来保证这一例外情况是适当和必要的，并在保障公共安全的同时，尽可能地遵循平等待遇原则。法院指出，该案中排除女性就业，几乎适用于所有军队岗位，并不能根据职位的特定本质而证明具有正当性。另外，仅仅因为部队中相关职位可能要求从业者使用武器这一理由本身，并不能使得排除女性获得军队职位具有正当性。而成员国当局在该地区所采取的措施，使得武装单位的构成仅限于男性并不符合比例原则。②

法院在上述案件中，对于作为一种职业的情况下，在军队及警察机构或相似组织中性别是否构成"真正和决定性的"职业要求进行了判定。

---

① Angela Maria Sirdar v. The Army Board and Secretary of State for Defence, Judgment of the Court, 26 October 1999, C-273/97, para. 21-31.

② Tanja Kreil v. Bundesrepublik Deutschland, Judgment of the Court, 11 January 2000, C-285/98, para. 26-29.

另外，法院还对作为公民义务的情况下，在上述组织或机构中的服役或服务中，性别是否仍然作为"真正和决定性的"职业要求以及是否可以对关于性别的平等待遇原则进行克减进行了分析。在 2003 年的 *Alexander Dory v. Bundesrepublik Deutschland* 案中，Alexander Dory 先生被军队征召履行强制兵役义务，其认为由于女性不被要求履行强制兵役义务，因此德国关于强制兵役的相关法律不符合欧盟法律。其引用了 2000 年的 *Kreil* 案，在该案中，法院认定女性不应当被排除在所有武装力量的范围之外。其认为女性有权获得军队中的职位，但却不必履行兵役义务，因此将这一义务仅限于男性，违反了平等待遇原则，并构成了针对男性的歧视。但法院认为，德国通过强制兵役来保证国防力量是"军队组织的选择"，因此并不适用欧盟法律。尽管强制兵役义务仅限于男性，会造成相关男性职业进程的延误，即使服兵役会使得其获得进一步的职业培训或从事军队职业。但这一延误是成员国"军队组织选择"所造成的必然结果，因此并不意味着在欧盟法律的调整范围之内。而对于获得就业问题上所造成的负面结果，也无法强制成员国将兵役义务扩展至女性，来施加给女性同样的就业不利情况，或者废除强制兵役。欧盟法律并未规定强制兵役仅限于男性。通过这一案例，法院明确了在军队中只有作为就业或职业的情况下，才适用就业平等待遇原则；而在就业或职业之外，应当由每个国家决定兵役的适用，以及为受影响的人采取措施。[①]

　　因此，关于性别的"真正和决定性的"职业要求，成员国在一定程度上可以享有自主裁量权，来排除就业中性别平等待遇原则在特定职业或职业活动中的适用。但这一排除，作为平等就业权所要求的平等就业机会和待遇的例外，应当遵循严格的监督，并根据社会发展情况，定期审查这一例外是否具有合理性或是否仍然符合比例原则的要求。另外，成员国有义务为受到这一例外影响的劳动者提供有效的救济，特别是司法救济。欧盟在上述案件中的判决，对欧盟委员会起草 2006/54/EC 指令具有巨大的启发作用，委员会在《修改〈关于实施男女获得就业、职业培训、升职

---

　　① Alexander Dory v. Bundesrepublik Deutschland, Judgment of the Court, 11 March 2003, C-186/01, para. 14-16, 39-42.

和工作条件中平等待遇原则的 76/207/EEC 指令〉的指令草案》中明确表示，成员国排除指令适用的职业活动范围应当被严格限制。应当根据欧盟法院在相关案件中的判决，来明确在何种程度上一些职业活动不应排除平等待遇原则的适用。①

2. 种族或民族出身

2000/43/EC 指令第 4 条规定，"成员国可以规定，基于种族或民族出身相关特征的区别待遇不构成歧视，若根据特定相关职业活动的本质或内容，这一特征构成了真正和决定性的职业要求，且目标是合法的，要求是合比例的。"② 基于种族或民族出身而作出的职业要求，可以作为欧盟平等就业权法律保护中的例外情况，也可以被"真正和决定性的"职业要求证明具有正当性，并作为平等就业权所要求的平等就业机会和待遇的例外，而不构成欧盟平等就业权法律保护中的就业歧视。

近年来欧盟范围不断扩张，而这一扩张的过程为欧盟带来了不同的种族或民族群体。为了避免新老成员国之间的紧张关系，缓解不同种族或民族群体之间可能具有的矛盾，创造出尊重和容忍种族及民族多样性的联盟共同体，欧盟积极推进打击种族主义和仇外心理的欧盟共同政策及措施。③ 而种族或民族出身问题上的"真正和决定性的"职业要求则体现了这一政策和策略。欧盟认为，参与经济生活对于成功的社会融合具有必要性。而获得与工作相关的其他社会保障体系中的福利和其他形式的支持，对于改善来自少数种族或民族群体的个人在劳动力市场和社会中的边缘化地位也具有重要性。

另外，欧盟委员会在《关于实施不同种族或民族出身之间平等待遇的指令》解释备忘录中对这一条款进行了解释。种族或民族出身问题上

---

① Commissions of the European Communities, Proposal for a Directive of the European Parliament and of the Council Amending Council Directive 76/207/EEC on the Implementation of the Principle of Equal Treatment for Men and Women as regards Access to Employment, Vocational Training and Promotion, and Working Conditions, COM (2000) 334 final, para. 5.

② Directive 2000/43/EC, article 4.

③ Mathias Moschel, "Race Discrimination and Access to the European Court of Justice: Below", *Common Market Law Review*, Vol. 50, 2013, p. 1434.

的"真正和决定性的"职业要求不仅可能包括"因为可靠的原因，在戏剧表演中需要特定宗族或民族出身的人"，还应当包括"在向特定种族群体的成员提供个人服务来推动其福利的情况下，由该种族成员担任这一服务提供者的工作能发挥最大的效力"。① 而后者也构成了基于种族或民族特征的"真正和决定性的"职业要求。而这一类别的"真正和决定性的"职业要求的实施，通过保障特定种族或民族出身的人参与相关职业或职位，从而促进了欧盟种族或民族的社会融合，这对于维护政治稳定性以及保证欧盟经济发展，发挥着基础性的作用。

3. 宗教或信仰、年龄

2000/78/EC 指令第 4 条第 1 款规定："成员国可以规定，基于宗教或信仰、残疾、年龄或性倾向相关特征的区别待遇不构成歧视，若根据特定相关职业活动的本质或内容，这一特征构成了真正和决定性的职业要求，且目标是合法的，要求是合比例的。"② 在实践中，根据 2000/78/EC 指令，因就业主体残疾或性倾向特征而构成的"真正和决定性的"职业要求较为少见，适用"真正和决定性的"职业要求的主要涉及就业主体的宗教或信仰以及年龄特征。

（1）宗教或信仰

2000/78/EC 指令第 4 条第 1 款对一般性的基于就业主体宗教或信仰特征的"真正和决定性的"职业要求进行规定。因就业主体具有特定的宗教或信仰特征而在就业过程中适用区别待遇，也可以被"真正和决定性的"职业要求证明具有正当性，并作为平等就业权所要求的平等就业机会和待遇的例外，而不构成欧盟平等就业权法律保护中的就业歧视。

另外，第 4 条 2 款还对宗教或信仰问题作出了特别补充规定，确认与宗教相关的机构或组织，可以雇佣具有相同宗教信仰，或符合该机构或组织宗教理念的劳动者，来从事相关工作。"成员国可以根据国内实践，保留或通过国内法律，对于教堂或其他具有宗教或信仰理念的公共或私人组

---

① Commissions of the European Communities, Proposal for a Council Directive Implementing the Principle of Equal Treatment Between Persons Irrespective of Racial or Ethnic Origin, Explanatory Memorandum, 25 November 1999, COM (1999) 566 final, p. 8.

② Directive 2000/78/EC, article 4. 1.

织，基于个人宗教或信仰的区别待遇不构成歧视，若根据这一活动的本质或内容，个人的宗教或信仰，对于该组织的理念而言，构成了真正、合法和正当性的职业要求。"① 因此，最为明显的一个例子就是，宗教学校可以要求学校教师具有特定的宗教或信仰，来贯彻宗教学校对校内就读儿童精神生活的引导，并指引儿童对该宗教或信仰的理解和坚持，这构成了"真正和决定性的"职业要求。但是该学校不能要求基层或一般工作人员也具有特定的宗教或信仰，因为这些劳动者与学校就读的儿童不具有上述引导关系，因此也不会影响到儿童的精神生活以及对相关宗教或信仰的理解。②

但 2000/78/EC 指令第 4 条第 2 款同时规定，"指令不禁止教堂或其他具有宗教或信仰理念的公共或私人组织，根据国内宪法和法律，来要求为其工作的人以诚信行事，并忠诚于组织的理念。"③ 这一规定似乎带来一定的疑惑，该条款是否允许宗教或信仰相关组织对曾经具有相同宗教或信仰，但不再具有该宗教或信仰或行为不再符合该宗教或信仰要求的人实施区别待遇？例如，天主教学校拒绝雇佣离婚的天主教教师可能符合该条款的要求。尽管因劳动者婚姻状态而实施的区别待遇毫无疑问构成了基于性别的直接就业歧视，但宗教或信仰相关组织是否能够根据这一条款，对具有其他受保护特征的就业主体实施区别待遇而不构成歧视，例如性别、性倾向等？而这一问题的回答是否定的，第 4 条第 2 款特别指出"而这一区别待遇在实施时，应当考虑到成员国的宪法规定和原则以及共同体法律的一般性原则，并不能使得基于其他理由的歧视具有正当性"。

（2）年龄

基于就业主体年龄特征而构成的"真正和决定性的"职业要求在近年来得到了欧盟越来越多的关注，并由欧盟法院相关判决对相关条款进行解释。2000/78/EC 指令第 4 条第 1 款承认了基于年龄而在就业中实施区别待遇，可以被"真正和决定性的"职业要求证明具有正当性，

---

① Directive 2000/78/EC, article 4. 2. 1.

② Barnard Catherine, *EU Employment Law*, 4th edition, Oxford: Oxford University Press, 2012, p. 367.

③ Directive 2000/78/EC, article 4. 2. 2.

并作为平等就业权所要求的平等就业机会和就业待遇的例外，而不构成欧盟平等就业权法律保护中的就业歧视。而基于年龄的"真正和决定性的"职业要求，主要体现为参与特定工作的最低年龄要求，而欧盟法院通过司法实践进一步细化了在年龄方面"真正和决定性的"职业要求的具体实施。①

　　法院在 2010 年的 *Colin Wolf v. Stadt Frankfurt am Main* 案中对这一问题进行了详细讨论。德国法律规定消防员的就业上限应当为 30 岁，因此拒绝了 31 岁的 Colin Wolf 先生的就业申请。法院明确指出，在判定是否构成了"真正和决定性的"职业要求时，应当从 4 个方面进行分析，即：①区别待遇是基于第 4 条第 1 款规定的特征；②这一特征构成了"真正和决定性的"职业要求；③目标是合法的；④要求是合比例的。首先，德国政府提出，将就业年龄限制在 30 岁是为了保证职业消防工作的运作能力以及有效发挥作用。法院支持了这一观点，并认定保证职业消防工作的运作能力以及有效发挥作用构成了合法目标。其次，法院认为，不同于其他高级管理职位，本案中消防服务中级职位的劳动者所从事的活动与身体素质密切相关。劳动者需要实地执行职业消防任务，包括"灭火、救援、环境保护、动物救助、处理危险动物以及协助维持或控制救援器械或交通工具"。因此，具有特别高水平的身体素质应当被认定为是劳动者在消防服务中级职位中开展活动的"真正和决定性的"职业要求。再次，法院接受德国政府提交的证据，认为劳动者的呼吸能力、肌肉和耐力随着年龄而逐渐消退，超过 45 岁的人几乎不具有执行消防任务所需要的身体素质，因此确定具有高水平身体素质确实与劳动者年龄相关。最后，法院认定德国法律所规定的职业要求是合比例的。在 30 岁之前得到雇佣的劳动者，将接受为期两年的培训项目，执行消防任务的期间可以长达 15 至 20 年。相反地，若是雇佣 40 岁的劳动者，其执行消防任务的期间最多为 5 到 10 年。因此，雇佣年龄较大的劳动者，意味着这部分劳动者不能从事对身体

---

　　① Malcolm Sargeant, "The European Court of Justice and Age Discrimination" *Journal of Business Law*, Vol. 2, 2011, p. 150.

素质要求较高的职位，或者在该职位上工作期间较短。①

应当特别指出的是，除上述对于平等就业权所要求的平等就业机会和待遇的例外情况外，欧盟还根据社会发展状况，对年龄问题进行了特别规定。2000/78/EC 指令第 6 条第 1 款特别规定了基于年龄的区别待遇的正当性问题，"成员国可以规定基于年龄的区别待遇不构成歧视……这一区别待遇可能包括：（a）为年轻劳动者、年老劳动者以及具有照料职责的人规定……特定条件……（b）……制定年龄、职业经验或资历的最低条件；（c）……制定就业最高年龄。"② 可以看出，这一基于年龄的区别待遇要求：①由合法目标客观、合理证明具有正当性；②达成目标的方式合理且必要。这一特别规定区别于上述"真正和决定性的"职业要求，因为相较于前者的判定标准，这一区别待遇并不要求构成特定职业"真正和决定性的"职业要求。

因此，相较于"真正和决定性的"职业要求，这一对于年龄的特别规定所适用的范围更加广泛。2000/78/EC 指令第 6 条第 1 款赋予了成员国充分的自主裁量权，来选择是否允许雇主实施基于年龄的区别待遇而不构成直接或间接歧视。③ 简单来说，就业主体的年龄特征可能变成获得就业和职业培训等方面的相关因素。这一条款所带来的结果就是，雇主可以对具有特定年龄特征的劳动者提供优待，要求最低就业年龄、职业经验或资历条件，并根据服务期间要求最高就业年龄。④ 这些要求可以被客观证明具有正当性，如果雇主能够根据实际情况或证据来进行证明，并保证达成这一目标的方式是适当且必要的。

2000/78/EC 指令第 6 条第 1 款具有巨大的实践价值，但欧盟法院在

---

① Colin Wolf v. Stadt Frankfurt am Main, Judgment of the Court, 12 January 2010, C-229/08, para. 39-42.

② Directive 2000/78/EC, article 6.1.

③ Malcolm Sargeant, "Distinguishing Between Justifiable Treatment and Prohibited Discrimination in Respect of Age", *Journal of Business Law*, Vol. 4, 2013, p. 408.

④ 对于参与就业的最高年龄要求而言，在实践中主要体现为相关职业的执业年龄上限。而这一问题更多的是与劳动者的退休年龄问题相关。由于本书主要在狭义范围内讨论平等就业机会和待遇问题，因此仅在下文对这一问题进行粗略探讨。

2009 年的 *The Incorporated Trustees of the National Council on Ageing v. Secretary of State for Business, Enterprise and Regulatory Reform* 案中坚持认为，对于这一条款所规定的标准应当进行严格的遵守和审查，以确保这一条款不会被肆意滥用。法院要求，在判定基于年龄的区别待遇是否符合第 6 条第 1 款时，应当遵循下列标准："①根据国内法规定；②基于年龄的区别待遇；③由合法目标客观且合理地证明具有正当性，合法目标可以包括法定就业政策、劳动力市场和职业培训目标；以及④达成这一目标的方式是合理且必要的。"① 同时，欧盟法院还指出，这一条款给成员国施加了义务，要求成员国制定高标准的证据要求，来证明相关措施的目的具有正当性。②

另外，根据 2000/78/EC 指令第 6 条第 2 款，这一基于年龄的区别待遇还涉及职业社会保障体系。这一条款规定，"成员国可以规定，制定年龄相关的职业社会保障体系，获得就业、退休金或特定利益，以及在保险精算中适用年龄标准，不构成基于年龄的歧视，但不得造成基于性别的歧视。"③

二　保护女性生理或心理状况的需要

长期以来，出于保护女性生理或心理的需要，特别是在怀孕和生产期间的保护女性生理或心理状况的需要，通常允许在平等就业权的法律保护中规定例外情况来对平等就业权进行克减，而不构成就业歧视。

（一）保护女性生理或心理状况的判定标准

对于性别方面平等就业机会和待遇的例外，76/207/EEC 指令第 2 条明确规定了 3 种例外情况，其中第 2 条第 3 款规定，"该指令并不禁止有

---

① The Incorporated Trustees of the National Council on Ageing v. Secretary of State for Business, Enterprise and Regulatory Reform, Judgment of the Court, 5 March 2009, C – 388/07, para. 67.

② Ibid.

③ Directive 2000/78/EC, article 6. 2.

关女性保护的规定，特别是关于怀孕和生产"。① 2006/54/EC 指令第 28 条对这一规定进行了继承和扩展。第 28 条第 1 款继承了 76/207/EEC 指令的规定，再次强调"该指令并不禁止有关女性保护的规定，特别是关怀孕和生产"。② 并在第 28 条第 2 款中特别表示，"该指令并不禁止 96/34/EC 指令（《关于 UNICE、CEEP 和 ETUC 达成的产假框架协议的指令》③ ）和 92/85/EEC 指令（《关于制定措施鼓励改善工作中怀孕劳动者和产后或哺乳期劳动者安全和健康的指令》④ ）的规定。"⑤

　　根据欧盟法院的司法实践，在判定就业中性别平等待遇的例外，应当明确是否确实出于对女性生理或心理的保护，或者出于女性和子女之间特殊关系的考虑。在前文提到的 1986 年 *Marguerite Johnston v. Chief Constable of the Royal Ulster Constabulary* 案中，法院在讨论"真实和决定性的"职业要求的同时，还对出于保护女性考虑而作出的区别待遇进行了分析。在该案中，排除女性就业的相关政策是为了保护女性，避免其成为暗杀的对象。法院指出，赋予女性的特别待遇，是为了保护女性健康和安全，特别是在怀孕和生产期间。但应当指出的是，这并不意味着需要将女性完全排除在特定就业之外。指令所规定的"怀孕和生产"是为了"保护女性的生理状况以及与子女之间的特殊关系"。但这一规定并不允许仅仅由于公共观念认为，在同样会对男性和女性造成危险的情况下，女性应当被给予更好的保护，就将女性排除在特定就业类型之外。在该案中，根据爱尔兰的情况，女性在履行警察职务时所遇到的危险与男性并无不同。将女性排除在这一职业活动之外，是由于一般性危险，而不是针对女性的危险，并不构成指令所规定的为了保护女性而采取的区别待遇。因此，法院认定，

---

① Directive 76/207/EEC, article 2.3.

② Directive 2006/54/EC, article 28.1.

③ Council of the European Union, Council Directive on the Framework Agreement on Parental Leave Concluded by UNICE, CEEP and the ETUC, 3 June 1996, 96/34/EC.

④ Council of the European Communities, Council Directive on the Introduction of Measures to Encourage Improvements in the Safety and Health at Work of Pregnant Workers and Workers Who Have Recently Given Birth or Are Breastfeeding, 19 October 1992, 92/85/EEC.

⑤ Directive 2006/54/EC, article 28.2.

76/207/EEC 指令所允许的出于保护女性而采取的男女区别待遇的原因，并不包括危险，例如武装警员在特定情况下履行职责都会面临的并不仅仅针对女性的危险。① 在 2000 年的 *Tanja Kreil v. Bundesrepublik Deutschland* 案中，法院也重申了为了保护女性生理状况以及与子女之间特殊联系的规定，并不因此而允许将女性排除在特定就业类型之外，仅仅因为在遇到危险时应当赋予女性更好的保护，这与保护女性的特定需要并不相同。因此，该案中将女性完全排除在包括使用武器的所有军队职位之外，并不是指令所允许的出于保护女性考虑所作出的区别待遇。②

　　另外，即使确实出于对女性生理或心理的保护，或者出于女性和子女之间特殊关系的考虑，而对就业中的性别平等待遇原则进行克减，也应当结合具体情况进行严格分析。在 2005 年的 *Commission of the European Communities v. Republic of Austria* 案中，奥地利政府认为，考虑到男女平均身体素质，在地下矿业工业中女性可能遭受更大的风险。因为平均而言，女性的体重和肌肉力量、肺活量、吸氧量、血容量和红细胞数量都低于男性。女性在工作场所承受着更加强烈的身体压力，因此会面临更高的流产和患骨质疏松症的风险，并且在绝经时会遭受更严重的偏头痛。另外，由于女性的椎骨体积较小，在承受重物时遇到的风险比男性高。而在女性生育时，腰椎损伤的风险也会增加。法院指出，成员国应当有权来保留或制定保护女性的规定，并再次强调了保护女性生理状况以及与子女特殊关系的合法性。法院认为，有些活动会使得怀孕劳动者、哺乳劳动者或产后劳动者在有害的工作部门、工作过程或工作条件中遭受特定的危险，因此欧盟法律要求对此进行评估并禁止相关劳动者从事这些活动。而就该案而言，尽管奥地利相关规章并没有禁止女性参与地下矿业工业，但事实上相关限制非常的广泛，甚至将女性排除在了体力工作之外，仅仅允许女性参与具有管理职责的管理岗位或技术岗位，这一规定超出了保护女性的必要范围。法院重申了仅仅由于应当在对男性和女性造成同样影响的危险中给予

---

①　Marguerite Johnston v. Chief Constable of the Royal Ulster Constabulary, Judgment of the Court, 15 May 1986, C-222/84, para. 41-46.

②　Tanja Kreil v. Bundesrepublik Deutschland, Judgment of the Court, 11 January 2000, C-285/98, para. 30.

女性更好的保护，而将女性排除在特定类型就业之外是违反指令规定的，并不符合保护女性的特殊需要。另外，法院还进一步指出，具有相似身体素质的男性获得就业的情况下，不能因为女性平均体型较小或较弱而将女性完全排除在特定就业类型之外。①

（二）保护女性生理或心理状况的界限

对于就业中性别平等待遇原则的例外情况，可以因为保护女性的生理状况，特别是怀孕和生产期间的特殊需要而具有正当性，继而构成平等法律保护的例外。但应当明确的是，这一平等待遇原则的例外甚至是"克减"，应当遵守一定的界限，即就业中因女性的性别而实施区别待遇，并非基于女性怀孕或生产这一事实，而是基于因这一事实所产生的保护女性的强制要求。若超出了这一界限，仅仅因为女性怀孕或生产而拒绝女性就业，则构成了基于性别的直接歧视。

在1990年的 *Elisabeth Johanna Pacifica Dekker v. Stichting Vormingscentrum voor Jong Volwassenen（VJV Centrum）Plus* 案中，Elisabeth Johanna Pacifica Dekker 女士申请青年培训中心（由 VJV 运营）的指导员岗位，并被认定是该职位最合适的候选人。但当 Dekker 女士通知 VJV 其怀孕事实之后，VJV 拒绝任命其担任这一职位。VJV 作出这一决定的原因是，若雇佣 Dekker 女士，VJV 无法在其产假期间获得补助，因此必须支付 Dekker 女士产假期间的薪酬。且因此，VJV 将无法在 Dekker 女士产假期间雇佣替代人员，并继而造成人手不足。法院指出，在该案中，应当首先判定拒绝雇佣是否构成了基于性别的直接歧视。而判定的依据应当是拒绝雇佣的根本原因是否与劳动者的性别有关，或者是否仅与一种性别有关。VJV 拒绝雇佣 Dekker 女士的原因是无法在其产假期间获得补助，因此必须支付 Dekker 女士的有薪产假。而对于这个问题，只有女性会因怀孕而被拒绝雇佣，因此这构成了基于性别的直接歧视。因产假所造成的经济后果而拒绝雇佣，应当认定为必然基于怀孕这一事实。这所造成的歧视不能因任命怀孕女性造成的在其产假期间所遭受的经济损失而被证明具有正当性。因

---

① Commission of the European Communities v. Republic of Austria, Judgment of the Court, 1 February 2005, C-203/03, para. 42-50.

此，法院认定若雇主拒绝与适合这一职位的女性候选人签订就业合同，其原因是雇佣怀孕女性所可能造成的不利结果，则构成了对就业中性别平等待遇原则的违反。①

另外，应当注意的是，也不能仅仅因为女性在就业开始时处于怀孕状态，就将女性无期限的完全排除在某一职位之外。在 2000 年的 *Silke-Karin Mahlburg v. Land Mecklenburg-Vorpommern* 案中，Land Mecklenburg-Vorpommern 拒绝与 Silke-Karin Mahlburg 女士签订无限期雇佣合同，因为 Mahlburg 女士正处于怀孕状态，根据当地法律，不能在合同开始时以及怀孕期间承担该职位的职责。② 法院再次强调了 1990 年 *Dekker* 案的判决，只有女性会因怀孕而被拒绝雇佣，因此这构成了基于性别的直接歧视。但本案与 *Dekker* 案不同的是，这一不平等待遇并非是直接基于女性怀孕这一事实，而是基于怀孕相关就业的强制性禁止。当地法律所作出的强制性禁止根据的是 76/207/EEC 指令第 2 条第 3 款，即并不禁止保护女性的规定，特别是怀孕和生产。因此，该案的问题在于指令是否允许雇主因为怀孕女性的就业禁止会使得该女性无法在合同开始时参与工作，而拒绝与其签订无期限劳动合同。法院指出，实施保护女性的条款时，不得使其在获得就业中遭受不利待遇。因此，雇主不得因女性根据怀孕就业禁止无法在合同开始时和怀孕期间参与工作，而拒绝给予怀孕女性无期限职位。

三　维护公共安全的需要

应当明确的是，部分职业或职位对于公共安全或公共利益具有特殊意义，因此，考虑职业和职位本身的要求以及维护公共安全以及公共利益的需要，可以根据法律对平等就业权进行一定的克减，并认定为平等就业权法律保护的例外，而不构成对平等就业权的侵害。

---

① Elisabeth Johanna Pacifica Dekker v. Stichting Vormingscentrum voor Jong Volwassenen (VJV Centrum) Plus, Judgment of the Court, 8 November 1990, C-177/88, para. 10-14.

② Silke-Karin Mahlburg v. Land Mecklenburg-Vorpommern, Judgment of the Court, 3 February 2000, C-207/98.

(一) 维护公共安全的判定标准

就欧盟平等就业权法律保护而言,根据 2000/78/EC 指令第 2 条第 5 款,"该指令并不禁止国内法通过在民主社会中为公共安全所必要的措施,来维护公共秩序和预防犯罪、保障健康以及保护他人的权利和自由。"① 这一规定适用于指令所保护的包括宗教或信仰、残疾、年龄以及性倾向在内的就业主体特征。因此,成员国为了维护公共秩序和预防犯罪、保障健康以及保护他人的权利和自由而采取的措施,对于具有特定宗教或信仰、残疾、年龄以及性倾向的劳动者的平等就业机会和待遇造成影响,不构成该指令所规定的就业歧视。

在此值得指出的是,由于 2006/54/EC 指令以及 2000/43/EC 指令并没有对维护公共安全需要进行规定,因此在判定维护公共安全需要是否构成了欧盟平等就业权法律保护的例外时,应当注意这一例外仅适用于包括宗教或信仰、残疾、年龄以及性倾向在内的就业主体特征。除此之外,基于就业主体其他特征而施加的平等就业限制,并不构成维护公共安全的需要。例如,就业主体犯罪记录以及刑事前科记录等特征,使得该类就业主体在从事特定职业或职位时可能会对公共安全产生影响,但这并不在该指令的适用范围之内,因此并不能在欧盟平等就业权法律保护中,作为维护公共安全需要而具有正当性。对于这一问题,由于欧盟并没有做出明确的规定,因此欧盟成员国有权根据本国具体情况,通过国内法律和措施予以规制。另外,根据 2000/78/EC 指令第 2 条第 5 款规定,因维护公共安全需要而在就业中实施区别待遇的目标是"维护公共秩序和预防犯罪、保障健康以及保护他人的权利和自由"。② 因此,在判定区别待遇是否构成维护公共安全需要时,应当进行严格审查,判定其目的是否符合该条款的规定。

(二) 维护公共安全的具体适用

2000/78/EC 指令第 2 条第 5 款对于维护公共安全需要的规定,其主要目的是为了"禁止邪教团体成员、具有危险生理或心理疾病的人,特

---

① Directive 2000/78/EC, article 2.5.

② Directive 2000/78/EC, article 2.5.

别是恋童癖者"获得指令的保护。① 在欧盟平等就业权法律保护的实践中，为了维护公共安全的需要，基于就业主体的年龄以及宗教或信仰特征，而在就业中实施的区别待遇得到了较多的关注。

1. 年龄

近年来，随着欧盟经济、社会的进一步发展，欧洲老龄化问题的进一步加剧，在一定程度上改变了欧盟劳动力市场结构，因而退休年龄的设定是否符合维护公共安全的需要得到了越来越多的讨论。值得指出的是，出于公共安全的需要，为了维护公共秩序、保障健康以及保护他人的权利自由，确实会对具有特定年龄特征的就业主体造成影响。这一影响主要体现在对劳动者的强制退休年龄所作出的规定以及所采取的措施。但根据欧盟法院的相关司法实践来看，成员国根据这一条款所规定的强制退休年龄，是否能够构成对于平等就业权所要求的平等就业机会或待遇的合法例外，欧盟法院倾向于根据具体情况，进行严格的审查。

比较有代表性的是 2010 年的 *Domnica Petersen v. Berufungsausschuss für Zahnärzte für den Bezirk Westfalen-Lippe* 案。在该案中，德国在国家医疗保障体系中，将牙科医生的年龄上限规定为 68 岁，法院根据 2000/78/EC 指令第 2 条第 5 款对这一规定进行了审查。法院指出，该条款特别提到了保护公共健康问题，因此并不禁止国内法律采取措施来保障健康。法院认为，尽管这一年龄限制可能具有歧视性，但原则上是可以根据 2000/78/EC 指令第 2 条第 5 款来证明具有正当性。成员国有权来建立社会保障体系，并通过法律和法规来管理相关组织和健康服务以及医疗服务的提供。在遵循欧盟法律的前提下，成员国可以决定公共健康的保护程度。而成员国很有可能认为有必要为医疗职业设定年龄限制来保障病人的安全。而这一考虑可以是基于牙医职业能力的考虑，也可能是基于国家医疗保障体系中财政平衡问题的考虑。对于前者，法院认为，牙医的职业能力确实随着年龄增长而降低，将牙医的年龄限制规定在 68 岁，对于终止牙医执业而

① Barnard Catherine, *EU Employment Law*, 4th edition, Oxford: Oxford University Press, 2012, p. 367.

言已经足够高了。但该案中所面临的问题是，年龄限制仅仅适用于国家医疗保障体系中的牙医，其他体系中不存在这一限制。而缺少一致性意味着，这一年龄年制并不是为保护公共健康所必需的。而对于后者，为了防止对社会保障体系财政平衡造成危害，并保证高标准的健康保护，年龄限制的设定是否符合 2000/78/EC 指令第 2 条第 5 款应当由国内法院进行判定。①

在 2011 年 *Reinhard Prigge*，*Michael Fromm*，*Volker Lambach v. Deutsche Lufthansa AG* 案中，考虑到空中的公共交通安全，德国 Lufthansa 航空公司规定了民用航空飞行员的年龄上限应当是 60 岁。这一规定的目的是为了避免因飞行员的能力和身体素质而造成个人失误进而造成航空事故。法院认为其原则上可以根据 2000/78/EC 指令第 2 条第 5 款而获得正当性。但法院在该案中同样也对 2010 年 *Domnica Petersen* 案中的一致性问题进行了强调。法院指出，由于国内其他航空公司以及相关国际规则对民用航空飞行员设定的年龄限制普遍为 65 岁，因而该案中的年龄限制缺乏一致性，并不能认为这是公共安全和保护健康所必要的。②

2. 宗教或信仰

另外，为应对欧盟扩张所导致的成员国宗教或信仰多元化及其对欧盟公共安全的影响。2000/78/EC 指令在特别条款部分第 15 条，作出了适用于北爱尔兰地区的关于警察以及教师的特别规定，也可以被认为是根据特定地区社会情况及形势，而作出的为了维护公共秩序、保障公共安全的一种措施。

其中，比较明显的例子就是出于欧盟整体以及欧盟成员国维护公共安全的需要，而通过欧盟平等就业权法律保护，对北爱尔兰宗教问题进行特殊规定。例如，2000/78/EC 指令第 15 条第 1 款是为了处理北爱尔兰的主要宗教团体在地区警察行业中比例过低问题。因此，该条款规定，在北爱尔兰地区警察行业的就业中，经过国内法律明确授权，相关区别待遇不构

---

① Domnica Petersen v. Berufungsausschuss für Zahnärzte für den Bezirk Westfalen-Lippe, Judgment of the Court, 12 January 2010, C-341/08, para. 52-64.

② Reinhard Prigge, Michael Fromm, Volker Lambach v. Deutsche Lufthansa AG, Judgment of the Court, 13 September 2011, C-447/09, para. 58-64.

成歧视。① 第 15 条第 2 款是为了维持北爱尔兰地区教师的就业机会平衡，并进一步调和主要宗教团体的历史分歧问题。该条款规定，关于宗教或信仰的条款，经过国内法律明确授权，不适用于北爱尔兰地区学校的教师雇佣情况。②

四　"积极行动"措施

在具体分析欧盟语境下就业"积极行动"措施之前，可以对"积极行动"这一术语进行一个简要的讨论。"积极行动"在不同的国家和地区又称为"肯定性行动、积极措施、倾向性政策或待遇、特别措施以及积极歧视"。③例如，在美国"积极行动"多表述为"肯定性行动"，是指产生于 1960 年代，美国政府或公共机构所采取的在高校招生、人员雇佣以及社会福利方面，直接或间接赋予少数种族或妇女优惠待遇而采取的一系列政策或措施。④ 欧盟对于这一措施和政策多表述为"积极行动"。⑤ 而与"积极行动"这一术语相对的，则是"反向歧视"。通常而言，一般性歧视是指因特定特征，例如性别、种族或民族出身、宗教或信仰、残疾、年龄和性倾向等就业主体所具有的特征，而使得特定群体成员在相似情况下，遭受了不利于他人的区别待遇，除非这一区别待遇能够根据客观标准证明具有正当性。而"反向歧视"的"反向"特征体现在，"相较于通常会遭受不利待遇的处于弱势地位的群体成员，意想不到的群体成员遭受了不利的区别待遇"。⑥ 换句话说，反向歧视指的是，防止或为弱势群体所

---

① Directive 2000/78/EC, article 15.1.

② Directive 2000/78/EC, article 15.2.

③ 李薇薇、Lisa Stearns 主编：《禁止就业歧视：国际标准和国内实践》，法律出版社 2006 年版，第 51 页。

④ 邱小平：《法律的平等保护——美国宪法第十四修正案第一款研究》，北京大学出版社 2005 年版，第 319 页。

⑤ Randall Kennedy, *For Discrimination: Race Affirmative Action and the Law*, New York: Vintage, 2015, p. 20.

⑥ Gareth Davies, *Nationality Discrimination in the European Internal Market*, Amsterdam: Kluwer Law International, 2003, p. 9.

遭受的歧视或不公正待遇提供补偿而采取的措施，反而对其他非弱势群体的成员造成了不利的区别待遇。因而，这一不利的区别待遇体现出了"反向"的特征。"歧视"这一用词所表达出的通常都是反面含义，而"反向歧视"这一术语的出现，所体现出的正是"积极行动"实践过程中所出现的争议，并成为"积极行动"反对者的依据之一。① "积极行动"和"反向歧视"的表述体现了在平等待遇原则实现过程中的不同侧重，而"反向歧视"这一表述多存在于美国学者对美国宪法第十四修正案第一款的研究中，而欧洲范围内更加倾向于将这一问题纳入"积极行动"进行讨论。因此，本书在此并不对"反向歧视"问题进行详细论述。

对于 76/207/EEC 指令规定的第 3 项平等就业权法律保护中的例外情况，2000/43/EC 指令第 5 条、2000/78/EC 指令第 7 条以及 2006/54/EC 指令第 3 条对此进行了修正，"平等待遇原则不得禁止任何成员国保留或通过特定措施来禁止或为性别、种族或民族、宗教或信仰、残疾、年龄或性倾向相关的不利情况提供补偿"。② 这一欧盟平等就业权法律保护的例外也被称为"积极行动"，与包括"真正和决定性的"职业要求、保护女性生理和心理状况的需要以及维护公共安全的需要在内的上述 3 种例外情况不同的是，"积极行动"集中体现了平等就业权法律保护中的特殊保护原则的要求，而非平等就业权法律保护中的合理限制要求。

就业中的"积极行动"措施体现了平等就业权法律保护中特殊保护原则的要求。制定和实施这一措施的目的是确保就业过程中处于不利地位的劳动者群体，能够借由积极的有利待遇和优惠措施，来改善其在劳动力市场中的不利地位，进而能够在实质意义上保障平等就业权的充分实现。因此，"积极行动"的目的是"为了保证实践中的充分平等"，体现了平等就业权法律保护中特殊保护原则的要求。本书认为，为了在实质意义上促进平等就业机会和待遇而采取的"积极行动"措施，不仅应当作为欧盟平等就业权法律保护的例外情况，还应当作为实现平等就业权的重要

---

① Myrl L. Duncan, "The Future of Affirmative Action: A Jurisprudential Legal Critique" *Harvard Civil Rights-Civil Liberties Law Review Forum*, Vol. 17 (2), 1982, p. 533.

② Directive 2000/43/EC, article 5; Directive 2000/78/EC, article 7; Directive 2006/54/EC, article 3.

方式。

(一)"积极行动"措施的产生及发展

应当指出的是,在欧盟范围内,"积极行动"这一措施,源于欧洲共同体在建立统一市场的过程中,考虑到成员国倾向于制定和实施有利于本国国民和产品的倾向性措施,而这不利于其他成员国产品的进口以及其他成员国公民在该国获得工作,继而影响了统一市场中产品和劳动力的自由流动。因此,这一时期的欧洲共同体法律要求成员国对进入其领土内并从事经济活动的其他成员国产品和公民实施更加有利的待遇。而本国的产品和公民并不享有这一待遇,因而产生了基于国籍这一特征的区别待遇。①在欧洲共同体时期采取这一策略的原因,在于通过给予外来经济主体和进口产品一定的优待,来使得其能够与成员国本国公民和产品获得同样或相似的地位,能够在成员国本国市场中进行有效的竞争,进而达到一种"实质意义"上的平等。

而欧盟平等就业权法律保护中的"积极行动"措施,其最初的目标是确认导致劳动力市场中性别不平等状况的原因,并为遭受不利的劳动者提供救济。该时期的"积极行动"作为就业中性别平等待遇原则的一种例外,通过为女性提供特定优待,提高她们在劳动力市场中的竞争力,消除劳动力市场中的职业隔离现象,以保证女性能够在与男性平等的基础上追求职业发展。因此,"积极行动"的目标在于对该时期的平等就业权相关法律进行补充,来消除实践中女性所面临的不平等障碍。另外,性别问题上的"积极行动"还特别关注消除传统性别分工对女性就业所造成的消极影响,平衡女性的家庭和职业责任,关注对儿童的照料以及工作时间的安排,并推动完成育儿假的女性重新融入工作。

正如前文所提到的,1976年的76/207/EEC指令第2条规定了3项就业中基于性别特征的平等待遇原则的例外情况不构成指令所规定的就业歧视。另外第2条第4款规定,"该指令并不禁止推动男女之间平等机会的

---

① Nicholas Bamforth & Maleiha Malik & Colm O'Cinneide, *Discrimination Law: Theory and Context*, Hong Kond: Sweet & Maxwell, 2008, p. 56.

措施，特别是消除现存的对女性产生影响的不平等。"① 这一规定成为欧盟后来采取的就业中"积极行动"措施的基础。随后由于1980年代经济危机的影响，欧盟多通过建议的方式推动欧盟及成员国政府在平等获得就业、职业培训、升职及工作条件等方面采取措施实施这一行动，来推动实践中女性平等就业机会和待遇。"积极行动"在欧盟该时期通过的平等就业权法律、政策及建议中都有所体现。1984年理事会通过了《关于推动女性积极行动的建议》。这一建议特别指出，"现存的赋予个人权利的平等待遇法律规定，并不足以消除所有现存的不平等，除非政府、工业关系双方以及其他相关团体也采取平行行动，来消除因社会态度、行为和结构所造成的对女性就业的歧视性影响"。② 因此，理事会特别建议成员国在国内政策和实践框架中，通过"积极行动"政策，来消除影响女性工作生活的现存不平等，更好地推动就业中性别平等。而采取这一政策的目的是消除或抵制在就业或寻求就业过程中，现存的基于男女传统社会角色分工的态度、行为或结构而对女性造成的偏见影响，并鼓励女性参与当前未被充分代表的工作部门中的各种职位以及高层次的管理职位，来达成人力资源的更好利用。另外，该建议第4条对"积极行动"可能涉及的方面进行了构想，包括鼓励在女性未被充分代表的部门和职业中就业和获得升职等。

1993年委员会发布了《社会欧洲：欧洲共同体中男性和女性的职业隔离》。报告中指出，尽管越来越多的女性参与到劳动力市场之中，但是劳动力市场中并没有因此达成性别融合或平等，性别隔离和不平等现象仍然存在。③ 尽管女性"略微"进入到了一些之前由男性独占的高层次职业之中，但是有越来越多的女性从事着低层次的文书工作和服务业工作。职业隔离仍然是欧洲共同体中所有劳动力市场所具有的普遍、持久存在的特征。而"积极行动"项目的实施对于降低这一隔离，增加女性在各级职

---

① Directive 76/207/EEC, article 2. 4.

② Council of the European Communities, Council Recommendation on the Promotion of Positive Action for Women, 13 December 1984, 84/635/EEC, p. 34.

③ Commission of the European Communities, Social Europe: Occupational Segregation of Women and Men in the European Community, January 1993, supplement 3/93, p. ix.

业中的代表率将发挥作用。与 1984 年理事会建议相同的是，这一报告也明确提出，实施"积极行动"项目有助于整合工作和家庭生活，消除传统性别分工对女性获得平等就业机会和待遇所造成的消极影响。①

1997 年《阿姆斯特丹条约》对《欧洲共同体条约》第 119 条的修订中指出，为了促进实践中男女之间在工作中的充分平等，成员国可以保持或采取措施，为"未被充分代表的性别"提供特别优待，使得这类主体能够进行职业活动，禁止或者为这类主体在职业中所遭受的不利提供补偿。② 这作为一项条约规定，可以视为欧盟对于"积极行动"的正式授权。自此，在平等就业领域中，欧盟通过并实施"积极行动"获得了其法律基础，理事会之后通过的一系列平等就业权相关法律和政策中，普遍通过"积极行动"来保证实践中具有弱势身份的主体能够享有就业机会和就业待遇的平等。这一条款的适用范围和适用深度远远超出了欧盟之前为推动男女就业机会和待遇平等，消除女性就业歧视和不公正待遇所通过的法律、政策或建议。③ 另外，随着《阿姆斯特丹条约》对于平等就业主体特征保护范围的扩大，"积极行动"在之后也进一步适用于种族、宗教和信仰、年龄及性倾向等领域，2000/43/EC 指令、2000/78/EC 指令以及 2006/54/EC 指令都作出了相似的规定。而随着欧盟平等就业权法律保护的不断发展，为了促进平等就业权在实质意义上的实施而采取的"积极行动"措施，不再被当作仅仅是性别平等待遇原则的一种例外情况，而是被认为是实现平等待遇原则的重要方式。

（二）"积极行动"措施的判定标准

正如上文所分析的，2000/43/EC 指令、2000/78/EC 指令以及 2006/54/EC 指令都继承并发展了 76/207/EEC 指令第 2 条第 4 款的内容，并作出了相似的规定。2006/54/EC 指令第 3 条"积极行动"规定，"成员国

---

①　Ibid, p. xx.

②　The Treaty of Amsterdam, para. 22, article 119. 4.

③　Council of the European Communities, Council Directive on the Implementation of the Principle of Equal Treatment for Men and Women as regards Access to Employment, Vocational Training and Promotion, and Working Conditions, 9 February 1976, 76/207/EEC, O. J. (1976) L 39/40, article 2.

可以根据条约第 141 条第 4 款, 保留或通过措施, 来保证实践中男女工作生活中的充分平等。"① 2000/43/EC 指令第 5 条"积极行动"规定, "为了保证实践中的充分平等, 平等待遇原则不得禁止任何成员国保留或通过特定措施来禁止或为种族或民族相关的不利情况提供补偿。"② 2000/78/EC 指令第 7 条"积极行动"规定, "为了保证实践中的充分平等, 平等待遇原则并不禁止任何成员国保留或通过特定措施来禁止或为第 1 条规定原因 (宗教或信仰、残疾、年龄或性倾向) 相关的不利情况提供补偿。"③ 2000/78/EC 指令第 7 条第 2 款还对残疾人作出了特别规定, "对于残疾人, 平等待遇原则并不禁止成员国保留或通过保护工作中健康和安全的条款, 或者采取措施为保障或推动他们融入工作环境而制定或保留条款或设施。"④ 但这一特别规定, 并没有特别要求为残疾人之前遭受的不利提供补偿。因此, 欧盟平等就业权法律保护中的"积极行动", 是指为了保证实践中的充分平等, 平等待遇原则不禁止任何成员国保留或通过特定措施来禁止或为性别、种族或民族出身、宗教或信仰、残疾、年龄或性倾向相关的不利情况提供补偿。根据现阶段欧盟平等就业权法律保护中对"积极行动"的规定而言, 在对"积极行动"进行判定时应当注意以下几个方面。

首先, 就"积极行动"的目的而言, 采取"积极行动"措施的目的是为了保证实践中实质意义上的充分平等。欧盟法律中的相关规定向欧盟机构以及欧盟成员国施加了积极义务, 这明确体现出了欧盟对于平等就业权的法律保护, 超出了形式平等的范畴, 开始并已经注重实质平等在平等就业权法律保护中的指导价值和意义。⑤ 通过"积极行动"来施加积极义务, 表明了欧盟已经充分认识到仅依靠法律条款中对平等就业权形式上的平等保护, 无法真正在就业中为劳动者提供保障; 而只有同时采取"积

---

① Directive 2006/54/EC, article 3.

② Directive 2000/43/EC, article 5.

③ Directive 2000/78/EC, article 7. 1.

④ Directive 2000/78/EC, article 7. 2.

⑤ Sandra Fredman, "Changing the Norm: Positive Duties in Equal Treatment Legislation" *Social Sience Electronic Publishing*, Vol. 12, 2005, p. 389.

极行动"措施，通过在实践中对平等就业权提供实质上的平等保护，才能真正发挥平等就业权保障劳动者享有平等的就业机会和待遇，不受就业歧视影响或侵害的作用。

其次，就"积极行动"的适用范围而言，就业中的"积极行动"措施适用于禁止或补偿性别、种族或民族出身、宗教或信仰、残疾、年龄或性倾向相关的不利情况。在此，与欧盟平等就业权法律保护的其他例外情况不同，欧盟法律条款并没有将"积极行动"的适用范围限定于就业主体的性别、种族或民族出身、宗教或信仰、残疾、年龄或性倾向的特征，而是将范围扩大到了上述就业主体特征"相关的"不利情况。这在实践中极大地扩展了"积极行动"的适用范围，对于在实质意义上保障平等就业权具有重要意义。①

再次，就"积极行动"的具体措施而言，采取"积极行动"措施允许禁止有关就业主体遭受上述特征的不利情况，也允许为这一不利情况提供补偿。这突出表明了"积极行动"中"积极"一词的含义，即这一措施不仅可以禁止因就业主体相关特征而产生的不利，其更重要的意义在于可以采取积极的行动、措施和政策，为相关主体之前所遭受的不利提供补偿，在实质意义上保障劳动者平等就业权的充分实现。这不仅反映出在就业过程中，形式平等与实质平等之间的平衡，还在一定程度上反映出机会平等和结果平等之间的有限平衡。机会平等强调每个人应当获得平等的机会来参与竞争，而结果平等强调应当保障每个人都能够获得平等的结果。② 而欧盟"积极行动"措施的目的是为了"使得这类主体能够进行职业活动，或防止这类主体在职业中所遭受的不利"，这使得该类主体能够获得机会平等，与其他主体进行平等竞争；而欧盟"积极行动"措施的目的也可以是为了"为这类主体在职业中所遭受的不利进行补偿"，使得该类主体曾遭受的不利得到有效的偿还，这在有限的程度上保障了该类主体能够获得一定程度上的结果平等。而欧盟法院在相关判例中也肯定了

---

① Directive 2006/54/EC, article 3, Directive 2000/43/EC, article 5, Directive 2000/78/EC, article 7.

② Hugh Collins, "Discrimiantion, Equality and Social Inclusion", *The Modern Law Review*, Vol. 66, 2003, p. 17.

这一点，下文将对此进行具体的讨论。

（三）欧盟法院对"积极行动"措施的司法审查

值得特别指出的是，欧盟平等就业权法律保护中"积极行动"措施的相关解释或标准，很大程度上是欧盟法院通过对涉及就业中"积极行动"措施的平等就业权案件的司法审查而建立起来的。相较于欧盟平等就业权相关立法对"积极行动"的简单规定，欧盟法院对就业中"积极行动"措施的司法审查和解释，在经过一个"跌宕起伏的"进程后，极大地推动欧盟平等就业权法律保护中"积极行动"措施的发展和适用。[①]

1. 欧盟法院在 Kalanke 案中的谨慎判决

在欧盟法院对就业中"积极行动"措施的相关裁决之中，除了著名的 1995 年 *Kalanke* 案、1997 年 *Marschall* 案或者 2002 年 *Lommers* 案等案之外，早在 1988 年的 *Commission of the European Communities v. French Republic* 案中，法院就对"积极行动"进行了裁定。法院认为 76/207/EEC 第 2 条第 4 款所规定的这一例外情况是"特别且特定的"。尽管允许通过表面上看起来具有歧视性，但实际上是为了消除或降低社会生活现实中存在的不平等情况的措施，但法院坚持认为，该案在集体合同中为女性普遍保留特定权利，并不符合该条款的规定。[②] 因此在这一裁定中，法院对于"积极行动"采取的是非常狭义的观点，同时也体现了早期欧盟对待就业中"积极行动"措施的谨慎特征。

在 1995 年 *Eckhard Kalanke v. Freie Hansestadt Bremen* 案中，根据了 76/207/EEC 指令第 2 条第 4 款，Bremen 地区当地法律规定："①对于非培训目的的任命而言（包括公务员或法官），在申请同一职位时，若女性与男性具有相同的资格，则女性应当在未被充分代表的部门中获得优先权；②对于更高报酬、工资及薪酬待遇职位的任命而言，在申请同一职位时，若女性与男性具有同样的资格，则女性在未被充分代表的情况下，应当获得

---

① Catherine Barnard, "The Principle of Equaltiy in the Community Context: P, Grant, Kalanke and Marschall: Four Uneasy Bedfellows?", *Canbridge Law Journal*, Vol. 57 (2), 1998, p. 353.

② Commission of the European Communities v. French Republic, Judgment of the Court, 25 October 1988, C-312/86, para. 15.

优先权。本条款也适用于不同公共职位或升职的任命。"而在判定女性是否未被充分代表时，该法律规定，"若女性在部门内的相关人事团体中，没有达到获得个人报酬、工作及薪酬待遇的工作人员的一半时，则未被充分代表。"① 因此根据这一条款，Bremen 地区允许 Glißmann 女士优先于 Kalanke 先生获得部门主管的职位。因此，Kalanke 先生认为其遭受到了基于性别的歧视，这违反了 76/207/EEC 指令第 2 条第 1 款对男女平等待遇原则的规定。

在该案中，法院就 76/207/EEC 指令第 2 条第 1 款的适用范围进行了回答。法院指出，该条款的目标是在成员国内实施男女获得就业和升职方面的平等待遇原则。而正如第 2 条第 1 款所规定的，平等待遇原则指的是"不得有任何基于性别的直接或间接歧视"。因此，国内法规定，当同一职位的女性和男性候选人同样具有资格的情况下，女性在未被充分代表的部门中自动获得优先权，可能构成基于性别的歧视。所以，才应当判定这样的国内法规定是否符合 76/207/EEC 指令第 2 条第 4 款的规定，即"不禁止推动男女之间平等机会的措施，特别是消除影响女性机会的现存不平等"。因此，第 2 条第 4 款确实允许表面看起来具有歧视性，但实际上目的是为了消除或降低社会生活的现实中存在的不平等问题的措施。法院认为这允许采取有关就业或升职的国内措施，给予女性特定优待，来提高她们在劳动力市场中竞争的能力，并在与男性平等的基础上发展事业。与 1988 年 *Commission of the European Communities v. French Republic* 案所采取的谨慎态度相似的是，法院同样指出应当对 76/207/EEC 指令第 2 条第 4 款进行严格的解释。因此，若国内规则赋予女性在就业或升职中"绝对和无条件"的优先权，则超出了第 2 条第 4 款的限度。为了达成某一部门中所有层次上男性和女性的平等代表率，仅能通过提供平等的机会来达成。②

而在法律顾问提交的意见中，Tesauro 先生甚至进一步提出，每个个

---

① Eckhard Kalanke v. Freie Hansestadt Bremen, Judgment of the Court, 17 October 1995, C-450/93, para. 3.

② Eckhard Kalanke v. Freie Hansestadt Bremen, Judgment of the Court, 17 October 1995, C-450/93, para. 21-23.

人的权利都不应当遭受基于性别的歧视，而法院也认定这是一项基本权利并予以保障。但对于弱势群体的权利而言，在本案中体现为女性的权利，是否能够为了补偿这一群体之前所遭受的歧视，而使这样一项基本权利遭到损害？根据 Tesauro 先生的意见来看，答案是否定的：不应当以损害"平等权利及平等待遇"这一市民社会基本价值为代价，来使得女性获得数量上的平等，即形式平等。"将形式上的、数量上的平等作为目标，可能会使得良心得到一定的宽慰，但这始终是虚幻的、缺乏实质性的，除非与真正能够达成平等的措施相结合。"因此，最为必要的是经济、社会和文化模式的实质性改变，这些是造成不平等的根源。[1]

欧盟法院在 1995 年 *Kalanke* 案中作出的判决遭到了严重的批判，认为这过度依赖形式平等模式，并没有对女性在劳动力市场中的不利处境表现出任何敏感性。另外，这一判决还被指责没有尊重成员国自主原则和自主裁量权，并引起了对于就业和升职中"积极行动"政策合法性的怀疑。[2] 因此，1996 年委员会针对 1995 年 *Kalanke* 案发布了《关于解释 C-450/93 Kalanke v. Freie Hansestadt Bremen 案法院判决的通讯》。委员会在通讯中指出，法院认为自动赋予女性绝对的无条件的就业或升职优先权不具有合理性，只有僵硬的、完全没有考虑个人情况的"积极行动"才是违法的。因此，成员国和雇主仍然可以采取其他形式的"积极行动"措施。委员会认为因 *Kalanke* 案所引起的争论应当被终止。委员会提出应当对 76/207/EEC 指令第 2 条第 4 款的措辞进行修改，来保证这一条款的规定，允许一些特定的"积极行动"措施不受 *Kalanke* 案的影响，来使得非僵硬化的"积极行动"措施能够获得共同体法律的允许，进而保证指令的内容能够更加清晰地反映法院判决中的司法态度。因此，委员会提议 76/207/EEC 指令第 2 条第 4 款修改为包含"在未被充分代表的情况下，可以采取对一种性别有利的就业或升职措施，条件是雇主仍然可以对特定

---

① Eckhard Kalanke v. Freie Hansestadt Bremen, Opinion of Advocate General Tesauro, delivered on 6 April 1995, para. 7, 28.

② Gabriel A. Moens, "Equal Opportunities not Euqal Results: 'Equal Opportunity' in European Law After Kalancke", *Journal of Legislation*, Vol. 23, 1997, p. 43.

案件中的特定情况进行考虑"。①

2. 欧盟法院在 Marschall 案中态度的转变

委员会《关于解释 C‒450/93Kalanke v. Freie Hansestadt Bremen 案法院判决的通讯》中关于修正 76/207/EEC 指令第 2 条第 4 款的提议，在 1997 年 *Hellmut Marschall v. Land Nordrhein‒Westfalen* 案中得到了体现。Marschall 先生是一名教师，在申请薪酬更高的另一职位时，被当局告知对于这一职位将任命一名女性候选人。根据 Land Nordrhein‒Westfalen 地区法律，"若在职业框架的特定高级职位中，女性少于男性，则在具有同样资格、能力和职业表现的情况下，女性应当获得优先权"。但与 1995 年 *Kalanke* 案不同的是，这一国内法律规定还包含了一项限制性条款，即"除非（男性）候选人有特定原因，使得天平向其倾斜"。②

法院在判决中承认，尽管在女性和男性同样具有资格的情况下，自动给予女性优先权构成了基于性别的歧视。但该案中的国内法条款不同于 *Kalanke* 案中的国内法条款，该条款所规定的限制性条款，在男性候选人具有特定原因的情况下，可以使得女性并不会被赋予优先权。法院特别注意到，即使女性和男性候选人具有同样的资格，但由于对女性在工作生活中的角色和能力的刻板偏见，以及担心女性会更加频繁的中断事业，或因为家务和家庭责任在工作时间上不够灵活，或由于怀孕、生育及哺乳而更加频繁的缺勤工作，因此相较于女性候选人，男性候选人更容易获得任命。换句话说，"即使男性候选人和女性候选人同样具有资格，也并不意味着他们具有同样的机会。"因此，对于包含保留条款的国内法规则而言，允许与男性候选人同样具有资格的女性候选人在未被充分代表的部门中获得倾向性待遇，应当被认定为符合第 2 条第 4 款，若这一规则可能会抵消社会态度或行为对女性候选人造成的偏见性影响，并进而降低现实世

---

① Commission of the European Communities, Communication from the Commission to the European Parliament and the Council on the Interpretation of the Judgment of the Court of Justice in Case C‒450/93, KaLanke v. Freie Hansestadt Bremen, 17 October 1995, COM（96）88 final, p. 11.

② Hellmut Marschall v. Land Nordrhein‒Westfalen, Judgment of the Court, 11 November 1997, C‒409/95, para. 3.

界中可能实质存在的不平等。因此，法院再次强调该案与 *Kalanke* 案不同，若国内规则包含了一项保留条款，则符合第 2 条第 4 款的要求，这意味着"为与女性候选人同样具有资格的男性候选人提供了保障，能够在选拔过程对候选人进行客观分析，并考虑候选人有关的所有特定标准，并在对男性候选人有利的情况下，保证优先于女性候选人的优先权"。但法院同时还强调，这些标准并不构成针对女性候选人的就业歧视。①

在法律顾问提交的意见中，Jacobs 先生提出，限制性条款可能会使得这"积极行动"措施符合指令的要求。但在该案件中，这并没有改变该成员国国内法律规定的歧视性本质。根据指令第 2 条第 4 款以及法院的解释，这一措施的目的在于推动实现平等的机会而不是强行实现平等的代表率。成员国通过和实施表面具有歧视性的措施，是为了推动男女平等机会，消除女性在劳动力市场中面临的特定障碍或不利，进而实现女性在工作场所中更高的代表率。根据比例原则，这一措施对于达成这一目标而言应当是适当且必要的。因此，Jacobs 先生认为，"若因性别而给予女性优先权的绝对规则是非法的；那么因性别给予女性优先权，或者因可以接受的歧视性标准给予男性优先权的选择性规则同样是非法的。"②

总结来说，欧盟法院在 1997 年 *Marschall* 案中，放宽了在 1995 年 *Kalanke* 案中禁止无条件的"积极行动"措施的限制。欧盟法院承认，附条件的"积极行动"措施，即包含限制性条款的"积极行动"措施应当作为就业中平等待遇原则的例外，在 76/207/EEC 指令第 2 条第 4 款所允许的范围之内。③ 而欧盟法院在对国内法律规则中保留条款进行分析时，在一定程度上限制了对男性候选人可能有利的标准或情况。法院要求，这一保留条款必须是基于男性候选人个人情况，并且不得造成针对女性候选

---

① Hellmut Marschall v. Land Nordrhein-Westfalen, Judgment of the Court, 11 November 1997, C-409/95, para. 29-33.

② Hellmut Marschall v. Land Nordrhein-Westfalen, Opinion of Advocate General Jacobs, delived on 15 May 1997, para. 36, 42.

③ Sean Pager, "Strictness and Subsidiarity: and Institutional Perspective on Affirmative Action at the Euroepan Court of Justice", *Boston College International & Comparative Law Review*, 2003 Vol. 26, p. 53.

人的歧视。因此，这一保留条款不得因为男性候选人的一般特征，例如，男性候选人所具有"养家糊口"或"经济支柱"的责任，而推翻女性候选人在未被充分代表的部门中所应当获得的优先权。至此，欧盟法院对于"积极行动"措施的态度达成了一种平衡，认定"积极行动"措施构成了平等待遇原则的例外，而这一例外允许表面看起来具有歧视性，但实际上是为了消除或降低现实生活中可能存在的实质不平等的措施。因此，在女性没有被充分代表的部门中，自动赋予女性候选人获得就业或升职的优先权并不能证明具有正当性。但若成员国国内法律规定能够保证对男性候选人的个人情况进行客观分析，而不造成针对女性候选人歧视的情况下，这一给予女性候选人的优先性可以被证明具有正当性。

3. 欧盟法院在 Badeck 案和 Abrahamsson 案中的倾向性支持

正如前文所提到的，1997 年《阿姆斯特丹条约》对《欧洲共同体条约》第 119 条的修订中，认可了为促进实践中男女之间在工作中的充分平等，成员国可以保持或采取措施，为未被充分代表的性别提供特别优待，使得这类主体能够进行职业活动，或者为这类主体在职业中所遭受的不利进行防止或补偿。① 这一肯定性的规定，超出了 76/207/EEC 指令第 2 条第 4 款的范围，允许成员国国内法律通过更加广泛和深入的"积极行动"措施，来为劳动力市场中未被充分代表的性别提供倾向性帮助。这一条款在一定意义上取代了 76/207/EEC 指令第 2 条第 4 款，来对欧盟平等就业权框架下"积极行动"措施进行指导和规制。而随后通过的 2006/54/EC 指令第 3 条关于"积极行动"措施的条款也延续了这一规定，"成员国可以根据条约第 141 条第 4 款，保留或通过措施，来保证实践中男女工作生活中的充分平等"。1997 年《阿姆斯特丹条约》并没有明确规定"积极行动"措施是否仍然应当作为就业中平等待遇原则的例外，还是应当认为"积极行动"措施已经成为保障现实社会中就业平等待遇原则的重要路径。因此，这一问题仍然需要结合欧盟法院的判例进行讨论。

在 2000 年的 *Georg Badeck and Others v. Landesanwalt beim Staatsgerichtshof des Landes Hessen* 案中，欧盟法院并没有直接对条约第 141 条的细节进

---

① The Treaty of Amsterdam, para. 22, article 119. 4.

行分析，但是法院引用了这一条款来支持其对该案的判决。在这一案件中，法院对"积极行动"措施给予了更加慷慨的支持。法院再次重申，在女性未被充分代表的部门内，给予女性优先权的措施符合欧盟法律的规定，若这一措施并没有在女性和男性同样具有资格的情况下，自动或无条件地给予女性优先权，且对所有候选人都进行了客观的分析，考虑到了所有候选人特定的个人情况。并且应当由国内法院来决定，这些条件是否得到满足。而根据法院判例法，法院拥有司法管辖权，通过解释共同体法律来对国内法院进行补充，使得国内法院能够判定案件是否符合共同体法律。①

在这一案件中，法院慷慨地裁定，根据 76/207/EEC 指令第 2 条第 1 款和第 4 款，不禁止以下国内规则。第一，在女性未被充分代表的公共服务部门中，在男性和女性候选人同样具有资格的情况下，在证明为保证符合女性进步计划的目标所必要的情况下，给予女性候选人优先权，若没有理由认为违反了其他更重要的法律效力，② 且这一规则保证对候选人进行了客观的分析，并考虑到了所有候选人的个人情况。法院指出，这一国内规则所适用的是"灵活的配额制"，即没有所有部门统一确定配额，也没有要求在候选人同样具有资格的情况下，选拔结果必须对女性候选人有利，即候选人的性别对于选拔结果而言并不是决定性的。在选拔候选人的过程中，应当根据职位或工作的要求，来分析候选人的适合性、能力和职业表现。因而这一标准对于性别而言是具有中立性的，尽管在一般意义上更加倾向于女性，但也会对男性有利。因此，这一规则通过降低社会生活中可能发生的不平等，来保证了实质平等。第二，规定关于学术服务中的

---

① Georg Badeck and Others v. Landesanwalt beim Staatsgerichtshof des Landes Hessen, Judgment of the Court, 28 March 2000, C-158/97, para. 23-25.

② Law of the Land of Hesse on Equal Rights for Women and Men and the Removal of Discrimination against Women in the Public Administration, para. 10. 根据当地法律，对于比女性进步计划更重要的"法律效力"而言，指的是给予以下人员的倾向性待遇：①因家庭原因离开或无法申请加入公共服务部门的前雇员的倾向性待遇；②因家庭原因曾进行兼职工作但希望恢复全职工作的人；③曾自愿延长服役期限的退役志愿军人；④老年残疾人；⑤长期失业者。

临时职位以及学术助手的女性进步计划的强制性目标，必须规定女性的最低比例，即至少等同于在每一学科中女性毕业生、高等学位持有者以及学生的比例。这引起的是"最低配额制"的问题。法院认为，这一体系的结果非常接近实质性平等。因为，这一体系并没有规定绝对的限制，而仅仅是与曾接受适当培训的人员数量相关联。这等同于利用实际事实，作为给予女性倾向性待遇的数量标准。第三，在消除女性未被充分代表现象的这一目标范围之内，在女性未被充分代表的培训职位以及国家未垄断的培训中，为女性安排至少一半的培训名额，除非已经采取了适当措施来引起女性对这一培训名额的注意，而没有足够的女性提交申请。法院认为，这一规则构成了严格意义上的机会平等，即并没有在就业中为女性预留职位，而是在培训中为女性预留名额，目的是使得女性能够获得足够的资格进而获得就业。第四，在女性未被充分代表的部门中，当男性和女性候选人同样具有资格时，保证满足所有条件的具有资格的女性候选人参加面试。与第三条相似，这一规则也不是为了达到最终的就业这一结果，而是为具有资格的女性提供额外的机会，协助她们能够进入工作生活中。因此，即使保证一定数量的女性能够就业，但也保证了对所有候选人进行初步的审查，因此，只有满足所有条件的具有资格的候选人才能够进入面试。第五，对于雇员代表机构以及行政和监督机构的人员构成而言，建议通过法律规定，保证至少一半的成员是女性。①

2000 年的 *Badeck* 案可以与同一年的 *Katarina Abrahamsson and Leif Anderson v. Elisabet Fogelqvist* 案进行比较。该案中瑞典法律规定，对于公共职位而言，若属于未被充分代表性别的候选人具有足够资格，则应当优先于属于另一性别的候选人而获得任命，但这应当为保证未被充分代表性别的候选人获得任命所必要，且候选人之间的资格差异并未巨大到构成对任命要求客观性的违反。在该案中，Göteborg 大学科学院在对教授职位的空缺进行任命时，对包括 Destouni 女士、Abrahamsson 女士、Fogelqvist 女士以及 Anderson 先生在内的候选人进行了投票审查。在第一轮审查候选

---

① Georg Badeck and Others v. Landesanwalt beim Staatsgerichtshof des Landes Hessen, Judgment of the Court, 28 March 2000, C-158/97, pp. 30-32.

人科研资格的投票中，Anderson 先生得票最多。而在第二轮同时审查候选人科研素养，并根据国内"积极行动"措施相关规定的投票中，Destouni 女士得票最多，Anderson 先生排名第二，Fogelqvist 女士排名第三。在 Destouni 女士撤回申请之后，Göteborg 大学决定任命 Fogelqvist 女士获得教授职位。作出这一决定的原因在于，考虑到国内"积极行动"相关规定以及大学内部的男女平等计划，认为 Anderson 先生和 Fogelqvist 女士在资格方面的差别并未巨大到为后者提供"积极歧视"会构成对任命要求中客观性的违反。

但法院认为，与 *Kalanke* 案、*Marschall* 案以及 *Badeck* 案中所审查的有关"积极行动"的国内法律不同，该案中的法律规定使得能够给予未被充分代表性别的候选人倾向性待遇，若该候选人"足够适格"，而非与另一性别候选人"同样适格"。而在选拔候选人的过程中，应当根据职位要求或应当履行的职责，对候选人的资格进行分析。法院认为，本案中瑞典法律根据职位要求对于候选人的分析，并非是基于清晰和明确的标准，来禁止职业中未被充分代表性别的候选人遭受的不利或为此提供补偿。恰恰相反的是，该案中属于未被充分代表性别的公共职位候选人，在具有"充分资格"的情况下，就能够优先于另一性别的候选人来获得任命。因此，瑞典法律所采取的这一"积极行动"措施，自动给予仅仅具有"充分资格"的未被充分代表性别的候选人优先权，条件仅仅是候选人之间差异并未巨大到违反任命要求的客观性即可。法院认为，由于不能准确确定这一条件的范围和效果，因此造成的结果就是：选择具有"充分资格"的候选人的最终理由就是其属于未被充分代表的性别，即使所选择的这一候选人的资格逊于另一性别的候选人。另外，并没有对候选人特定个人情况进行客观分析，因此，违反了 76/207/EEC 指令第 2 条第 4 款。而对于条约第 141 条第 4 款，即使该条款允许成员国保留或通过措施，为实现男女职业生活中的充分平等而提供优待，也不能认为这一条款允许本案中的选拔过程。①

---

① Katarina Abrahamsson and Leif Anderson v. Elisabet Fogelqvist, Judgment of the Court, 6 July 2000, C-407/98, para. 44-56.

4. 欧盟法院在 Lommers 案中的慷慨支持

2002 年的 *H. Lommers v. Minister van Landbouw，Natuurbeheer en Visserij* 案并非直接与平等就业问题相关。但欧盟法院该案中对于"积极行动"措施前所未有的慷慨支持值得进行分析。在该案中，Lommers 先生对受雇的荷兰农业部的一项政策提出异议，该政策拒绝 Lommers 先生的子女获得育婴补贴，因为一般而言，只有该部门中的女性职员才能够获得。该措施在工作场所中安排了育婴场地，因此可以认为是"工作条件"的一种。法院认为，在该案中，荷兰农业部无论是部门工作人员中还是在部门高层中，都体现出了严重的女性未被充分代表这一特征。而委员会曾指出，不充分的育婴服务和设施，会使得女性劳动者放弃工作。[①] 因此，这一措施构成了严格意义上的机会平等，其并非是为女性安排就业，而是保证具有特定工作条件的就业，来协助女性追求并开展事业。因此，这一措施是为了消除女性获得就业机会的障碍，提高女性在劳动力市场中的竞争力，以便在与男性平等的基础上追求事业，因此应当适用属于 76/207/EEC 指令的规定。法院在该案中明确指出，在判定 76/207/EEC 指令所规定的男女平等待遇原则的例外情况时，应当根据比例原则来进行分析，即要求这一例外情况在达成目标的合理且必要的限度之内，并使得这一目标尽可能的符合平等待遇原则。根据比例原则，法院认为，若通过制定有利于工作女性的措施来达成男女机会平等的这一目标，在将范围扩大到包括工作男性时仍然可以达成，则将男性排除在措施范围之外违反了比例原则。但在该案中，法院同样承认，育婴场地的名额是有限的，该部门中有大量的女性工作人员仍未获得这一服务，因此女性本身都不能保证获得这一名额。而这一措施也没有将男性员工排除在外，对于面临紧急情况以及独自抚养子女的男性工作人员而言，也可以获得这一名额。因此，法院认定这一措施是合比例的。[②]

尽管 2002 年 *Lommers* 案并非是与平等就业这一问题直接相关，但欧

---

① Council of the European Communities, Council Recommendation on Child Care, 31 Mach 1992, 92/241/EEC, p. 16.

② H. Lommers v. Minister van Landbouw, Natuurbeheer en Visserij, Judgment of the Court, 19 March 2002, C-476/99, para. 36-48.

盟法院在该案中所形成的判决，其所带来的重要意义在于将"积极行动"措施认定为实施就业中平等待遇原则的重要方式，并对此进行合比例分析。可以期待之后欧盟法院对于就业中"积极行动"措施问题更加支持性的裁定，而这在一定程度上也反映在其后通过的 2006/54/EC 指令第 3 条、2000/43/EC 指令第 5 条以及 2000/78/EC 指令第 7 条中有关就业中的"积极行动"措施的规定当中。

五　本章小结

在通过法律对平等就业权提供保障时，可以对法律保护中的例外情况进行规定，而不构成对平等就业权的侵害。对于平等就业权法律保护的例外情况，最早出现在性别领域之中，76/207/EEC 指令第 2 条对于基于性别的平等原则，明确规定了 3 种例外情况。该指令并不禁止成员国在下列情况下，排除性别平等待遇原则的适用：（1）根据职业活动和相关培训的本质或内容，劳动者性别构成了决定性因素（第 2 条第 2 款）；（2）为了保护女性，特别是在怀孕和生产的情况下（第 2 条第 3 款）；（3）为了推动男女平等机会，特别是为了消除现存的影响女性获得机会的不平等（第 2 条第 4 款）。随后通过 2000/43/EC 指令、2000/78/EC 指令以及 2006/54/EC 指令继承和发展了 76/207/EEC 指令所规定的例外情况，对不同领域中欧盟平等就业权法律保护的例外进行了系统规定，并明确了包括"真正和决定性的"职业要求、保护女性生理或心理状况的需要、维护公共安全的需要在内的欧盟平等就业权法律保护的例外情况以及就业中的"积极行动"措施。

就"真正和决定性的"职业要求而言，特定的职业和职位会对就业主体提出一定的职业要求，而这一职业要求若能够合法证明具有正当性，则应当被认为是平等就业权法律保护的例外情况，而不构成对平等就业权的侵害或违反。继 76/207/EEC 第 2 条第 2 款的规定，随后通过的 2000/43/EC 指令、2000/78/EC 指令以及 2006/54/EC 指令都用单独条款对"真正和决定性的"职业要求进行了规定。通过对"真正和决定性的"职业要求的判定标准进行总结，首先可以明确"真正和决定性的"职业要求应当是基于性别、种族或民族出身、宗教或信仰、残疾、年龄和性倾向特征而产生的，除上述特征之外，则不构成"真正和决定性的"职业要求；其次，"真正和决定性的"职业要求应当是施加了区别待遇，但既可以是对平等就业机会施加的区别待遇，也可以是对平等就业待遇施加的区别待遇；再次，"真正和决定性的"职业要求的目标是合法的，符合相关法律的规定；最后，"真正和决定性的"职业要求应当是合比例的。在实践中来看，可能构成"真正和决定性的"职业要求的就业主体特征主要包括了性别、种族或民族出身、宗教或信仰以及年龄。一般而言，根据职业活动的本质或内容，残疾或性倾向并不会构成职业活动真正或决定性的职业要求。

就保护女性生理或心理状况的需要而言，长期以来，出于对女性生理或心理保护的需要，特别是在怀孕和生产期间的保护女性生理或心理状况的需要，通常允许对就业中性别平等待遇原则进行克减，这构成了平等就业权所要求的平等就业机会和待遇的例外。76/207/EEC 指令第 2 条对于保护女性生理或心理状况的需要明确规定"该指令并不禁止有关女性保护的规定，特别是关于怀孕和生产"。2006/54/EC 指令第 28 条对这一规定进行了继承和扩展。根据欧盟法院的司法实践，在判定就业中保护女性生理或心理状况的需要时，应当明确是否确实出于对女性生理或心理的保护，或者出于女性和子女之间特殊关系的考虑。另外，即使确实出于对女性生理或心理的保护，或者出于女性和子女之间特殊关系的考虑，而对就业中的性别平等待遇原则进行克减，也应当结合具体情况进行严格分析。对于就业中性别平等待遇原则的这一例外情况，可以因为保护女性的生理状况，特别是怀孕和生产期间的特殊需要而具有正当性，继而构成平等法律保护的例外情况。但应当明确的是，这应当遵守一定的界限，即就业中保护女性生理或心理状况需要的这一例外情况，并非基于女性怀孕或生产这一事实，而是基于因这一事实所产生的保护女性的强制要求。若超出了这一界限，仅仅因为女性怀孕或生产而拒绝女性就业，则构成了基于性别的直接歧视。同时，应当注意的是，也不能仅仅因为女性在就业开始时处于怀孕状态，就将女性无期限的完全排除在某一职位之外。

就维护公共安全的需要而言，部分职业或职位对于公共安全或公共利益具有特殊意义，因此，考虑职业和职位本身的要求以及维护公共安全以及公共利益的需要，可以根据法律对平等就业权进行一定的克减，并认定为平等就业权法律保护的例外情况，而不构成对平等就业权的侵害。2000/78/EC 指令第 2 条第 5 款规定，该指令并不禁止国内法通过在民主社会中为公共安全所必要的措施，来维护公共秩序和预防犯罪、保障健康以及保护他人的权利和自由。这一规定适用于指令所保护的包括宗教或信仰、残疾、年龄以及性倾向在内的就业主体特征，其主要目的是为了"禁止邪教团体成员、具有危险生理或心理疾病的人，特别是恋童癖者"获得指令的保护。在欧盟平等就业权法律保护的实践中，对于维护公共安全的需要，就业主体的年龄以及宗教或信仰特征得到了较多的关注。

就"积极行动"措施而言，根据 76/207/EEC 指令的规定，欧盟平等就业权法律保护框架下的"积极行动"措施，其最初的目标是确认导致劳动力市场中性别不平等状况的原因，并为相关劳动者提供救济。1997年《阿姆斯特丹条约》对《欧洲共同体条约》第 119 条的修订中，为"积极行动"措施提供正式依据。在 76/207/EEC 指令规定的基础上，2000/43/EC 指令、2000/78/EC 指令以及 2006/54/EC 指令都继承并发展了 76/207/EEC 指令第 2 条第 4 款的内容，并作出了相似的规定。本书认为"积极行动"措施的目的是"为了保证实践中的充分平等"。这表明为了促进就业平等而采取的"积极行动"措施，作为平等待遇原则的补充和救济，应当认为是实现性别平等待遇的重要方式。值得特别指出的是，作为欧盟平等就业权法律保护中的例外，"积极行动"措施的相关解释或标准，很大程度上是欧盟法院通过对涉及"积极行动"措施的平等就业权案件的司法审查而建立起来的。相较于欧盟平等就业权相关立法对"积极行动"措施的简单规定，欧盟法院对就业中"积极行动"措施的司法审查和解释，在经过一个"跌宕起伏的"进程后，极大地推动了欧盟平等就业权法律保护框架下"积极行动"措施的发展和适用。特别是欧盟法院在 1995 年 *Eckhard Kalanke v. Freie Hansestadt Bremen* 案，1997 年 *Hellmut Marschall v. Land Nordrhein-Westfalen* 案，2000 年的 *Georg Badeck and Others v. Landesanwalt beim Staatsgerichtshof des Landes Hessen* 案和 *Kata-rina Abrahamsson and Leif Anderson v. Elisabet Fogelqvist* 案，2002 年的 *H. Lommers v. Minister van Landbouw，Natuurbeheer en Visserij* 案中所作出的判决，对于全面理解欧盟平等就业权法律保护中的"积极行动"具有重要意义。

第五章　欧盟法院对平等就业权的司法救济

首先应当指出，欧盟平等就业权法律保护的救济涉及多个层面上的多个主体，本书限于篇幅无法对各个层面、各个主体进行全面分析。但本书特别注意到欧盟法院在欧盟平等就业权法律保护的救济方面所发挥的重要作用，因此选取欧盟法院作为本章的核心，对欧盟平等就业权法律保护的救济进行讨论。

在欧盟平等就业权法律保护中，相关法律就救济问题规定了"最低标准"，在成员国国内主要由成员国根据本国社会、经济的状况进行实施。同时成员国根据国内司法体系，通过诉讼、裁定和救济等程序，在实质层面上保证欧盟平等就业权的有效救济。需要注意的是，欧盟曾试图就欧盟法律在成员国内实施情况的管辖、裁定和救济问题，建立一种适用于全欧盟范围内的完全新型的统一救济体系，但这一设想由于在欧盟机构内部以及成员国之间无法达成合意而最终宣告终止。应当承认，欧盟成员国在欧盟法律实施和救济问题上具有相当大的差异，因此会削弱欧盟法律在实践中所能够发挥的作用。在这一问题上，欧盟法院对于保证欧盟机构以及欧盟成员国履行欧盟法律义务，保障欧盟公民的平等就业权能够获得救济起到了不可或缺的作用。

欧盟法院作为欧盟的司法审查机关，有权审查欧盟机构行为的合法性，保证成员国履行条约义务，应国内法院和法庭的要求解释欧盟法律，并为欧盟公民享有基本权利和自由方面提供司法保障。本书提出，欧盟法院的司法实践，对于欧盟平等就业权法律保护中的救济问题发挥着不可替代的作用。因此，本章将对欧盟平等就业权法律保护中的救济规则进行分析，探讨欧盟法院的救济机制和方式，并总结欧盟法院在欧盟平等就业权法律保护中所发挥的作用。

一　欧盟平等就业权的司法救济规则

根据《欧盟条约》第 4 条第 3 款的规定，"……成员国应当采取适当措施，来保证因本条约或联盟机构行为而产生的义务的履行；成员国应当协助联盟任务的达成，不得采取任何可能损害联盟目标达成的措施。"①与上文所讨论的欧盟平等就业权法律保护的内容相似，《欧盟条约》等欧盟基本法律对欧盟平等就业权法律保护的救济规则作出了基础性的规定，而欧盟平等就业权法律保护的救济规则具体规定在了 2000/43/EC 指令、2000/78/EC 指令以及 2006/54/EC 指令等欧盟衍生法律中。除此之外，欧盟法院在司法实践中构建起来的救济规则，对于保障平等就业权能够获得充分、有效的救济也极具价值。

（一）欧盟平等就业权法律中规定的司法救济规则

欧盟平等就业权法律主要通过指令对欧盟成员国内平等就业权的保护进行规范和指导。由于欧盟指令的特殊性，成员国可以根据国内经济、社会发展状况，通过实施成员国自主裁量权来决定实施指令的方式。但相关指令对于成员国如何保障指令的实施和救济，仍作出了相应的规定。

2000/43/EC 指令、2000/78/EC 指令以及 2006/54/EC 指令在实施和救济部分，通过数个条款，强调司法和行政救济在欧盟平等就业权法律框架实施和救济中的重要作用。特别值得关注的是 2000/43/EC 指令第 7条、2000/78/EC 指令第 9 条以及 2006/54/EC 指令第 17 条。② 上述条款明确规定："成员国应当保证，在向其他适格机构求助之后，包括适当的调解程序，认为自己因没有享受平等待遇原则的适用而遭到损害的所有

---

① Treaty on European Union, article 4.3.

② Directive 2000/43/EC, article 7; Directive 2000/78/EC, article 9; Directive 2006/54/EC, article 17.

人，都能够通过司法程序来保证该指令义务的实现，即使出现歧视的相关关系已经结束"。另外，上述条款还提出："成员国应当保证根据国内法规定的标准，对于保证指令条款得到遵守具有法定利益的组织、机构或其他法律实体，能够参与实施本指令义务的司法程序，代表或为申诉人提供支持。"而上述规定"应当遵守国内法有关平等待遇原则诉讼时效的规则"。对于平等就业权的其他救济途径而言，2000/43/EC 指令第 7 条和2000/78/EC 指令第 9 条特别提出，也可以通过"行政程序来保证指令义务的实现"。

就司法诉讼中的举证责任规则而言，2000/43/EC 指令第 8 条、2000/78/EC 指令第 10 条以及 2006/54/EC 指令第 19 条都规定了在有关平等就业权的案件中应当适用"举证责任倒置"规则。[①]"成员国应当根据国内司法体系采取必要措施，来保证认为自己因平等待遇原则没有适用而遭受损害的人，在法院或适格机构中，能够提出可能包含直接或间接歧视的事实，被告人应当证明不存在对平等待遇原则的违反。"这一条款"并不禁止成员国规定更加有利于被告人的证据规则"，但这一条款"并不适用于刑事诉讼"。同时，2006/54/EC 指令第 19 条还规定，这一条款"并不适用于法院或适格机构调查案件事实的程序"。2006/54/EC 指令第 19 条特别规定，这一条款也应当适用于"①条约第 141 条（即男女平等待遇原则）以及 96/34/EC 指令（《关于 UNICE、CEEP 和 ETUC 达成的产假框架协议的指令》）和 92/85/EEC 指令（《关于制定措施鼓励改善工作中怀孕劳动者和产后或哺乳期劳动者安全和健康的指令》）中关于性别歧视的问题；②除自愿进行或国内法规定的庭外程序外，根据国内法规定，提供补偿措施的有关公共或私人部门的民事或行政程序。"

2006/54/EC 指令第 18 条规定了为受害者所提供的补偿或赔偿。[②]"成员国应当在国内法律体系中规定必要措施，来保证个人因性别歧视而遭受的损失和损害能够获得真实和有效的赔偿或补偿，而采取的方式对于

---

① Directive 2000/43/EC, article 8, Directive 2000/78/EC, article 10; Directive 2006/54/EC, article 19.

② Directive 2006/54/EC, article 18.

所遭受的损害而言应当是具有劝诫性且合比例的。这一补偿或赔偿可以不受指定上限的限制，除非案件中雇主能够证明，申诉人因歧视而遭受的唯一损害是不考虑其职位的申请。"2000/43/EC 指令第 15 条、2000/78/EC 指令第 17 条并没有对补偿或赔偿问题进行规定，而是规定了"制裁"。根据这两个条款，"对于违反根据本指令而通过的国内规则，成员国应当施加制裁，来保证国内规则的实施。这一制裁可以包括对受害者的赔偿，必须有效、合比例和具有劝诫性"。①

另外，2000/43/EC 指令第 9 条、2000/78/EC 指令第 11 条以及 2006/54/EC 指令第 24 条还对受害者的保护问题进行了特别规定。② 根据上述条款，"成员国在国内法律体系中应当规定必要措施，来保护劳动者不因企业内部诉讼或任何其他为了实施平等待遇原则要求的法律诉讼，而遭受解雇或来自雇主的其他不利待遇。"这为遭受就业歧视的受害者不会因提起诉讼而受到报复提供了保障。

（二）欧盟法院在司法实践中构建的司法救济规则

除《欧盟条约》及相关指令对欧盟平等就业权法律保护的实施和救济所进行的规定之外，在实践中，欧盟法院通过其司法判例构建了欧盟法律的救济规则。其中包括了优先效力规则、直接效力规则、间接效力规则和国家责任规则。而这些规则同样应当适应于欧盟平等就业权相关法律的救济。

1. 优先效力规则

欧盟法律在救济中的优先效力规则，来源于欧盟法律的"超国家性"的特质。在 1964 年 *Flaminio Costa v. ENEL* 案中，欧盟法院通过判例的方式明确确认了欧盟法律相对于成员国国内法律的优先效力规则，"不同于一般性的国际条约，该（经济共同体）条约创建了独立的法律体系。在（经济共同体）条约生效之后，应当作为成员国法律体系的一部分。因此，成员国法院有义务对此进行适用。"③ 更重要的是，欧盟法院在这里

---

① Directive 2000/43/EC, article 15; Directive 2000/78/EC, article 17.

② Directive 2000/43/EC, article 9; Directive 2000/78/EC, article 11; Directive 2006/54/EC, article 24.

③ Flaminio Costa v. ENEL, Judgment of the Court, 15 July 1964, C-6/64, p. 563.

强调，作为通过成员国转移部分主权而建立的特定机构和法律人格的共同体，欧盟通过的法律在其适用中应优先于国内法，而不仅仅是作为国内法律的平行法律或次级法律而存在。"条约肯定了共同体法律的优先性，其应当是'具有约束性'并'直接适用于所有成员国'。而这一条款不接受任何的保留，因此若一个国家通过国内立法的方式单方面确定国内法优先于共同体法律，则是毫无意义的。"①

在其他案件的裁决中，欧盟法院也曾多次提出并确认了欧盟法律的优先效力规则。1970 年 *Internationale Handelsgesellschaft mbH v. Einfuhr - und Vorratsstelle für Getreide und Futtermittel* 案中，欧盟法院指出，"成员国法院不能以欧盟法律与国内宪法体系或者宪法结构相冲突为理由拒绝实施欧盟法律"。② 1979 年 *Amministrazione delle Finanze dello Stato v. Simmenthal SpA* 案中，欧盟法院指出，"在发现国内法律违反欧盟法律的情况下，成员国的法院应该优先适用欧盟法律"。③ 其所确立的欧盟法律的优先效力规则，意义远远超出了将欧盟法律相关规则融入国内法律规则之中。这意味着，在欧盟法律的实施和运行过程中，相关规则必须得到国内法院的实施，并优先于成员国国内立法机构所制定的规则。

这项规则的目的是确保国内法院对欧盟条约和欧盟法律作出统一的解释，以便欧盟成员国能够明确，在欧盟法律规定的救济程序中，欧盟法律规则可以优先于国内法律规则而进行适用。根据这一规则，欧盟已经建立了一种新型的国际法法律秩序，它通过限制成员国的国家主权来保障成员国的国家利益和成员国公民的个人利益，并确保欧盟法律优先于成员国国内法的适用。但应当指出的是，作为"超国家"性质的法律，欧盟平等就业权法律保护的效力应当在所有成员国国内相关法律的效力之上。虽然欧盟法律实施中的优先效力原则要求成员国国内法律不得与欧盟法律发生

---

① Flaminio Costa v. ENEL, Judgment of the Court, 15 July 1964, C-6/64, p. 563.

② Internationale Handelsgesellschaft mbH v. Einfuhr - und Vorratsstelle für Getreide und Futtermittel, Judgment of the Court, 17 December 1970, C-11/70.

③ Amministrazione delle Finanze dello Stato v. Simmenthal SpA, Judgment of the Court, 9 March 1978, C-106/77.

冲突，但成员国可以在实施方式上享有相当程度的自主裁量权。①

就欧盟平等就业权法律保护的实施和救济而言，也应当适用欧盟法律的优先效力规则。而在欧盟平等就业权法律保护的特定领域中，则突出体现出了这一规则的适用。例如在基于性别的就业歧视案件中，欧盟法院多次确认应当优先适用欧盟平等就业权法律保护中的相关规定和规则，并对成员国国内法进行了推翻和重塑。最为著名的案件就是 1976 年的 *Gabriellc Defrenne v. Société Anonyme Belge de Navigation Aérienne Sabena* 案。法院在该案中裁定，"男女平等待遇原则应当得到国内法院的适用。国内法院有义务保证条约赋予公民的权利得到保护，尤其是在国内法律的规定构成歧视的情况下"。②

在欧盟平等就业权法律保护中，优先效力规则除适用于实体法规定之外，还适用于程序法规定。根据优先效力规则，在欧盟平等就业权法律保护的实施和救济过程中，虽然成员国国内法律规则仍然起着主要作用，但成员国国内法律规则应该服从于欧盟法律规则。若在欧盟平等就业权法律保护的实施和救济过程中，欧盟法律中的实施和救济规则，与成员国国内的实施和救济规则产生冲突，欧盟法律中的实施和救济规则应当优先于国内实施和救济规则进行适用。例如，在 1990 年 *The Queen v. Secretary of State for Transport* 案，法院允许实施针对王室的临时救济，尽管这一救济并不符合国内法规则。③ 1993 年 *M. H. Marshall v. Southampton and South West Area Health Authority* 案，废除了英国法律中限制性别歧视赔偿的条款。④ 2001 年 *The Queen v. Secretary of State for Trade and Industry*，*ex parte Broadcasting*，*Entertainment*，*Cinematographic and Theatre Union*（*BECTU*）

---

① 韦经建：《论欧洲联盟法的效力及其对于国家主权理论的影响》，《法治与社会发展》1999 年第 6 期。

② Gabriellc Defrenne v. Société Anonyme Belge de Navigation Aérienne Sabena, Judgment of the Court, 8 April 1976, C-43/75, p. 481.

③ The Queen v. Secretary of State for Transport, ex parte: Factortame Ltd and others, Judgment of the Court, 19 June 1990, C-213/89.

④ M. H. Marshall v. Southampton and South West Area Health Authority, Judgment of the Court, 2 August 1993, C-271/91.

案，推翻了限制《欧洲共同体工作时间指令》条款适用的国内法律。①

2. 直接效力规则

与优先效力规则相似，欧盟法院在司法实践中也推动了欧盟法律在救济中的直接效力规则。简单说来，根据直接效力规则，欧盟法律可以在欧盟成员国中进行直接的适用。② 法院第一次明确建立直接效力原则，是在1963 年的 *N. V. Algemene Transport-en Expeditie Onderneming van Gend & Loos v. Netherlands Inland Revenue Administration* 案中。法院提出，"（欧洲经济共同体）条约的目标是建立统一市场，其运作与共同体中每一利益相关主体都具有直接关系。因此，该条约不仅仅是在缔约国之间创建多边义务的合约。欧共体建构了一个全新的国际法秩序。在共同体的秩序中，成员国的国民都是共同体法律关系的主体，共同体法律为个人设置义务的同时，也给予了他们权利。"③ 这使得欧盟居民在国内法院寻求救济时，可以直接援引欧盟法律条款和规定。

另外，在 1979 年的 *Pubblico Ministero v. Tullio Ratti* 案中，法院进一步提出了直接效力规则对于权利获得救济也具有意义。法院再次强调指令作为欧盟法律的一部分，"若个人不能在司法诉讼中以此为依据，而国内法院也不能将其作为共同体法律进行考虑，则会影响这一法律文件的有效性。因此，若成员国没有采取该指令所要求的措施，可能会借此逃避指令所规定的义务。对于成员国没有将相关指令融入国内法律秩序的情况，个人援引指令条款规则，法院不得适用不符合指令的国内法规定，法院必须支持这一规则。"④ 如果成员国未能履行义务，这对于确保欧盟法律对成员国的有效纠正具有重要意义。

---

① The Queen v Secretary of State for Trade and Industry, ex parte Broadcasting, Entertainment, Cinematographic and Theatre Union (BECTU), Judgment of the Court, 25 June 2001, C-173/99.

② 王玉玮：《论欧盟法的直接效力原则和优先效力原则》，《安徽大学法律评论》，2007 年第 2 辑，第 103 页。

③ NV Algemene Transport - en Expeditie Onderneming van Gend & Loos v. Netherlands Inland Revenue Administration, Judgment of the court, 5 February 1963, C-26/62, p. 12.

④ Pubblico Ministero v. Tullio Ratti, Judgment of the Court, 5 Aril 1979, C - 148/78, para. 21-23.

应当注意到的是，对于欧盟平等就业权法律保护而言，条约所包含的相关条款较少，而欧盟在这一问题上的相关规定多采用指令的形式。因此，欧盟法院将直接效力规则扩展适用于指令具有至关重要的意义。在直接效力规则是否应当适用于指令这一问题上，欧盟法院为了保证指令这一欧盟法律中的重要形式，能够获得有效的实施和救济，因此对此作出了肯定的回答。1974 年 *Yvonne van Duyn v. Home Office* 案中，法院指出，"根据条约第 189 条的规定，规章可以获得直接适用，并进而根据这一特征获得直接效力，但不能据此推断该条款所规定的其他法令类型就不具有相似的效力。这不符合第 189 条赋予指令的约束力，来防止相关主体违反对其施加的义务。特别地，当共同体机构通过指令向成员国施加义务来采取特定行为，若个人不能在国内法院引用这一指令，或者成员国法院不将这一指令作为共同体法律予以考虑，则会减弱其效力……因此，本案中的指令条款所赋予个人的权利，在成员国国内法院中应当得到实施，国内法院必须予以保护。"在此，法院将直接效力的规则适用于指令，是为了保证欧盟法律的有效性。正如之前所提到的，欧盟法律创造了新型的"超国家"法律秩序，并赋予了个人权利。因此，尽管指令的实施可以"由成员国政府选择实施形式和方式"，在解释条约规定时，法院仍然强调指令应具有的约束力，以确保欧盟法律能够有效实施。但由于指令这一形式所强调的是达成的结果，并尽量尊重成员国在实施过程中的自主裁量权，法院也非常谨慎地避免将指令认定为在成员国国内必然具有直接适用效力的法律形式。法院提出，"对于是否能在成员国和个人之间产生直接效力，应当根据每一案件，来分析相关条款的本质、一般性体系和措辞。"①

在欧盟成员国中，对于根据欧盟平等就业权法律保护的直接效力规则所提起的国内诉讼，欧盟法院似乎也施加了一定的要求。首先，诉讼的被告方应当是国家，被告方对于实施指令负有国家责任，且被告方没有采取适当措施来履行这一责任。欧盟法院在 1986 年的 *M. H. Marshall v. Southampton and. South - West Hampshire Area Health Authority* 案中指出，

---

① Yvonne van Duyn v. Home Office, Judgment of the Court, 4 December 1974, C-41/74, p. 13-48.

"对于不能根据指令针对私人主体提起诉讼这一论断，应当强调的是根据《欧洲经济共同体条约》第 189 条，指令的约束力本质上构成了在国内法院得到援引的基础，但这仅限于针对成员国。指令本身并未对私人主体施加义务，因此指令的条款也不能援引来针对私人主体"。基于直接效力规则提起的诉讼，应当仅限于公民提起的针对成员国的法律诉讼，即所谓的"垂直"直接效力，而相对的公民所提起的针对私人主体的法律诉讼（即"平行"直接效力）并不适用。①

其次，成员国作为被告可以体现为多种形式，"应当指出的是，在法律诉讼中，当个人能够援引指令来对国家提起诉讼时，与国家所扮演的角色是雇主还是公共当局无关。无论是哪一种情况，都应当禁止成员国利用没有履行共同体法律而获利"。② 因此，在国家作为雇主的情况下，其雇员在援引欧盟指令条款以及国内法律对国家提起诉讼时，具有极大的便利。而欧盟法院对于国家的定义，也使得国家公共部门中相当大一部分的劳动者可以利用这一便利。而成员国的不同表现形式取决于法院定义国家所采取的标准。在 1990 年的 *A. Foster，G. A. H. M. Fulford - Brown，J. Morgan，M. Roby，E. M. Salloway and P. Sullivan v. British Gas Plc* 案中，法院提出，"对于一个机构而言，无论其法律形式是什么，在实施国家通过的措施时，在国家的控制下有责任提供公共服务，并为此具有超出个人间一般规则所赋予的特别权力，则可以依据直接效力规则，援引指令条款对其提起诉讼。"③ 而应当指出的是，根据这一定义，是否能够成为这一法律诉讼中的被告方，与该机构是公共部门还是私人部门无关，需要判定的仅是其是否在国家的控制下提供公共服务，并为此具有特殊权力。

而在司法实践中，直接效力规则在欧盟平等就业权法律保护的救济中最早体现在著名的 1976 年 *Gabriellc Defrenne v. Société Anonyme Belge de Nav-*

---

① Roger Blanpain, *European Labour Law*, 14th edition, Amsterdam: Kluwer Law International BV, 2009, p. 474.

② M. H. Marshall v. Southampton and. South - West Hampshire Area Health Authority, Judgement of the Court, 26 Febuary 1986, C-152/84, para. 48-49.

③ A. Foster, G. A. H. M. Fulford - Brown, J. Morgan, M. Roby, E. M. Salloway and P. Sullivan v. British Gas Plc, Judgment of the Court, 12 July 1990, C-188/98, para. 20.

igation Aérienne Sabena 案中。在该案中，一名女性空乘人员 Gabriellc De-frenne 女士便根据这一条款，将 Sabena 航空公司作为被告方提起诉讼，认为其遭受到了基于性别的歧视。法院在该案件的裁决中明确提出："案件所涉及的 75/117/EEC 指令应当适用条约第 119 条所规定的直接效力规则。即使是在第 119 条所规定的范围之外，这一条款也不能解释为赋予国内法律排他权力，来对男女平等待遇原则进行解释，而是应当结合共同体和国内规则共同达成这一目标。"①

3. 间接效力规则

《欧盟条约》第 4 条第 2 款规定，"欧盟应当尊重成员国在公约面前的平等地位，以及政治和宪法基本框架内在的国家认同，包括地区和当地自治。应当尊重必要的国家职能，保证国家的领土完整，保持法律和秩序，并捍卫国家安全。"② 而欧盟法律在实施和救济过程中的间接效力规则，也是尊重成员国国家主权以及自主裁量权的体现。另外，根据上文的讨论，直接效力规则中的"垂直"直接效力使得国家雇佣的劳动者和私人雇主雇佣的劳动者在根据指令提起诉讼的能力上存在着矛盾。而间接效力规则在一定程度上有助于抵消这一矛盾。间接效力规则，在欧盟平等就业权法律保护的救济中，通过国内法院对国内法进行符合欧盟法律的解释，来间接达成直接效力规则所能够达成的结果。

在 1984 年 *Von Colson and Kamann v. Land Nordhein-Westfalen* 案中，欧盟法院指出，"成员国依据指令来达成指令设想结果的义务，以及根据条约第 5 条采取一切适当的一般性或特定措施来保证履行义务的责任，就其管辖权范围内的问题而言，对成员国所有机构都有约束力，这也包括法院。因此，在实施国内法，特别是为了实施第 76/207/EEC 指令而通过的国内法条款时，国内法院应当根据指令中所采用的相关措辞，以及指令所期望达成的目标来对国内法进行解释，进而达成第 189 条第 3 款提出的结

---

① Gabriellc Defrenne v. Société Anonyme Belge de Navigation Aérienne Sabena，Judgment of the Court，8 April 1976，C-43/75，p. 482.

② Treaty on European Union，article 4. 2.

果。"① 在 1990 年的 *Marleasing SA v. La Comercial Internacional de Alimentación SA* 案中，欧盟法院进一步扩展了间接效力规则，"无论相关国内法律条款是在指令之前或之后通过的，在实施国内法律时，国内法院都应当尽可能地根据指令中所采用的相关措辞，以及指令所期望达成的目标来进行解释，进而达成指令所追求的结果，并依此履行条约第 189 条第 3 款的规定。"② 而在 2000 年的 *Coloroll Pension Trustees Limited v. James Richard Russell, Daniel Mangham, Gerald Robert Parker, Robert Sharp, Joan Fuller, Judith Ann Broughton, Coloroll Group Plc* 案中，欧盟法院进一步提出，欧盟法律实施和救济中的间接效力规则不应当仅限于对国内法律进行解释。"成员国法院应当为个人提供法律保护……因此，应当根据国内法律充分行使其自由裁量权，依据共同体法律要求来解释和适用国内法律条款，否则应拒绝适用不符合共同体法律的国内法条款。"③

需要指出的是，在欧盟法律实施和救济过程中，国内法院依据间接效力规则对法律进行解释和适用，这对欧盟法律的实施和救济至关重要。特别是在针对私人主体的平等就业权诉讼之中，直接效力规则不允许针对国家之外的其他私人被告方援引欧盟法律。因此，成员国中现行的国内法律，是国内诉讼的唯一的法律依据。因而，间接效力规则在这一问题上所具有的重要价值，就在于允许成员国的国内法院依照欧盟法律来解释国内法，间接实现直接效力规则的结果。如果解释法律的方法未能解决欧盟法律与国内法之间的冲突，成员国法院可拒绝适用国内法。就此看来，间接效力规则在一定程度可以看作是对直接效力规则的补充。在 2004 年的 *Bernhard Pfeiffer v. Deutsches Rotes Kreuz, Kreisverband Waldshut eV* 案中，法院对此进行了强调。法院指出，"指令本身并未对个人施加义务，因此不

① Von Colson and Kamann v. Land Nordhein-Westfalen, Judgment of the Court, 10 April 1984, C-14/83, p. 18.

② Marleasing SA v. La Comercial Internacional de Alimentación SA, Judgment of the Court, 13 November 1990, C-106/89, para. 8.

③ Coloroll Pension Trustees Limited v. James Richard Russell, Daniel Mangham, Gerald Robert Parker, Robert Sharp, Joan Fuller, Judith Ann Broughton, Coloroll Group Plc, Judgment of the Court, 28 September 1994, C-200/91, para. 29.

能依据相关条款来对个人提起诉讼。即使是有明确、准确和无条件的指令条款来赋予个人权利或对个人施加义务，本身也不能在私人主体之间的诉讼中进行完全适用。因此，国内法院应当有义务来为共同体法律赋予个人的权利提供法律保护，并保证共同体法律得到充分、有效的实施。在审理个人之间的案件时，法院在适用转换共同体义务的国内法条款时，应当全面审查国内法规则，并尽可能根据指令的措辞和目的，来达成与该指令所追求目标相符的结果。"①

4. 成员国责任规则

自从《罗马条约》开始，就欧盟法律文件的本质而言，其应当被认为是成员国通过合意而制定的国际法律文件，而这必然会伴随着对成员国施加的义务。要求成员国履行欧盟法律规定的权利保障责任，也正是基于相关法律文件对成员国产生的义务。而欧盟法院在欧盟法律的实施和救济过程，对成员国责任这一规则进行了一定程度的重塑。需要指出的是，国家作为国际法中的传统主体不再被认为是一个单一整体，而是被划分成了不同的部分，并在欧盟法律的实施和救济过程中负有不同的责任。其中国内法院作为成员国国内的独立司法机构，根据优先效力规则、直接效力规则和间接效力规则，负责对欧盟法律在成员国国内的履行情况进行审查，即审查成员国其他机构，特别是立法和行政机构所作出的行为，是否切实履行或执行了欧盟法律所施加的义务。在这一过程中，欧盟成员国国内法院与欧盟法院共同构成了欧盟司法体系。

欧盟法院通过对相关案件作出的司法判决，进一步构建了成员国责任规则。在1991年 *Andrea Francovich and Danila Bonifaci and others v. Italian Republic* 案中，欧盟法院确立了成员国的责任规则。在该案中，欧盟指令要求成员国在企业破产时，为劳动者提供保护，而意大利政府并未履行指令相关义务，因此使得案中相关劳动者遭受了损失。法院认为成员国在没有履行或违反欧盟法律义务的情况下，个人应当具有要求赔偿的权利，而成员国须为此负责。法院明确提出，"在成员国违反共同体法律而使得个

---

① Bernhard Pfeiffer v. Deutsches Rotes Kreuz, Kreisverband Waldshut eV, Judgment for the Court, 5 October 2004, in jointed cases C-397/01 to C-403/01, para. 108-113.

人权利遭受损害时，若个人无法获得赔偿，则会损害欧盟法律的充分有效性，并进而削弱个人权利所应当得到的保护。"①由于欧盟法律的充分有效性依赖于国家所采取的措施，因此当国家没有采取措施时，个人无法在国内法院要求获得欧盟法律所赋予的权利。但欧盟法律赋予个人的权利，不能由于国家没有实施该指令进而否认该权利的存在。因此，在这一情况下，成员国对于因违反欧盟法律而对个人造成的损失提供赔偿，是绝对必要的。换言之，国家有义务在违反欧盟法律的情况下，为个人所遭受的损失提供赔偿。因此，法院开辟了直接针对国家本身提起损害赔偿诉讼的可能性。

但法院同时还指出，在这一情况下，国家责任并非是无条件的。"尽管共同体法律要求国家承担责任，但国家责任的条件应当取决于所违反的共同体法律的本质。若成员国没有根据条约第 189 条第 3 款，采取所有必要措施来达成指令所设计的结果，则欧盟法律规则的充分有效性要求在满足以下 3 个条件的情况下，保障获得赔偿的权利。首先，指令所设计的结果应当赋予了个人权利。其次，可以根据指令的条款，明确权利的内容。最后，违反成员国义务以及受害方所遭受的损失之间具有联系。根据这些条件，则足以使得个人根据共同体法律而获得赔偿。"②

总结而言，欧盟法律的实施和救济过程中，成员国国家责任规则的实现要求满足以下条件，①明确赋予了个人权利；②存在对欧盟法律的违反；③可以归咎于成员国；④给个人造成了损失；⑤存在联系。但就成员国违反欧盟法律而言，如 1991 年 *Francovich* 案中完全没有实施欧盟法律只是其中的一种情况。而成员国对欧盟法律的片面、不正确或不充分实施，也可能会构成对欧盟法律的违反。另外，成员国违反欧盟法律的形式或行为，也不仅限于 1991 年 *Francovich* 案所涉及的成员国国内法律这一立法行为。成员国的其他机构可能会构成对欧盟法律的违反。例如在 *Firma Brasserie du Pecheur SA v. Federal Republic of Germany and The Queen*

---

① Andrea Francovich and Danila Bonifaci and others v. Italian Republic, Judgment of the Court, 19 November 1991, C-6/90 and C-9/90, para. 33-37.

② Andrea Francovich and Danila Bonifaci and others v. Italian Republic, Judgment of the Court, 19 November 1991, C-6/90 and C-9/90, para. 38-41.

v. Secretary of State for Transport，*ex parte Factortame Ltd and others* 联合案件
中，Tesauro 先生在法律意见中指出："国家作为一个整体，都对违反共同
体法律负有责任，无论造成损害的是立法或行政行为，甚至是法院的
判决。"①

　　欧盟法院所确立的欧盟法律实施和救济过程中的成员国责任规则，对
于欧盟平等就业权法律保护的救济同样具有重大的意义。若个人受指令保
护的确定利益，因成员国未能履行指令而遭到损害，则可能会产生国家责
任。因而个人可以就所遭受的损失获得国家赔偿，这有助于巩固欧盟法律
对赋予个人的权利的保护。另外，由于成员国作出的违反行为可能会引起
国家赔偿责任，这会对他们的公共资金产生严重影响，因此还能够推动成
员国更加谨慎地适用欧盟法律规定。

　　就程序而言，根据《欧盟运行条约》第 260 条规定，"若欧盟法院判
定成员国没有履行条约义务，则成员国须采取必要措施来执行法院判
决……对此，若委员会认为相关成员国没有采取必要措施来执行法院判
决，委员会可以在给予成员国提交意见的机会后，向法院提起诉讼。委员
会应当根据情况明确提出成员国应当支付的其认为适当的罚款总额……若
法院认为成员国没有执行判决，则可以据此对成员国施加罚款。"②因此，
欧盟成员国任何违反欧盟法律的行为都可能会被提交给欧盟法院，法院认
定这一行为不符合欧盟法律时，可以命令成员国采取措施来执行法院判
决。另外，若成员国未能通知欧盟委员会为履行指令义务所制定或更改的
措施，一旦法院裁定成员国没有履行义务的初审判决被送达后，欧盟委员
会可以申请欧盟法院对有关成员国判处罚金。

二　欧盟法院的司法救济机制

　　《欧盟条约》第 19 条对欧盟法院的救济机制进行了规定。第 19 条第

---

①　Firma Brasserie du Pecheur SA v. Federal Republic of Germany and The Queen
v. Secretary of State for Transport，ex parte Factortame Ltd and others，Opinion of Advocate
General Tesauro，delivered on 28 November 1995，joined case C-46/93 and C-48/93，para. 114.

②　Treaty on the Functioning of the European Union，article 260.

1 款规定："欧盟法院……应当保证在解释和适用条约过程中，法律得到遵守。成员国应当在欧盟法涵盖领域内提供充分救济，来保证有效的法律保护。"① 第 19 条第 3 款规定："欧盟法院应当根据条约：（a）就成员国、组织、法人或自然人提起的诉讼进行裁决；（b）根据成员国法院或法庭的要求，就欧盟法律的解释或就采取的行为的合法性作出预先裁决；（c）就条约规定的其他案件作出裁决。"② 结合司法实践来看，欧盟法院对欧盟平等就业权法律保护进行救济的方式和机制主要包括直接诉讼程序和预先裁决机制。通过直接诉讼程序，欧盟法院审查欧盟机构所采取的平等就业权相关行为，保证成员国履行平等就业权保护义务，为平等就业权提供司法救济。通过预先裁决机制，欧盟法院对欧盟平等就业权相关法律进行解释，保证欧盟平等就业权法律在成员国内能够得到有效、统一的实施和救济。③

（一）通过直接诉讼程序审查欧盟机构以及成员国相关行为

1. 审查欧盟机构采取的平等就业权相关措施和行为

正如前文所分析的，为了推动平等就业权在欧盟范围内的尊重、保护和促进，《欧盟运行条约》赋予了欧盟理事会、委员会以及其他欧盟组织相对广泛的职权。《欧盟运行条约》第 10 条规定："在制定和实施政策和活动时，联盟应当以打击基于性别、种族或民族出身、宗教或信仰、残疾、年龄或性取向的歧视为目标。"④ 而《欧盟运行条约》第 157 条进一步规定："欧盟议会和理事会，根据一般性立法程序，在咨询经济与社会委员会后，应当采取措施来保证就业和职业中男女平等机会和平等待遇原则的适用，包括同工同酬原则。"⑤《欧盟运行条约》第 288 条规定，为了

---

① Treaty on European Union, Article 19. 1.

② Treaty on European Union, Article 19. 3.

③ 欧盟法院由初审法院与欧盟法院构成，欧盟法院在创始之初管辖所有诉讼，初审法院建立之后，大部分诉讼管辖权都被转移到了初审法院，欧盟法院主要负责处理成员国国内法院根据预先裁决机制提交的问题以及处理针对初审法院判决和命令的上诉。本书若不作特别说明，则并不对欧盟法院和初审法院做严格区分。

④ Treaty on the Functioning of the European Union, article 10.

⑤ Treaty on the Functioning of the European Union, article 157.

履行欧盟的职能，欧盟机构可以通过规章、指令、决定、建议和意见。①依此，欧盟建立了欧盟平等就业权法律保护的基本框架，以保障劳动者在劳动力市场中应当享有的平等就业机会和待遇，并打击就业歧视。

但应当注意的是，欧盟机构所具有的广泛的权力并非是不受任何约束的。欧盟机构根据条约规定所通过和采取的有关平等就业权的措施或行动，直接关系到平等就业权在欧盟范围内是否能够得到有效的实施和保护，欧盟范围内劳动者是否能够在劳动力市场中，真正的享有平等就业权所要求的平等就业机会和待遇。考虑到欧盟平等就业权法律保护在欧盟统一市场中的重要性，这一问题甚至关系到欧洲统一市场的健康运作与发展。欧盟法院在 1986 年的 *Parti écologiste "Les Verts" v. European Parliament* 案中指出："必须强调的是，欧洲经济共同体是建立在法治基础上的共同体，其成员国和机构所采取的措施，都不能逃避审查，来判断是否符合基本章程，即条约。……条约建立了完整的法律救济和程序体系，使得（欧盟）法院能够审查上述机构所采取措施的合法性。"②

因此，为监督欧盟议会、理事会、委员会以及其他机构所采取的平等就业权相关行为，《欧盟运行条约》第 263 条赋予了欧盟法院管辖权，审查上述欧盟机构的行为。根据《欧盟运行条约》第 263 条第 1 款规定："欧盟法院应当审查理事会立法行为的合法性，除建议和意见外，理事会、委员会和欧洲中央银行行为的合法性，欧洲议会行为的合法性，欧洲理事会对第三方产生法律效力的行为的合法性。欧盟法院应当审查欧盟组织、办公室或办事处对第三方产生法律效力的行为的合法性。"③

就能够针对欧盟机构提起诉讼的主体而言，第 263 条第 2 款规定："为此，（欧盟法院）对于成员国、欧洲议会、理事会或委员会提起的基于越权、违反必要程序要求、违反条约或相关法律规则、滥用权力的诉讼具有管辖权。"④ 因此，欧盟成员国、欧洲议会、理事会或委员会可以向

---

① Treaty on the Functioning of the European Union, article 288.

② Parti écologiste "Les Verts" v. European Parliament, Judgment of the Court, 23 April 1986, C- 294/83, para. 23.

③ Treaty on the Functioning of the European Union, article 263. 1.

④ Treaty on the Functioning of the European Union, article 263. 2.

欧盟法院提起诉讼，要求法院对上述机构所采取的行为进行审查，来确定上述机构所采取的行为是否构成越权、违反必要程序要求、违反条约或相关法律规则、滥用权力。另外，第 263 条第 3 款的规定："任何自然人和法人都可以根据第 1 款、第 2 款所规定的条件，就对其采取的行为或者与其有直接和个人关系的行为、对其产生直接影响的管理行为以及不作为提起诉讼。"① 因此，自然人和法人向欧盟法院提起诉讼所针对的行为，条件是应当与其具有"直接和个人"的关系，或者对其产生了直接影响，且该条款并不要求个人在提起诉讼之前，穷尽国内救济。尽管根据这一条款本身，自然人和法人仅能对具体行为提出诉讼，而无法就欧盟一般性措施提起诉讼。但欧盟法院审查欧盟机构行为合法性的司法管辖权，可以间接使得自然人和法人能够就对其适用的一般性措施获得保护。"在共同体对一般性措施的行政实施负有责任时，自然人和法人可以就对其实施或产生直接和个人关系的措施向法院提起直接诉讼，为支持其诉讼，可以请求认定一般性措施不合法；而若负责实施的是国内机构，该人还可以向国内法院请求认定一般性措施不合法，使得国内法院可以向欧盟法院要求预先裁决，进而（间接）获得保障。"②

就欧盟机构未能履行义务的法律责任而言，《欧盟运行条约》第 264 条的规定："若诉讼成立，欧盟法院应当宣布欧盟机构相关行为无效；在法院认为必要的情况下，法院可以宣布对于该行为无效的裁决是终局性的。"第 265 条规定："若欧洲议会、欧洲理事会、欧盟理事会、欧盟委员会以及欧洲中央银行因不作为而违反了条约，成员国以及欧盟其他机构，可以向欧盟法院提起诉讼，要求认定上述机构违法。"同时第 266 条要求："行为被宣布无效或被认定违反条约的机构，应当采取必要措施来执行欧盟法院的判决。"③

另外值得注意的是，在特定案件中，个人也可以成为以欧盟机构为被告的诉讼原告方。2004 年所建立的负责管辖欧盟机构与其雇佣的公务人

① Treaty on the Functioning of the European Union, article 263.3.
② Parti écologiste "Les Verts" v. European Parliament, Judgment of the Court, 23 April 1986, C- 294/83, para. 23.
③ Treaty on the Functioning of the European Union, article 264-266.

员之间纠纷的欧洲公务员法庭，于 2016 年 9 月 1 日停止运行，并将其管辖权转交给了初审法院。① 根据《欧盟运行条约》第 270 条的规定，欧盟公务人员作为特定的劳动者，可以向初审提起诉讼，其中也包括了平等就业权相关的诉讼。②

2. 审查欧盟成员国履行平等就业权相关义务的行为

欧盟法院可以通过直接的法律程序，审查欧盟成员国是否履行欧盟平等就业权相关法律所规定的义务，如果欧盟成员国违反欧盟法律或未能履行义务，继而可以向受害方提供救济。这也就是一般意义上被称为针对欧盟成员国的直接诉讼程序。由于欧盟成员国国内行为对于欧盟平等就业权法律保护的实施和救济具有重要的意义，因此欧盟法院通过直接诉讼程序，对欧盟成员国的相关行为进行审查，能够对欧盟成员国进行有效的监督，并在欧盟平等就业权法律遭到违反的情况下提供救济，对于保障欧盟整体、成员国以及成员国公民个人的合法利益都具有意义。

就能够针对欧盟成员国提起诉讼的主体而言，欧盟委员会和欧盟成员国可以提起诉讼，来要求欧盟法院审查欧盟成员国是否履行了相关义务。首先，《欧盟运行条约》第 258 条规定："若委员会认为成员国未履行条约义务，应当在给予相关国家提交意见的机会后，递交合理意见；若相关国家没有在委员会指定期间内遵守意见，委员会可以向欧盟法院提起诉讼。"③ 由欧盟委员会提起的诉讼可被看作是附有条件的诉讼，委员会在认为相关成员国未履行条约规定的义务时，应当向成员国提出意见并通知该成员国作出陈述，只有在规定时间内，成员国拒绝接受委员会意见时，委员会才可向欧盟法院提起诉讼。因此，委员会针对成员国所提起的诉讼分为了两个阶段，即委员会调查阶段和委员会诉讼阶段，而前者作为后者的先决条件而存在。

其次，第 259 条规定："若成员国认为另一成员国未履行条约义务，

---

① Euroepean Parliament and Council of the European Union, Regulation of the Euroepean Parliament and of the Council on the Transfer to the General Court of Jurisdiction at First Instance in Disputes Between the European Union and Its Servants, 6 July 2016, 2016/1192.

② Treaty on the Functioning of the European Union, article 270.

③ Treaty on the Functioning of the European Union, article 258.

可以向欧盟法院提起诉讼；在成员国提起针对另一个成员国违反条约的诉讼之前，应当将该问题提交委员会；委员会应当在给予相关国家就对方情况口头和书面提交意见和观点的机会后，递交合理意见；若该问题提交委员会3个月后，委员会没有递交意见，则可以向法院提起诉讼。"[1] 因此，欧盟成员国针对另一成员国所提起的诉讼也可以被看作是附有条件的诉讼，向委员会提交该问题成为提起诉讼程序的先决条件。而这一条件应当被认为是程序性条件，无论委员会是否支持成员国提出的问题，或者成员国是否同意委员会的意见，在委员会意见递交后或者3个月内未递交意见，成员国都可以提起诉讼。但实践中，成员国针对另一成员国所提起的诉讼十分罕见。

就成员国未能履行义务的法律责任而言，《欧盟运行条约》同样进行了规定。《欧盟运行条约》第260条规定："若欧盟法院判定成员国没有履行条约义务，则成员国须采取必要措施来执行法院判决……若委员会认为相关成员国没有采取必要措施来执行法院判决，委员会可以在给予成员国提交意见的机会后，向法院提起诉讼；委员会应当明确提出其成员国应当支付的根据情况适当的罚款总额……若法院认为成员国没有执行判决，则可以据此对成员国施加罚款。"[2]

（二）通过预先裁决机制解释欧盟平等就业权相关法律

欧盟成员国国内法院作为欧盟成员国落实欧盟法律的重要机构，在司法实践中，欧盟成员国国内法院为平等就业权在本国的尊重、保护和促进提供了保障，并通过适当的诉讼、裁定和救济程序，最大限度保证欧盟平等就业权法律在国内的实施和救济。为保证欧盟法律有效的统一适用，并防止不同的解释，成员国国内法院可以依据预先裁决机制，要求欧盟法院对欧盟法律进行解释，但对案件的最终裁决还是由成员国国内法院进行。[3] 因此，欧盟成员国国内法院通过预先裁决机制，与欧盟法院建立起了联系，并成为欧盟"超国家"司法机制的一部分。[4]

---

① Treaty on the Functioning of the European Union, article 259.

② Treaty on the Functioning of the European Union, article 260.

③ 韩燕煦：《欧洲联盟先于裁决制度初探》，《法学家》2000年第5期。

④ 范明志：《论欧盟法院的先行裁决》，《法学评论》2002年第6期。

《欧盟运行条约》第267条规定："欧盟法院应当对以下事项作出预先裁决：（a）解释条约；（b）欧盟组织、机构、办公室或办事处行为的合法性并进行解释。成员国法院或法庭在审理案件遇到问题时，若该法院或法庭在认为对此事项的裁决为作出案件判决所必要的情况下，可以要求法院作出预先裁决；若成员国法院或法庭审理案件遇到问题，根据国内法缺乏司法救济时，该法院和法庭应当将这一事项提交法院。"①这一条款所规定的预先裁决机制，为欧盟法院就平等就业权实施救济措施提供了基本法上的基础。特别是对于欧盟平等就业权法律保护中的救济而言，欧盟法院中大量的案件判决，都是通过预先裁决机制作出的。根据预先裁决机制的要求，欧盟法院的回应不仅仅是一个意见，而是采取判决或合理命令的形式。相关国内法院在受理纠纷时，受到欧盟法院预先裁决的约束，而欧盟法院的预先裁决也适用于处理同一类型案件的其他成员国的国内法院。值得强调的是，尽管只有成员国的国内法院可以提出预先裁决请求，但所有诉讼当事人、成员国和欧盟机构都可以参与到欧盟法院的诉讼过程中，并通过参考欧盟法院所作出的预先裁决判决，对欧盟规则形成清晰认识和理解。另外，虽然成员国国内的自然人和法人不能向欧盟法院提起直接诉讼，但通过向国内法院请求认定成员国国内措施不合法，国内法院可以向欧盟法院提出申请要求进行预先裁决，进而向成员国国内的自然人和法人提供保护和救济。同时，这一条款在欧盟成员国没有为公民个人提供国内救济的情况下，使得欧盟法院能够审查欧盟成员国是否履行相应义务，进而为个人权利的充分有效享有提供保障，以及在个人权利遭受侵害时提供相应的救济。

由于欧盟法律的"超国家"性质，欧盟法院根据预先裁决机制制定的规则优先于成员国的国内法律规则，并补充或制定了新的执行和救济规则。一方面，欧盟法院通过执行预先裁决机制，可以最大限度地确保欧盟法律在成员国内得到适当的实施和救济，并实现欧盟立法过程中所设定的预期成果。通过对成员国国内法院的疑问作出预判，不仅能够保证欧盟法律在成员国统一实施，而且欧盟法院在长期通过预先裁决机制回应成员国

---

① Treaty on the Functioning of the European Union, article 267.

问题的过程中，也积累了大量的有关欧盟法律的解释，并为欧盟法律提供有益补充。在欧盟法律的实施和救济过程中，这种预先裁决机制还确保了欧盟法院能够与欧盟成员国国内法院建立起双方之间的合作关系。但是另一方面，欧盟范围内对于这一机制也并非是没有争议的。即使是在成员国国内法明确规定限制性条款的情况下，预先裁决机制仍然使得欧盟法院有权认定成员国是否违反了欧盟法律。因而，这一机制直接对成员国产生了影响，在一定程度上引起了成员国对预先裁决机制的担忧。同时，欧盟法院的预先裁决机制也占用了大量的司法资源，使得欧盟法院长期受理案件数量超载的情况更加恶化。①

三　欧盟法院在平等就业权法律保护中所发挥的作用

欧盟法院自成立以来，在欧盟法律建设与发展以及欧洲一体化的整个进程中发挥了巨大的作用，而这一作用同样体现在了欧盟平等就业权法律保护的救济问题上。② 在司法实践中，欧盟法院对欧盟机构和欧盟成员国关于平等就业权的行为进行监督和审查，而在这个过程中欧盟法院对相关法律和相关原则的解释，反过来又推动欧盟平等就业权法律保护的完善和发展。对欧盟成员国而言，欧盟法院通过直接诉讼程序以及预先裁决机制，对欧盟成员国国内法律和政策进行监督和审查，来判定是否符合欧盟平等就业权法律保护的要求并对其作出裁决。对个人而言，欧盟法院对于公民个人是否需要穷尽国内救济才能向欧盟法院提起直接诉讼问题上所采取的宽容态度，对于保障公民个人合法权利不受欧盟相关机构侵犯具有重要意义。另外，虽然个人无法针对成员国直接向欧盟法院提起诉讼，但是欧盟法院可以通过国内法院启动的预先裁决机制，在个人权利遭受侵害时为个人提供救济。

---

① Philip Allott, "Priliminary Rulings - Another Infant Disease", *European Law Review*, Vol. 5, 2000, p. 541.

② Clifford J. Carruba & Matthew Gabel & Charles Hankla, "Understanding the Role of the European Court of Justice in European Integration", *American Political Science Review*, Vol. 106 (1), 2012, p. 214.

（一）推动欧盟平等就业权法律的完善和发展

在司法实践中，欧盟法院保障在欧盟范围内，平等就业权能够获得有效的实施和救济。同时，考虑到欧盟法院在欧盟"超国家"法律体系中的特殊地位，欧盟法院的司法实践对于推动欧盟平等就业权法律保护的发展和完善也具有重要意义。

作为欧盟立法和决策机构的欧盟理事会，通过实施立法权，制定相关法律文件，构建了欧盟平等就业权法律保护的基本框架。而为了保证欧盟机构所制定的平等就业权相关法律和文件符合欧盟基本法律的要求，欧盟法院的司法实践也具有不可替代的作用。如上文所讨论的，《欧盟条约》以及《欧盟运行条约》通过欧盟基本法律的形式，赋予了欧盟法院广泛的司法管辖权，来处理实践中欧盟法律的实施和救济问题。根据《欧盟运行条约》第 263 条第 1 款规定，欧盟理事会立法行为的合法性也属于欧盟法院行使司法管辖权过程中的审查对象之一，欧盟法院有权审查理事会立法行为的合法性并提出意见。[1]

对于欧盟平等就业权法律保护而言，平等原则作为其核心和基石明确规定在欧盟基本法律之中，并成为欧盟建立和发展的支柱之一。因此，欧盟理事会在平等就业权领域的立法行为合法性问题，直接关系到欧盟平等就业权法律保护能否真正体现欧盟基本法律中平等原则的要求，这不仅直接影响到平等就业权在欧盟范围内是否能够得到有效的实施和保护，而且对于欧盟基本权利能否得到尊重和促进也具有重要意义。[2] 同时，欧盟理事会的立法行为合法性直接关系到欧盟范围内劳动者是否能够在欧洲劳动力市场中，真正享有平等就业权所要求的平等就业机会和待遇。考虑到欧盟平等就业权法律保护在欧盟统一市场中的重要性，欧盟法院对欧盟理事会的立法行为的审查至关重要，甚至关系到欧洲统一市场的健康运作与发展。通过对欧盟理事会立法行为的合法性提出意见，欧盟法院能够有效地监督欧盟理事会的立法行为是否符合欧盟基本法律的要求，并促使欧盟理

---

① Treaty on the Functioning of the European Union, article 263. 1.

② Mark Bell, "Sickness Absence and the Court of Justice: Examining the Role of Fundamental Rights in EU Employment Law", *European Law Journal*, Vol. 21, 2015, p. 643.

事会不断完善相关立法。

同时,欧盟法院在长期的司法实践之中,对欧盟平等就业权法律保护中的相关原则和内容进行解释,明确了欧盟平等就业权法律保护中相关法律规定的含义和适用标准。而欧盟法院在司法判决中对于在欧盟范围内如何尊重、保护和促进平等就业权的讨论,反过来也体现在欧盟及欧盟成员国对平等就业权的立法和实施之中,并极大地推动了欧盟平等就业权法律保护的完善和发展。①

(二) 监督和审查欧盟成员国的行为

欧盟法院在欧盟平等就业权法律保护的实施和救济过程中,通过直接诉讼程序和预先裁决机制,对欧盟成员国是否有效、充分履行相关义务进行监督和审查,保障平等就业权在国内劳动力市场的充分实现。

欧盟平等就业权法律保护所追求的目标是在欧盟范围内尊重、保障和促进平等就业权的充分实施。而平等就业权作为一项人权,从分类上讲应当属于经济、社会和文化权利的一种,因此从根本上来讲,平等就业权的实现程度与各国的经济、社会发展水平密切相关。② 因此,各国在欧盟平等就业权法律保护的实施和救济上享有较大的自由裁量权。但这并不是一项不受监督的权力,也并不意味着欧盟成员国可以拖延或消极履行相关义务。欧盟成员国作为欧盟平等就业权法律保护实施和救济过程中的主要责任者,对于在其主权管辖范围之内保证相关法律的实施负有义务,保障本国国内劳动力市场中的所有劳动者都能够充分享有平等就业权所要求的平等就业机会和待遇。欧盟法院在欧盟平等就业权法律保护的实施和救济过程中,通过直接诉讼程序和预先裁决机制对欧盟成员国进行审查,监督成员国履行相关义务,确保欧盟平等就业权法律保护在成员国国内能够获得充分、有效的实施和救济。

严格意义上说,欧盟法院是由欧盟成员国通过《欧盟条约》以及《欧盟运行条约》所建立的一个条约机构,而不是欧盟成员国国内法院的

---

① Fabio Wasserfallen, "The Judiciary as Legislator? How the European Court of Justice Shapes Policy-Making in the European Union" *Journal of European Public Policy*, Vol. 17 (8), 2010, p. 1131.

② 梁晓春:《反就业歧视的法律思考》,《政法学刊》2006 年第 5 期。

上诉法院。欧盟成员国的国内法院依然是负责欧盟法律救济的主要司法机构，欧盟法院和欧盟成员国的国内法院共同构成了欧盟的"超国家"司法体系。欧盟法院与欧盟成员国国内法院既是一种横向的平行关系，二者在各自的司法管辖权范围内运行；但同时也构成了一种纵向的指导关系，欧盟法院通过预先裁决机制所作出的解释，成员国国内法院应当予以服从。① 在欧盟平等就业权法律保护的救济过程中，欧盟法院通过预先裁决机制对欧盟成员国国内法院提出的有关欧盟法律解释的疑问作出了回应，并作出了许多具有重大影响的法律解释。预先裁决机制所体现出的这种纵向的指导关系，不仅有利于对欧盟成员国是否履行欧盟平等就业权法律保护的义务进行审查和监督，还有助于欧盟法院与欧盟成员国国内法院之间关系的协调，促进欧盟平等就业权法律保护在欧盟范围内的统一适用。

（三）为欧盟公民提供保障和救济

正如上文所讨论的，欧盟法院通过直接诉讼程序和预先裁决机制，保障欧盟公民个人权利充分、有效的行使，并在欧盟公民个人权利遭受侵害的情况下，为其提供相应的救济。

《欧盟运行条约》第 263 条第 3 款规定，"任何自然人和法人可以根据第 1 款、第 2 款的所规定条件，就对其采取的行为或者与其有直接和私人关系的行为、对其产生直接影响的管理行为以及不作为提起诉讼。"② 正如前文所分析，此条款成为欧盟成员国公民个人向欧盟法院提起直接诉讼的基础。若欧盟理事会的立法行为以及欧盟相关机构行为是针对个人或与个人有"直接和私人关系"，并对其产生了直接影响，相关人可以要求法院审查该行为的合法性。与欧洲人权法院不同，该条款并不要求个人在提起诉讼之前，穷尽国内救济。③ 因此，与《欧洲人权公约》相比较，《欧盟运行条约》所赋予的欧盟法院对于欧盟公民个人诉讼的管辖权，能够保障在公民个人权利遭到欧盟立法行为或欧盟其他机构行为的"直接

---

① Michael Blauberger, "National Responses to European Court Jurisprudence", *West European Politics*, Vol. 37 (3), 2014, p. 458.

② Treaty on the Functioning of the European Union, article 263.

③ Council of Europe, European Convention for the Protection of Human Rights and Fundamental Freedoms, article 35.

和私人"的影响时，对该行为进行有效审查，并为公民个人提供救济。

出于尊重欧盟成员国司法独立以及减轻欧盟法院受案压力的考虑，欧盟境内的公民个人无法向欧盟法院提起针对成员国的直接诉讼。但是根据《欧盟运行条约》第267条的规定，欧盟法院有权就条约解释以及欧盟相关机构行为的合法性及解释问题作出预先裁决。① 预先裁决机制对于保障欧盟公民个人权利，并在公民个人权利遭受侵害的情况下提供救济，具有重要意义。特别是对于欧盟平等就业权法律保护中的实施和救济而言，欧盟法院通过预先裁决机制对大量的案件作出了判决。若成员国法院或法庭在审理案件时遇到问题，可以将该问题提交欧盟法院，请求欧盟法院就该问题所涉及的欧盟法律的解释进行预先裁决。尽管只有欧盟成员国的国内法院可以启动预先裁决机制，但国内诉讼人可以请求国内法院认定成员国的国内措施是违反欧盟法律的，以使国内法院能够要求欧盟法院提前做出预先裁决，国内诉讼当事人、成员国和欧盟机构可以参加欧盟法院的预先裁决程序。通过预先裁决机制，欧盟法院对成员国国内法院提出的问题进行回应和裁决，使得欧盟成员国公民个人的权利能够间接地得到保护和救济。

另外，值得强调的是，根据《欧盟运行条约》第267条，欧盟法院通过预先裁决机制对欧盟公民个人权利救济的意义还体现在，若成员国国内法缺乏相应的司法救济时，成员国国内法院应当将这一问题提交法院，要求法院进行预先裁决。而这一条款在欧盟成员国回避欧盟法律的适用，拒绝向公民个人提供救济的情况下，使得欧盟法院能够对因成员国拒绝履行义务而对个人权利造成的侵害提供相应的救济，进而保障个人权利的充分、有效的享有。

四 本章小结

作为欧盟的司法审查机关，欧盟法院有权审查欧盟机构行为的合法性，保证成员国履行条约义务，应国内法院和法庭的要求解释欧盟法律，

---

① Treaty on the Functioning of the European Union, article 267.

并为欧盟公民享有基本权利和自由方面提供司法保障。欧盟法院的司法实践，对于欧盟平等就业权法律保护的实施具有核心作用。欧盟法院在欧盟平等就业权法律保护的救济过程中，审查欧盟相关平等就业权法律在成员国中的落实情况，并在实践中进一步构建了优先效力规则、直接效力规则、间接效力规则以及成员国责任规则。就欧盟法院救济的方式及机制而言，欧盟法院有权审查欧盟机构所采取的有关平等就业权的行为，通过预先裁决机制对欧盟平等就业权法律进行解释，审理平等就业权相关诉讼，并针对欧盟平等就业权法律保护中出现的新问题和新挑战表明观点和态度。在救济过程中，欧盟法院极大地促进了欧盟及其成员国范围内相关法律的实施和平等就业权的发展，为欧盟公民能够切实享有平等就业权提供了保障。

就欧盟平等就业权法律保护中的救济要求而言，与上文所讨论的欧盟平等就业权法律保护的内容相似，《欧盟条约》以及《欧盟运行条约》等欧盟基本法律对欧盟平等就业权法律保护的救济要求作出了基础性的规定，而欧盟平等就业权法律保护的救济规则具体规定在 2000/43/EC 指令、2000/78/EC 指令以及 2006/54/EC 指令中。除此之外，欧盟法院在司法实践中构建起来的欧盟平等就业权法律保护中的救济规则，对于保障平等就业权能够获得充分、有效的救济也具有重要意义。欧盟衍生法律具体规定了欧盟平等就业权法律保护中的救济规则，包括强调司法和行政救济在欧盟平等就业权法律保护中的重要作用，平等就业权的案件中应当适用的"举证责任倒置"规则，为受害者所提供的补偿或赔偿，以及保证遭受歧视的受害者不因提起诉讼而受到报复等。除此之外，欧盟法院在司法实践中还通过对案件作出的判决，补充和完善了欧盟平等就业权法律保护的救济规则。首先，优先效力规则来源于欧盟法律的"超国家性"的特质。根据优先效力规则，在欧盟平等就业权法律保护的救济中，成员国国内法律关于救济的规则仍然发挥着主要作用，但是国内法律规则应当服从于欧盟平等就业权法律保护的救济规则。其次，直接效力规则要求欧盟法律直接适用于成员国，并优先于国内法律。然而，为了尊重成员国在实施过程中的自由裁量权，法院也非常谨慎地避免将该指令认定为必须在成员国内具有直接适用效力的法律，并对直接效力规则施加了某些限制性要求。再次，间接效力规则是尊重成员国国家主权以及自主裁量权的体现。根据间接效力规则的要求，在欧盟平等就业权保护的救济过程中，国内法院根据欧盟法律解释国内法，间接达到了直接效力规则所要求的结果，这对于实施欧盟法律具有至关重要的作用。最后，成员国责任规则要求个人在因成员国未能履行指令而遭到损害时，可以就所遭受的损失获得国家赔偿，这有助于巩固欧盟法律赋予个人的权利保护，并激励成员国更加谨慎地适用欧盟法律。

就欧盟法院的救济机制和方式而言，结合司法实践来看，欧盟法院对欧盟平等就业权法律保护采取的救济方式和机制主要包括直接诉讼程序和预先裁决机制。首先，欧盟法院通过直接诉讼程序，审查欧盟机构所采取的平等就业权相关行为，保证成员国履行平等就业权保护义务，为平等就业权提供司法救济。为了推动平等就业权在欧盟范围内得到尊重、保护和促进，欧盟理事会、委员会以及其他欧盟组织具有相对广泛的职权。为对上述机构所采取的平等就业权相关行为进行监督，《欧盟运行条约》赋予了欧盟法院管辖权，来对上述欧盟机构的行为进行审查。与此同时，欧盟法院可以通过直接诉讼程序来检查欧盟成员国是否履行欧盟关于保护平等就业权的法律义务，如果欧盟成员国违反欧盟法律或者未能履行其义务，可以向受害方提供救济。这对于维护欧盟整体利益以及成员国和成员国公民的合法权益具有重要意义。其次，欧盟法院通过预先裁决机制，解释欧盟平等就业权相关法律，并确保欧盟关于平等就业权保护的法律能够在成员国得到有效、一致的实施和救济。欧盟成员国的国内法院可以通过预先裁决机制要求欧盟法院解释欧盟法律，并通过预先裁决机制与欧盟法院建立联系，成为欧盟"超国家"司法体系的一部分。特别是对于欧盟平等就业权法律保护的救济而言，欧盟法院中大量的案件判决，都是通过预先裁决机制作出的。接受初步裁决的国内法院在审理诉讼纠纷时受到欧盟法院解释的约束，欧盟法院的解释也适用于处理同一类型案件的其他成员国的国内法院，这对于推动欧盟平等就业权法律保护的统一适用、防止不同的解释具有重要意义。

自欧盟法院成立以来，欧盟法院在欧盟法律体系的建设和发展以及欧洲一体化方面发挥了不可替代的作用，这一作用也反映在欧盟平等就业权法律保护中的实施和救济方面。欧盟法院在司法实践中保证欧盟平等就业权法律的正确实施并提供救济。在这个过程中，欧盟法院对相关法律和原则的解释反过来又对欧盟平等就业权法律保护的发展和进步产生了影响。同时，欧盟法院通过直接诉讼程序以及预先裁决机制对欧盟成员国国内法律和政策进行监督和审查，判定是否符合欧盟平等就业权法律保护的要求并对其作出裁决。而对个人而言，欧盟法院对于公民个人是否需要穷尽国内救济才能向欧盟法院提起直接诉讼问题上所采取的宽容态度，对于保障公民个人合法权利不受欧盟相关机构侵犯具有重要意义。此外，尽管个人不能直接向欧盟法院提起针对成员国的诉讼，但欧盟法院可以通过国内法院发起的预先裁决机制，在一定程度上为个人权利遭受的侵害提供救济。

第六章　欧盟平等就业权法律保护
对我国的启示

  在现今社会中，随着我国经济的进一步发展，社会分工的进一步细化，雇佣劳动成为劳动者参与社会生产并获得报酬的主要方式。平等就业权已经成为我国劳动者应当享有的基本劳动权利的重要组成部分，平等就业权问题在我国得到了越来越多的关注。无论是对于立法条款的审视，还是对于司法救济和行政实施的反思，都反映了我国学界对于推动平等就业权法律保护进步与完善的期待。

  欧盟从欧洲经济共同体和欧洲共同体时期起，便开始对平等就业权提供保护，并在平等就业权法律保护中构建起了相对成熟和完整的体系。尽管由于欧盟独特的组织结构和立法程序以及其独特的历史传统、文化、宗教、价值观念、资源或经济因素对平等就业权法律保护的影响，使得欧盟与我国在平等就业权的具体保护方式和措施上具有一定的差异性，但对于在平等就业权法律保护中所应当遵循的原则、标准和价值等方面是具有共同性的。因而，为了完善我国平等就业权法律保护，我国可以对欧盟平等就业权法律保护中的相关经验进行借鉴。我国借鉴欧盟在平等就业权法律保护方面的先进经验，有利于认清我国平等就业权法律保护的现状和不足之处，推动我国平等就业权法律保护的完善和发展。

  因此，本章就欧盟平等就业权法律保护对我国的启示进行了讨论。具体分析了我国平等就业权法律保护的现状，讨论了我国平等就业权法律保护中存在的不足和缺陷，进而参考欧盟平等就业权法律保护中的相关经验，为完善我国平等就业权法律保护，促进和推动平等就业权在我国的充分实施提供思考。

一　我国平等就业权法律保护的现状

我国一直重视劳动者权利的保障和促进问题，就我国平等就业权法律保护的现状而言，目前我国主要通过《宪法》《劳动法》《劳动合同法》《就业促进法》以及《妇女权益保障法》《残疾人保障法》等法律为平等就业权提供保护。以下将从实体法和程序法两方面对我国平等就业权法律保护的现状进行分析。

（一）我国实体法对平等就业权的保护

首先，我国《宪法》以根本大法的形式，从法律基本原则和公民基本权利出发，为我国劳动者的平等就业权法律保护提供了牢固基石。同时，我国《宪法》对于指导相关立法具有权威作用，从根本上为劳动者的平等就业权供了基础及保障。[1]《宪法》第33条第2款规定了我国公民"在法律面前一律平等"，该条款肯定了平等原则在我国的总体适用。[2]《宪法》第42条第1款规定了我国劳动者"……有劳动的权利及义务"。[3] 综合这两项条款分析，我国《宪法》所确立的平等原则，应当适用于《宪法》中有关劳动权的规定。而平等就业权作为劳动权的重要组成部分，应当被视为平等原则在劳动及就业领域的延伸和具体化，并作为我国公民的基本权利之一而受到保护。

其次，在我国《宪法》相关规定的基础上，我国《劳动法》《劳动合同法》以及《就业促进法》对平等就业权的尊重、保护和促进作出了具体规定。我国《劳动法》第3条规定了我国劳动者应当享有"平等就业和选择职业的权利"；[4] 第12条规定我国劳动者在就业过程中，"不因民

---

① 梁成义、周佳：《论平等原则对人的尊严的整全保护》，《齐齐哈尔大学学报》（哲学社会科学版）2015年第8期。
② 《中华人民共和国宪法》第33条第2款。
③ 《中华人民共和国宪法》第42条第1款。
④ 《中华人民共和国劳动法》第3条。

族、种族、性别、宗教信仰不同而受歧视"。① 上述法律明确规定了我国劳动者应当享有平等就业权，并特别禁止基于民族、种族、性别和宗教信仰的就业歧视，为具有上述特征的劳动者提供了基本的法律保护。

2008 年生效的《就业促进法》，对我国经济和社会发展过程中出现的平等就业权相关的新情况进行了分析，并结合上述法律所取得的成果，进一步完善了我国平等就业权的法律保护。《就业促进法》第 3 条规定，我国劳动者应当"享有平等就业和自主择业的权利……不因民族、种族、性别、宗教信仰等不同而受歧视"。② 该条款与《劳动法》第 3 条的规定保持了一致。除再次重申了《劳动法》中平等就业权相关规定外，《就业促进法》第三章"公平就业"对平等就业权相关问题进行了进一步详细规制。值得强调的是，除该法第 3 条所禁止的就业歧视原因外，《就业促进法》第 27 条至 31 条还进一步规定了应当保障妇女、少数民族、残疾人、传染病人及农村劳动者的平等就业权，并应当在适当的情况下为其提供适当的照顾，即特殊保护。③ 上述条款极大地扩展了《劳动法》所确认的受平等就业权保护的就业主体特征，对于在实践中保障劳动力市场中的弱势群体具有极其重要的积极意义。值得注意的是，相较于其他相关立法仅笼统的规定劳动者应当享有平等的就业机会，《就业促进法》第四章"就业服务和管理"、第五章"职业教育和培训"以及第六章"就业援助"对就业服务和就业待遇相关问题进行了规定，明确了就业服务和就业待遇对于保障平等就业权所具有的必要意义，为平等就业权充分实施提供了立法保障，体现了我国平等就业权立法保护的不断完善。

再次，根据我国上述法律的规定，我国为妇女、少数民族、残疾人、传染病人及农村劳动者的就业问题提供了优惠待遇和扶持。另外，我国还通过了专门法律，对上述劳动力市场中的部分特定群体所应当享有的平等就业权提供立法上的保护，主要包括《妇女权益保障法》以及《残疾人保障法》。

---

① 《中华人民共和国劳动法》第 12 条。
② 《中华人民共和国就业促进法》第 3 条。
③ 《中华人民共和国就业促进法》第 27 条—第 31 条。

《妇女权益保障法》在保障女性劳动者的平等就业权方面作出了许多重要的规定。该法第 1 条就明确指出，这一法律的目的是为了"保障妇女的合法权益，促进男女平等"。① 第 2 条进一步规定，"……消除对妇女一切形式的歧视……保护妇女依法享有的特殊权益。"② 该法第四章"劳动和社会保障权益"部分，对于如何保障女性的平等就业权这一问题，搭建起了基本的框架和体系。在这一法律中，第 22 条规定，"……妇女享有与男子平等的劳动权利……"；第 23 条规定，在女性劳动者就业过程中，"除不适合妇女的工种或岗位外，不得以性别为由拒绝录用妇女或提高对妇女的录用标准……不得规定限制女职工结婚、生育的内容"。③ 另外，第 24 条至 26 条就女性劳动者应当享有与男性平等的福利待遇、升职待遇以及"妇女在工作和劳动时的健康和安全"进行了规定。④ 值得注意的是，新修订后的《妇女权益保障法》第 40 条还新增了"禁止对妇女实施性骚扰"的规定。⑤ 虽然该条款并未明确强调适用于劳动力市场和工作场所，但是在实践中确保女性劳动者不受性骚扰的侵害具有积极的意义。

《残疾人保障法》对于保障残疾人合法权益，禁止基于残疾的歧视具有重要的意义。该法第 1 条提出，这一法律的目的就是"……保障残疾人平等地充分参与社会生活，共享社会物质文化成果"。⑥ 第 3 条规定，残疾人"……享有同其他公民平等的权利……禁止基于残疾的歧视"。⑦ 对于平等就业权这一权利而言，该法第四章"劳动就业"进行了详细的规定。该法第 30 条强调"国家保障残疾人劳动的权利"。⑧ 另外，为应对残疾人劳动者就业过程中可能面临的就业困难和就业歧视等问题，该法第

---

① 《中华人民共和国妇女权益保障法》第 1 条。
② 《中华人民共和国妇女权益保障法》第 2 条。
③ 《中华人民共和国妇女权益保障法》第 22 条，第 23 条。
④ 《中华人民共和国妇女权益保障法》第 24 条—第 26 条。
⑤ 《中华人民共和国妇女权益保障法》第 40 条。
⑥ 《中华人民共和国残疾人保障法》第 1 条。
⑦ 《中华人民共和国残疾人保障法》第 3 条。
⑧ 《中华人民共和国残疾人保障法》第 30 条。

31 条至 39 条重点强调了我国各级政府以及主管部门，应当在采取优惠政策和扶持保护措施的同时，为残疾人提供就业服务以及就业技术培训，来促进残疾人顺利就业。① 这表明在保障残疾人平等充分参与就业的基础上，我国已经认识到应当为残疾人劳动者提供进一步的优惠待遇和特殊扶持，以确保上述主体在就业过程中，能够真正享有平等就业权。

最后，我国自成立以来，加入了一系列的国际人权公约和国际劳动公约，从国际法的角度为我国劳动者的平等就业权提供了保障依据。根据国际法相关原理，国际法在国内的适用主要分为"转化"及"纳入"两种方式②。我国相关法律并未具体规定国际法在国内的适用方式。但从我国相关立法实践来看，我国倾向于将相关国际法条文转换为国内法条文进行实施。③ 具体而言，我国加入的国际人权公约和国际劳动公约，主要包括了联合国和国际劳工组织所通过的国际公约。首先，我国作为联合国的创始国之一，尊重、支持和捍卫《联合国宪章》④ 以及《世界人权宣言》⑤中促进平等、反对歧视和保障人权的相关条款，并推动其实现和实施。其次，我国加入了联合国核心人权公约，并贯彻和实施其中有关促进就业平等、反对就业歧视的相关条款，这包括《经济社会文化权利国际公约》第 2 条第 2 款以及第 6 条第 1 款⑥，《消除一切形式种族歧视公约》第 1

---

① 《中华人民共和国残疾人保障法》第 31 条—第 39 条。

② "转化"，指国际法相关规定经特定立法程序变为明确的国内法规则后，才在国内法中产生效力；"纳入"，指国际法规则不需经任何立法程序，可自动作为国内法的一部分而产生效力。Malcolm N. Shaw, *International Law*, 4th Edition, Cambridge：Cambridge University Press, 1997, p. 105.

③ 叶静漪、魏倩：《〈经济、社会和文化权利国际公约〉与劳动权的保护》，《北京大学学报》2004 年第 2 期。

④ United Nations, Charter of the United Nation, signed on 26 June 1945 in San Francisco, at the conclusion of international conference, came into force on 24 October 1945.

⑤ United Nations, Universal Declaration of Human Rights, adopted by the General Assembly of the United Nations by resolution 217A（Ⅲ）on 10 December 1948.

⑥ United Nations, International Covenant on Economic, Social and Cultural Rights, adopted by resolution 2200 A（XXI）of the United Nations General Assembly on 16 December 1966, entered into force on 3 January 1976, article 2. 2, article 6. 1.

条第 1 款以及第 5 条第 5 款①,《消除对妇女一切形式歧视公约》第 1 条以及第 5 条第 4 款②,以及《残疾人权利公约》第 1 条第 1 款以及第 27 条③。再次,国际劳工组织通过的国际公约对保障平等就业、消除就业歧视进行了具体、详细的规定,其中我国加入的对于平等就业权最具影响的是《就业和职业歧视公约(第 111 号公约)》④。我国作为上述国际公约的缔约国,在履行条约义务、保障条约权利实现方面做出了巨大的努力,并为平等就业权在我国的法律保护提供了国际法上的依据。

综合上文来看,我国法律对平等就业权的内容进行了规定,承认劳动者应当享有平等就业权所要求的平等就业机会以及待遇,要求打击基于民族、种族、性别、宗教信仰的就业歧视。同时,我国法律承认应当给予劳动力市场中的部分弱势群体劳动者,即妇女、少数民族、残疾人、传染病人及农村劳动者特殊保护和照料,以确保上述劳动者在就业过程中能够真正地享有平等就业权,结合联合国核心人权公约以及国际劳工组织国际公约,我国基本建立起了平等就业权的立法保护框架。

(二)　我国程序法对平等就业权的保护

除上述实体法规定对平等就业权的保护之外,我国《宪法》《劳动法》《就业促进法》以及《妇女权益保障法》《残疾人保障法》还通过程序法规定,为平等就业权提供了一系列的监督和救济途径。

首先,我国《宪法》为平等就业权所提供的监督和救济途径主要包

---

① United Nations, International Convention on the Elimination of All Forms of Racial Discrimination, adopted by General Assembly resolution 2106 (XX) of 21 December 1965, article 1. 1, article 5. 5.

② United Nations, Convention on the Elimination of All Forms of Discrimination against Women, adopted by General Assembly resolution 34/180 on 18 December 1979, entered into force on 3 September 1981, article 1, article 5. 4.

③ United Nations, Convention on the Rights of Persons with Disabilities, adopted by UN General Assembly resolution 61/106 of 13 December 2006, entered into force on 3 May 2008, article1. 1, article 27.

④ International Labour Organization, Convention Concerning Discrimination in Respect of Employment and Occupation (ILO Convention no. 111), adopted on 25 June 1958 by the 42nd International Labour Conference, entered into force on 15 June 1960.

括了宪法解释和法律审查两个方面。根据《宪法》第 62 条及第 67 条的规定，全国人民代表大会及其常务委员会有权解释宪法和法律，并监督宪法和法律的实施。① 我国《立法法》第 46 条具体规定了可以向全国人民代表大会常务委员会提出法律解释要求的主体类别。② 通过国家权威机关对宪法的解释，有助于避免对宪法理解上的冲突，保障宪法的权威性和统一性。在对《宪法》和法律进行解释时，全国人民代表大会常务委员会可以根据经济、社会的发展现状，对《宪法》和法律进行解释，使得《宪法》和法律能够适应经济、社会的发展。而作为一种经济、社会和文化权利，平等就业权在一定程度上集中体现了一国经济、社会的发展进程。因此，全国人民代表大会常务委员会对《宪法》和平等就业权相关法律进行解释，对于平等就业权的保护具有重要意义。

另外，我国《宪法》第 62 条和第 67 条以及《立法法》第 97 条和第 99 条建立了我国的法律审查制度。根据我国《立法法》第 97 条的规定，"全国人民代表大会及其常务委员、国务院、省自治区以及直辖市的人民代表大会、地方人民代表大会常务委员会、省、自治区的人民政府以及授权机关"，可以对包括"法律、行政法规、地方性法规、自治条例和单行条例、规章"进行审查。③ 这为确保我国平等就业权相关法律符合宪法和法律的要求提供了保障。就能够提起审查请求的主体而言，《立法法》第 99 条规定："国务院、中央军事委员会、最高人民法院、最高人民检察院和各省、自治区、直辖市的人民代表大会常务委员会以及其他国家机关和社会团体、企业事业组织以及公民"都可以向全国人民代表大会常务委员会提出审查请求或建议；另外，专门委员会和常务委员会也可以主动进行审查。④

其次，我国《劳动法》以及《就业促进法》也通过了程序规定为平等就业权提供了相应的救济途径。我国对于劳动相关的纠纷和争议而言，还特别规定了仲裁前置程序。根据《劳动法》第 77 条和第 79 条的规定，

---

① 《中华人民共和国宪法》第 62 条，第 67 条。
② 《中华人民共和国立法法》第 46 条。
③ 《中华人民共和国立法法》第 97 条。
④ 《中华人民共和国立法法》第 99 条。

在发生劳动争议的情况下，可以通过协商、调解、仲裁以及诉讼等方式解决；在发生劳动争议的情况下，相关劳动者经过仲裁程序的处理和救济之后，"对仲裁裁决不服的，可以向人民法院提起诉讼"。① 同时，《劳动法》第十一章"监督检查"中的第 85 条至第 88 条规定了县级以上各级人民政府有关部门以及各级工会有权对于劳动法律的执行情况进行监督，并在第 89 条中明确规定了违反该法律所应当承担的法律责任。②《就业促进法》第七章"监督检查"中的第 58 条至 60 条规定各级人民政府和有关部门，审计机关、财政部门以及劳动行政部门应当对该法律执行中的相关环节进行监督。③ 同样的，该法第八章"法律责任"中规定了违反该法规定所应当承担的法律责任。

值得特别指出的是，《就业促进法》第 62 条规定，劳动者可以针对就业歧视行为直接向法院起诉。④ 这一规定首次为就业歧视诉讼提供了法律依据。根据这一规定，构成就业歧视的行为可以不经《劳动法》所规定的仲裁前置程序，而直接向人民法院提起诉讼，而这可被视为我国平等就业权保护里程碑式的进步，极大地完善了平等就业权的救济途径。尽管在这一条款通过之前，我国法院已经开始对就业歧视诉讼进行裁判。例如，2002 年蒋韬诉中国人民银行成都分行录用行员规定身高条件案，2003 年张先著诉安徽省芜湖市人事局录用公务员拒绝乙肝病毒携带者案，2005 年曹兵、王金山诉海南省公安厅录用人民警察规定身体健康条件案，2005 年杨世建诉中华人民共和国人事部拒绝 35 岁以上公民报考公务员案等。⑤ 这一条款极大地推动了劳动者通过司法救济途径，来捍卫自身所应当享有的平等就业权。以"就业歧视"为关键词对"中国裁判文书网"

---

① 《中华人民共和国劳动法》第 77 条，第 79 条。

② 《中华人民共和国劳动法》第 85 条至第 89 条。

③ 《中华人民共和国就业促进法》第 58 条至第 60 条。

④ 《中华人民共和国就业促进法》第 62 条。

⑤ 2002 年蒋韬诉中国人民银行成都分行案，（2002）武侯行初字第 3 号；2003 年张先著诉安徽省芜湖市人事局案，（2003）新行初字第 11 号；2005 年曹兵、王金山诉海南省公安厅案，（2005）海中法行终字第 19 号；2005 年杨世建诉中华人民共和国人事部案，（2005）二中行初字第 578 号。

数据库的检索来看，2010 至 2020 年份的我国法院作出的"就业歧视"裁判文书共有 93 份，其中 2010 年有 1 份，2011 年有 2 份，2012 年有 2 份，2013 年有 3 份，2014 年有 19 份，2015 年有 19 份，2016 年有 31 份，2017 年有 19 份，2018 年有 30 份，2019 年有 27 份，2020 年有 13 份（截至至 2020 年 11 月）。① 从我国法院作出"就业歧视"案件的裁判文书数量上来看，总体呈现了一种上升的趋势。这在一定程度上反映出平等就业权司法救济在我国获得了越来越多的重视。

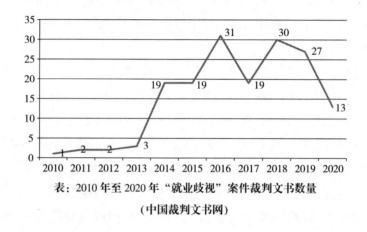

表：2010 年至 2020 年"就业歧视"案件裁判文书数量

（中国裁判文书网）

再次，上文所提到的我国为劳动力市场中的部分特定群体平等就业权提供保护的专门法律，也对平等就业权的保障和救济途径作出了程序性的规定。《妇女权益保障法》第八章"法律责任"中，第 52 条至第 54 条对女性劳动者平等就业权的程序性保障进行了规定，"女性合法权益受到侵害时，可以要求有关部门依法处理、申请仲裁或提起诉讼，也可以向妇女组织投诉并寻求帮助"。② 第 58 条还特别规定，对于女性实施性骚扰的行为，受害人可以请求行政处罚，也可以提起民事诉讼。③ 这一条款为劳动力市场和工作场所中，女性所可能遭受的性骚扰侵害提供了救济途径。同样的，《残疾人保障法》第八章"法律责任"中对残疾人劳动者平等就业

① "中国裁判文书网"，http：//wenshu. court. gov. cn/，2020 年 11 月 26 日访问。

② 《中华人民共和国妇女权益保障法》第 52 条至 54 条。

③ 《中华人民共和国妇女权益保障法》第 58 条。

权的程序性保障进行了规定，第 59 条和第 60 条规定"残疾人合法权益受到侵害时，可以向残疾人组织投诉并寻求帮助"，同时残疾人"有权要求有关部门依法处理、申请仲裁或提起诉讼"；另外，第 64 条特别规定，针对基于残疾的就业歧视行为，劳动者"可以依法向人民法院提起诉讼"。①

另外应当指出的是，公务员这一职业在我国具有特殊性，并不适用一般性救济程序，而是适用《公务员法》所建立的特殊救济和保障程序。在我国，根据《公务员法》第 2 条的规定，公务员指"依法履行公职、纳入国家行政编制、由国家财政负担工资福利的工作人员"。② 而对于该类劳动者平等就业权所适用的程序法保障而言，《公务员法》第 90 条第 1 款规定，公务员对于"涉及取消录用的人事处理行为不服的，可以申请复核，对符合结果不服的可以提出申诉；也可以不经复核而直接提起申诉"。③

根据我国现行法律中，有关平等就业权的程序法规定来看，我国为平等就业权提供了基本的监督和救济渠道。在劳动力市场中，劳动者的平等就业权遭受影响或侵害的时候，可以通过相应的救济渠道来寻求保护。这对于在实践中保障平等就业权实体法规定的实施，推动平等就业权从应然权利向实然权利的转换具有积极的作用。

二 我国平等就业权法律保护中存在的不足

根据上述分析，可以明确我国已经基本建立起了平等就业权的法律保护框架。通过上述法律规定，我国对平等就业权的基本内容以及保护标准

---

① 《中华人民共和国残疾人保障法》第 59 条、第 60 条、第 64 条。
② 《中华人民共和国公务员法》第 2 条。根据 2006 年国家公务员局发布的《公务员范围规定》第 2 条规定，公务员包括了中国共产党各级机关、各级人民代表大会及其常务委员会机关、各级行政机关、中国人民政治协商会议各级委员会机关、各级审判机关、各级检察机关以及各民主党派和工商联的各级机关中除工勤人员以外的工作人员。为了方便讨论，在此统称为"行政机关"以及其"公务员"。
③ 《中华人民共和国公务员法》第 90 条。

进行了基本规定,同时也为平等就业权提供了相应的救济途径。但应当承认的是,我国在对平等就业权的法律保护中仍存在一定的不足,我国尚未建立起完善的、有效的平等就业权法律保护体系。我国相关立法规定上存在着缺陷和缺漏,无法应对劳动力市场中存在的就业歧视和不公正待遇现象;而相关救济途径也难以为劳动者特别是弱势劳动者的平等就业权提供充分、有效的保护和救济;而行政实施方面存在的缺陷和不足也影响了平等就业权在我国的充分实现。下文将对我国平等就业权法律保护中存在的不足和缺陷进行分析和探讨。

(一) 立法方面存在的缺陷

通过对我国平等就业权相关法律分析来看,我国法律规定中仍存在不足和缺陷,并不完全符合平等就业权法律保护基本原则的要求。就我国相关法律中具体存在的缺陷而言,包括缺乏对平等就业权基本概念的准确规定,认定和保护的就业主体特征范围过于狭窄,缺失对就业歧视行为类型和判定标准的明确界定,以及对就业资格的不合理限制。

1. 缺乏对平等就业权基本概念的准确规定

在立法中准确规定平等就业权基本概念是建立健全、有效的平等就业权法律保护所必不可少的核心要求,也是平等就业权相关法律所必须明确规定的基础内容。而我国平等就业权相关立法中,相关规定过于偏向原则化和抽象化,缺乏对平等就业权基本概念的准确规定。[1] 平等就业权是以保障平等就业机会和待遇为核心的权利。正如上文所讨论的,随着平等就业权相关理论的发展,禁止就业歧视也成为获得平等就业机会的应有之意和保障。[2] 平等就业权应当包含平等就业机会和待遇以及不歧视两方面内容,二者相互依存,共同为劳动者的平等就业过程提供保障。对此而言,我国平等就业权相关立法的规定是比较粗糙和简陋的。

我国《宪法》第 33 条第 2 款以根本大法的形式明确提出,我国公民"在法律面前一律平等"。[3] 这一规定为我国平等就业权法律保护提供了宪

---

① 宁国良、李雪芹:《欧盟性别平等就业政策及其对我国的启示》,《湘潭大学学报》(哲学社会科学版) 2013 年第 4 期。

② 都玉霞:《论平等权的立法保护》,《政法论丛》2006 年第 6 期。

③ 《中华人民共和国宪法》,第 33 条第 2 款。

法基础。但不可否认的是，我国公民"在法律面前一律平等"这一规定过于原则化和抽象化，对于是否能够将其解释为我国公民所应当具有的一项基本权利，进而来为公民所应当享有的平等就业权提供依据仍然存在疑惑。① 我国《劳动法》第 3 条以及《就业促进法》第 3 条也仅规定了"劳动者享有平等就业和选择职业的权利"。② 而并没有对这一项权利的具体概念、内涵进行界定，使得如何理解劳动者应当享有平等就业的权利也存在疑问。

另外，上述法律条款所规定的劳动者应当享有的"平等"，体现出的是侧重于强调和修饰劳动者应当享有平等"选择"就业和职业的权利。这仅仅体现出了平等就业权中平等保护原则内涵所要求的平等就业机会这一个方面，而忽略了平等就业待遇也是平等就业权中平等保护原则内涵所不可分割的重要部分。简单来说，平等就业机会指求职者获得某一职位的可能性，而平等就业待遇是实现该可能性的必要保障。③ 但在我国上述法律条款中，并没有明确平等就业待遇是平等就业权的必要组成部分。另外，我国上述立法条款并没有对平等就业权中"不歧视"这一概念进行明确界定，也没有体现出"平等就业机会和待遇"以及"不歧视"两方面内容共同构成了平等就业权的基本概念。而这一平等就业权概念上的割裂和模糊，必然会使得平等就业权相关法律条款在实施过程中缺乏实践性和可操作性，进而影响平等就业权相关立法的实施效果。

2. 认定和保护的就业主体特征范围过于狭窄

一般而言，在通过立法对平等就业权提供保护时，要求对受平等就业权保护的就业主体特征进行规定，来明确平等就业权的保护范围。为了确保在实践中平等就业权能够为尽可能广泛的就业主体提供保护，相关立法在认定受平等就业权保护的就业主体特征时应当尽可能地涵盖劳动力市场中的劳动者，特别是由于先天或社会原因，在就业过程中处于不利地位的劳动者。而我国相关立法认定和保护的就业主体特征范围过于狭窄，无法

---

① 朱应平：《论我国公民平等工作权的宪法保护》，《法学》2002 年第 8 期。

② 《中华人民共和国劳动法》第 3 条。《中华人民共和国就业促进法》第 3 条。

③ Menahem Pasternak, "Employment Discrimination: Some Economic Definitions, Critique and Legal Implications", *North Carolina Central Law Review*, Vol. 33, 2011, pp. 165-167.

充分保障劳动者享有平等就业权。①

就我国平等就业权相关立法所认定和保护的就业主体特征而言，《劳动法》第 12 条规定了"民族、种族、性别、宗教信仰"；②《就业促进法》第 3 条延续了这一规定，同样认定"民族、种族、性别、宗教信仰"构成了平等就业权所应当保护的就业主体特征。③《就业促进法》在第三章"公平就业"第 27 条至 31 条中进一步提出应当保障妇女、少数民族、残疾人、传染病人及农村劳动者的平等就业权，并应当在适当的情况下为其提供特殊保护。④《就业促进法》认定和保护的就业主体特征扩大到了残疾、传染病以及农村户籍。因此，我国平等就业权相关立法所认定和保护的就业主体特征仅包括民族、种族、性别、宗教信仰、残疾、传染病以及农村户籍。值得注意的是，上述法律条款中并不存在兜底性条款。

因此，换句话说，我国现存的平等就业权相关立法无法为具有除性别、民族、种族、宗教信仰、残疾、传染病及农村户籍外特征的其他劳动者提供充分保护。具有其他特征的劳动者在遭受不合理就业歧视及不公正就业待遇时，难以根据上述平等就业权相关法律条款，来获得有效的保护或救济。而在我国平等就业权的相关实践中出现的遭受歧视的就业主体特征，早已远远超出了这一范围，包括基于年龄、身高、健康状况及其他疾病、性倾向以及地域出身等的就业歧视以及不公正就业待遇已经成为我国所必须面对并解决的问题。⑤ 这一立法上的缺漏无法为相关劳动者在就业过程中，面临的因就业歧视所造成的就业障碍和就业困难提供帮助。这使得我国相关法律很难充分发挥对劳动者平等就业权的保护作用。⑥

例如，在 2014 年杨旭达诉河南省新乡市公安局案中，原告杨旭达认

---

① 段文清：《当代中国视野下的工作权》，《行政与法》2011 年第 10 期。

② 《中华人民共和国劳动法》第 12 条。

③ 《中华人民共和国就业促进法》第 3 条。

④ 《中华人民共和国就业促进法》第 27 至 31 条。

⑤ 李薇薇：《平等原则在反歧视法中的适用和发展——兼谈我国的反歧视立法》，《政法论坛》2009 年第 1 期。

⑥ 王丽萍：《我国平等就业机会保障研究》，中央民族大学出版社 2013 年版，第 180 页。

为新乡市公安局在录用实有人口协管员一职中，将"无尚未查清的违法犯罪嫌疑"作为政审标准，导致原告无法通过政审，最终失去实有人口协管员一职。在一审过程中，原审法院认为原告的起诉不符合法律规定的立案条件，对原告的起诉不予受理。因此，原告杨旭达请求二审法院河南省新乡市中级人民法院裁定新乡市红旗区人民法院对上诉人的起诉进行立案审查。但二审法院认为："就业歧视是指没有法律上的合法目的、原因和工作上的关联性而是基于民族、种族、性别、宗教信仰等原因，采取区别排斥或基于优惠等任何违反平等权的措施侵害劳动者劳动权的行为。"因此，在本案中，公安机关将"无尚未查清的违法犯罪嫌疑"作为招录条件，不属于就业歧视。因此，河南省新乡市中级人民法院裁定："上诉人的起诉不符合法律规定，新乡市红旗区人民法院对上诉人的起诉不予受理并无不当，上诉人的上诉理由不能成立，裁定驳回上诉，维持原裁定。"①

这一案件中存在两个问题，首先，新乡市公安局录用实有人口协管员一职要求"无尚未查清的违法犯罪嫌疑"，是否具有"法律上的合法目的、原因和工作上的关联性"；其次，"无尚未查清的违法犯罪嫌疑"是否属于就业歧视原因的之一。对于第一个问题，河南省新乡市中级人民法院指出，"公安机关根据其单位的特殊性质"，将"无尚未查清的违法犯罪嫌疑"作为招录条件不属于就业歧视。但对于后一个问题，河南省新乡市中级人民法院提出了"就业歧视是……基于民族、种族、性别、宗教信仰等原因"，采取区别排斥或优惠而侵害劳动者平等就业权的行为，但并没有正面回答"无尚未查清的违法犯罪嫌疑"是否属于就业歧视的原因。究其根本，这是由于我国平等就业权法律认定和保护的就业主体特征范围过于狭窄，认定的就业歧视原因范围也过于狭窄。② 因此，这不仅影响了平等就业权在实践中对劳动者的保护效果，而且也削弱了人民法院在平等就业权救济中应当发挥的作用。

---

① 2014 年杨旭达诉河南省新乡市公安局案，河南省新乡市中级人民法院民事裁定书，(2014) 新民管终字第 73 号。

② 张宗浩、陈亚东：《反就业歧视论》，《求索》2006 年第 8 期。

再如，在 2005 年杨世建诉中华人民共和国人事部案中，原告杨世建在报考国家公务员考试中，被反馈"年龄不符合要求，不允许报考"。原告认为，被告因年龄不符合要求而拒绝原告报名参加国家公务员录用考试，违反了法律规定，侵犯了原告的平等权和劳动权，请求法院判决被告行为违法，并判令被告依法准许原告报名参加国家公务员录用考试。而北京市第二人民法院经审查认为，这一诉讼请求不属于行政诉讼受案范围，因此对原告的起诉不予受理。原告不服该一审法院裁定，向北京市高级人民法院提起上诉，法院以"国家公务员的招录考试属于公务员的内部管理事项……不属于法院行政诉讼受案范围"为由，驳回了上诉人的上诉，维持原判。① 在这一案件中，法院同样没有正面回答"年龄"是否可以作为就业歧视的原因，而是以不属于法院行政诉讼受案范围为由驳回上诉人上诉。其根本原因同样在于我国法律认定和保护的就业主体特征范围过于狭窄，认定的就业歧视原因范围也过于狭窄，使得我国劳动者平等就业权可能遭到侵害时，无法获得有效的救济。

同样的，在 2002 年蒋韬诉中国人民银行成都分行案中，原告蒋韬认为被告中国人民银行成都分行发布的"男性身高 168 公分、女性身高 155 公分以上"的招聘要求存在身高歧视，请求法院认定被告的这一具体行政行为违法。在该案中，被告在法院受理此案过程中，改变了被诉行为，并取消了身高限制的规定。但法院提出中国人民银行成都分行对招录对象规定身高条件这一行为，不属于被告的行政行为为由，认定不在法院行政诉讼的受案范围之内，并据此驳回了原告的起诉。对于本案所涉及的"身高"是否能够构成就业歧视的原因同样没有做出回答，使得这一案件的判决很难具有说服力。②

3. 缺失对就业歧视行为类型和判定标准的明确界定

平等就业权要求消除就业过程中的就业歧视。消除就业歧视是平等就业权实现的必然要求，也是平等就业权相关立法中的必要内容。为了能够

---

① 杨世建诉中华人民共和国人事部案，北京市高级人民法院行政裁定书，（2006）高行终字第 131 号。

② 蒋韬诉中国人民银行成都分行案，成都市武侯区人民法院行政裁定书，（2002）武侯行初字第 3 号。

真正尊重、保护和促进平等就业权的实现，相关立法应当对就业歧视进行详细规定和界定，特别是应当清晰列举受禁止的就业歧视行为的类型并明确各类就业歧视行为的判定标准，而在这一方面我国平等就业权相关立法同样存在着重大缺失。①

我国《劳动法》第 12 条仅规定劳动者就业不受歧视，而《就业促进法》第 3 条同样也只规定了劳动者就业不受歧视。② 作为我国立法中打击就业歧视，保障平等就业权的主要法律条款，上述两款规定都仅仅笼统地提出禁止就业歧视，没有对直接歧视、间接歧视，以及包括指示歧视和骚扰或性骚扰在内的其他类型的就业歧视行为进行列举。另外，上述条款也没有对就业歧视进行解释，更没有明确规定各类别就业歧视的判定标准。这一判定标准上的缺失和模糊使得相关法律规定缺乏可操作性，必然会影响相关法律条款在实践中消除就业歧视的充分性和有效性，而这削弱了我国平等就业权相关法律在实践中的运行效果，导致劳动者无法真正获得充分、有效的法律保护。③

另外，消除一切形式的就业歧视所伴随着的另一个问题就是并非所有看似具有歧视性的行为都构成了平等就业权所禁止的就业歧视，而就业过程中一些看似具有歧视性的行为实际上是可以合理证明具有正当性。但我国《劳动法》和《就业促进法》等相关法律中则完全缺失了这一部分的规定，这一空白带来了严重后果。一方面，雇主可能完全无法为采取的合理区别对待行为进行辩护，进而造成了平等就业权实施过程中的混乱。另一方面，由于缺失判定就业歧视性行为是否具有正当性的法律条款，雇主也可能轻而易举地寻找理由，为其所采取的就业歧视性行为辩护，而不需要承担相应的法律责任。而在我国以劳动力供给过剩为特征的劳动力市场中，这所导致的潜在威胁是劳动者在就业过程中可能时刻处于遭受就业歧视肆意侵害的无防护状态之下，无法依靠我国平等就业权相关法律规定而

---

① 白琳、郭枫：《欧盟劳动法性别平等述评——以 2006/54/EC 指令为切入点》，《湖南科技学院学报》2014 年第 31 期。

② 《中华人民共和国劳动法》第 12 条；《中华人民共和国就业促进法》第 3 条。

③ 陈霞明：《平等权与间接歧视》，《武汉科技大学学报》（社会科学版）2006 年第 1 期。

获得保护。

4. 对就业资格的限制过于严格

应当明确的是，平等就业权的保护应当遵循一定的合理限制，这一限制的理由可能包括职业和职位本身的要求，保护特殊主体的需要以及维护公共安全以及公共利益的需要。合理限制原则建立的基础，应当是能够客观证明具有合理性的。因此，这应当被视为是对实质意义上平等就业权的保障，而不是对平等就业权的侵害。但合理限制原则作为平等就业权法律保护的例外情况甚至是"克减"，在实施过程应当根据比例原则来严格检验相关法律或措施是否符合合理限制的要求。对于合理限制原则的严格审查一方面是为了在平等就业权的法律保护中，保障劳动者的平等就业权不受肆意的侵害和减损；另一方面法律作为社会秩序的维护工具，必须在不同法益之间作出选择和维持平衡。平等就业权的合理限制原则在我国主要体现为对就业资格的限制。

但通过对我国规定就业资格限制的相关法律来看，我国的限制过于严格，在一定程度上影响了平等就业权的实现。我国全国人民代表大会及其常务委员会通过的法律中，对就业资格的限制主要体现对具有刑事前科记录的劳动者从事某种职业或职位资格的限制。对有前科劳动者的就业资格限制体现了我国就业资格限制的现状和存在的问题。因此，可以对有前科劳动者就业资格限制为例进行分析，探讨我国对就业资格的限制是否符合平等就业权法律保护中合理限制的要求。

以有前科劳动者的就业资格为例，为了保障公共安全和公共利益的需要，我国已通过相关法律规定，限制有前科劳动者的职业资格。由于有前科劳动者身份的特殊性，为了保护公共利益和公共秩序，许多国家通过立法限制其就业资格。在能够客观证明具有正当性的前提下，这种做法不构成就业歧视。

我国存在大量法律对有前科劳动者的就业资格进行限制，主要包括《法官法》第 10 条、《检察官法》第 11 条、《公务员法》第 24 条、《人民警察法》第 26 条、《兵役法》第 3 条、《执业医师法》第 15 条、《教师法》第 14 条、《律师法》第 7 条、《注册会计师法》第 10 条、《会计法》第 40 条、《拍卖法》第 15 条、《公证法》第 20 条、《公司法》第 146 条、

《商业银行法》第 27 条。其中，针对故意犯罪的包括《律师法》第 7 条、
《拍卖法》第 15 条以及《公证法》第 20 条；针对特定职业犯罪的包括
《公司法》第 146 条、《会计法》第 40 条以及《商业银行法》第 27 条；
相关就业资格限制多为无期限就业资格限制，有期限的仅包括《注册会
计师法》第 10 条、《执业医师法》第 15 条以及《公司法》第 146 条。
（参见表 1）

表 1　　　　　　　　我国法律中刑事前科就业资格限制统计表

	是否针对故意犯罪	是否针对特定职业犯罪	是否具有期限
《法官法》第 10 条			
《检察官法》第 11 条			
《公务员法》第 24 条			
《人民警察法》第 26 条			
《执业医师法》第 15 条			√
《教师法》第 14 条			
《律师法》第 7 条	√		
《注册会计师法》第 10 条			√
《会计法》第 40 条		√	
《拍卖法》第 15 条	√		
《公证法》第 20 条	√		
《公司法》第 146 条		√	√
《商业银行法》第 27 条		√	
《兵役法》第 3 条			

可以看出的是，首先，我国大部分就业资格限制对故意犯罪和过失犯
罪予以同样的就业资格限制。这一做法未考虑到有前科劳动者的主观恶
性，这不仅违反了刑事司法"宽严相济"的基本原则，而且使得因过失
犯罪而背负刑事前科的劳动者丧失了正常进入某一职业的资格。其次，我
国大部分就业资格限制未考虑到有前科劳动者所犯罪行与相关职业之间的
关系。无论所犯罪行是否与相关职业有关，对所有罪行都予以同样的就业

资格限制，这忽视了刑事罪行与就业之间的关系，严重限制了有前科劳动者的就业范围。最后，我国大部分就业资格限制为无期限就业资格限制。在我国缺少前科消灭制度的前提下，相关立法未合理考虑就业资格限制的存续期间问题，这使得有前科劳动者被终身剥夺了从事特定职业的机会。我国对有前科劳动者的就业资格限制并不完全具有合理性，在一定程度上损害了有前科劳动者获得平等就业机会和平等就业待遇的权利，并不符合平等就业权中"合理限制"的要求。①

另外，我国各级政府制定的行政法律、部门规章、地方性法规、地方政府规章常常对劳动者的就业资格进行限制，具体包括了年龄、身高以及健康状况等。而这些对劳动者就业资格的限制并不完全具有合理性，并不完全符合我国相关法律的规定，也并不完全具有法律上的依据，在实践中对劳动者平等就业权造成了极大的影响。

（二）司法救济方面存在的缺陷

我国人民法院负责在劳动者平等就业权受到侵害时，为劳动者提供司法救济。我国《劳动法》第 77 条和《就业促进法》第 62 条以及其他相关法律条款，对平等就业权的救济问题进行了规定，赋予劳动者在认为自身遭受就业歧视或不公正就业待遇时可以向法院提起诉讼的权利。② 这一规定打破了劳动纠纷处理过程中仲裁前置程序的限制，为平等就业权遭受侵害的劳动者，提供了更加宽泛的救济途径。但我国在平等就业权的司法救济方面仍然存在缺陷，无法为劳动者提供充分、有效的救济。具体体现在我国法院缺少对抽象行政行为的有效审查，缺失完善的举证责任制度，以及缺失明确、有效的法律责任制度。

1. 缺少对抽象行政行为的有效审查

根据上文的分析，由于我国平等就业权的规则多为原则性、概括性的规定并存在一定的缺陷和不足。这一方面使得行政机关在行政实施中需要通过制定行政规范性文件，对实践中的平等就业权保护内容和标准等具体

---

① 石慧：《我国有前科劳动者平等就业权的立法保护》，《山东大学学报》（哲学社会科学版）2018 年第 1 期。

② 《中华人民共和国劳动法》第 77 条。《中华人民共和国就业促进法》第 62 条。

问题进行规定。但另一方面，这使得行政机关所通过的行政规范性文件缺乏统一的法律依据，使得行政规范性文件可能在不同程度上存在着缺陷和不足。甚至于个别行政规范性文件可能会违背保护平等就业权的根本要求，对平等就业权进行肆意的克减。

而根据我国《行政诉讼法》第 13 条第 2 款的规定，我国法院无权受理针对抽象行政行为所提起的诉讼。① 另外，根据最高人民法院的相关解释，"具有普遍约束力的决定、命令"指的是针对不特定对象发布的能反复适用的行政规范性文件，② 即与具体行政行为相对的抽象行政行为。这一规定将我国行政机关所作出的，可能对劳动者平等就业权产生影响的抽象行政行为，排除在了我国人民法院司法管辖权的范围之外。但事实上，由于抽象行政行为所具有的"反复适用性"特征，除少数针对特定主体或事实作出的具体行政行为之外，抽象行政行为与劳动者平等就业权更加密切相关，对劳动者平等就业权的影响也更加深远。③ 而劳动者的平等就业权若遭到抽象行政行为的影响或侵害，只能通过向有关行政部门进行申诉或反映，而无法通过司法救济途径获得有效的救济，这可能会将劳动者置于不得不忍受抽象行政行为肆意侵害的危险之下，影响对劳动者平等就业权的有效救济。④

2. 缺失明确的举证责任制度

就举证责任而言，由于我国相关法律并没有对就业歧视诉讼所应当适用的诉讼程序进行规定，对于私人之间的就业歧视诉讼一般都适用民事诉讼程序；而对于私人与政府或其他公共机构之间的就业歧视诉讼一般适用行政诉讼程序。⑤ 而这两套诉讼程序所适用的举证规则并不相同。

对于民事诉讼程序而言，根据《民事诉讼法》第 64 条的规定，"当

① 《中华人民共和国行政诉讼法》第 13 条第 2 款。
② 《最高人民法院关于执行〈中华人民共和国行政诉讼法〉若干问题的解释》第 3 条。
③ 杨蕾、张猛：《宪法诉讼——宪法权利保障的必由之路》，《山东行政学报》2004年第 1 期。
④ 王彬：《我国就业歧视司法救济存在的问题及完善建议》，《前沿》2009 年第 11 期。
⑤ 刘勇：《就业公平保障法律制度研究》，博士学位论文，重庆大学，2007 年，第175 页。

事人对自己提出的主张应当及时提供证据"。① 因此，一般应当适用"谁主张、谁举证"的举证责任规则，应当由主张存在就业歧视行为的原告来提出证据进行证明。而这一举证责任规则所带来的问题就是，由于劳动者和用人单位在就业过程所处地位并不平等，使得劳动者很难获得并提出充分的证据来证明存在就业歧视行为。② 而对于行政诉讼程序而言，根据《行政诉讼法》第 34 条的规定，"被告对作出的具体行政行为负有举证责任……③"因此，在行政诉讼中，行政机关应当负有责任，来证明其所作出的行政行为符合法律的要求。而这使得在私人主体之间的就业歧视诉讼中劳动者所肩负的举证责任，明显重于私人与政府或其他公共机构之间诉讼中劳动者所承担的举证责任，这显然不利于通过法院诉讼来对劳动者平等就业权提供有效救济的初衷。

3. 缺失明确、有效的法律责任制度

就法律责任而言，《劳动法》第 89 条对于违反相关法律、规定的主体所应当承担的法律责任仅规定了"警告、责令改正和赔偿"责任。④ 而我国《就业促进法》第 68 条对实施就业歧视行为所应当承担的法律责任也仅仅规定了"……造成财产损失或其他损害的，依法承担民事责任；构成犯罪的，依法追究刑事责任"。⑤ 上述法律所规定的给予警告、责令改正等行政责任以及赔偿损失等民事责任，无法对于实施就业歧视行为的用人单位产生有效的惩戒效果，也无法对其他可能实施就业歧视行为的用人单位产生有效的预防效果，因此对于平等就业权的救济而言无法发挥理想的作用。⑥ 另外，上述条款并没有对实施就业歧视行为的违法主体所应当对劳动者提供的补偿、赔偿措施和相关标准进行明确规定。

从实践中看，在缺乏明确的补偿、赔偿措施和标准的情况下，很难对就业歧视行为对劳动者造成的损害进行衡量，这极大地削弱了《就业促

---

① 《中华人民共和国民事诉讼法》第 64 条。
② 林嘉、杨飞：《论劳动者受到就业歧视的司法救济》，《政治与法律》2013 年第 4 期。
③ 《中华人民共和国行政诉讼法》第 34 条。
④ 《中华人民共和国劳动法》第 89 条。
⑤ 《中华人民共和国就业促进法》第 68 条。
⑥ 谢增毅：《就业平等权受害人的实体法律救济》，《社会科学战线》2016 年第 7 期。

进法》为平等就业权遭受侵害的劳动者提供充分、有效救济的能力。[①] 例如，在 2003 年张先著诉安徽省芜湖市人事局案[②]中，安徽省芜湖市人事局拒绝录用携带乙肝病毒的劳动者。原告张先著请求人民法院依法撤销被告安徽省芜湖市人事局案的具体行政行为，并判令被告承担相应的法律责任。安徽省芜湖市新芜区人民法院作出的行政判决书仅"确认芜湖市人事局在 2003 年安徽省国家公务员招录过程中作出的取消原告张先著进入考核程序资格的具体行政行为主要证据不足"，并没有支持张先著撤销该具体行政行为并判令被告承担相应法律责任的诉讼请求。尽管这一案件对于保障乙肝病毒携带者的平等就业权能够获得司法救济具有重要意义，但是对该案中的原告而言，并未获得应有的法律赔偿或补偿，而该案被告也并未承担应有的法律责任。这体现出了我国平等就业权司法救济中确实缺失明确、有效的法律责任制度，在一定程度上削弱了司法救济为劳动者平等就业权所提供的保障。

（三）行政实施方面存在的缺陷

值得注意的是，与欧盟作为一个通过成员国合意建立和运行的地区性政府间组织有所不同，我国作为一个独立的主权国家，在平等就业权的法律保护过程中，行政机关发挥了不可替代的重要作用。我国行政机关通过制定行政规范性文件、建立相关行政主管机构，为具体落实我国相关法律对平等就业权保护的规定和要求作出了巨大的贡献。[③] 但应当指出，我国行政机关在平等就业权的行政实施方面存在着缺陷，一定程度上削弱了行政实施在平等就业权保护中所应当发挥的作用。具体包括行政规范性文件存在缺陷和不足，缺少专门和明确的行政主管机构，以及在公务员平等就业问题上行政系统内部救济制度中存在缺陷等问题。

---

① 冯祥武：《反就业歧视法基础理论问题研究》，中国法制出版社 2012 年版，第 255 页。

② 2003 年张先著诉安徽省芜湖市人事局案，安徽省芜湖市新芜区人民法院行政判决书，（2003）新行初字 11 号。

③ 罗丽华、严彬：《平等就业权简论》，《长沙理工大学学报》（社会科学版）2007 年第 1 期。

1. 行政规范性文件存在缺陷和不足

根据上文对我国平等就业权立法中存在的缺陷进行分析，可以发现我国立法中存在缺乏对平等就业权相关概念的准确规定，缺失对就业歧视类别和判定标准的明确界定，认定和保护的就业主体特征范围过于狭窄，对就业资格的不合理限制等缺陷。由于立法中存在的这些缺陷，一方面使得行政机关在行政实施中所通过的行政规范性文件，成为了实践中具体规定平等就业权保护内容和标准的主要文件。而另一方面则使得行政机关所通过的行政规范性文件缺乏法律层面上的统一依据，使得行政规范性文件在不同程度上都存在着缺陷和不足，甚至于个别行政规范性文件违背了保护平等就业权的根本要求，对平等就业权进行了肆意的克减，这显然不利于平等就业权在实践中的有效实施。

以公务员录用为例，我国《公务员法》第 11 条仅要求了"公务员应当年满 18 周岁"，[①] 除此之外并没有做出其他限制性规定。2007 年人事部通过的《公务员录用规定（试行）》中，第 16 条第 2 款规定，"报考公务员，应当年龄为 18 周岁以上，35 岁周岁以下"。[②] 而《2018 年国家公务员考试招录公告》所发布的报考条件中，也包含了"18 周岁以上，35 周岁以下"这一条件。[③] 尽管对于报考公务员的劳动者年龄进行限制并非完全不具有合理性，但严格说来，这一行政规定并不完全具有法律上的基础，而且在《公务员录用规定（试行）》以及《国家公务员招录公告》中并没有解释这一年龄限制的合理性基础，以及年龄与所报职位的必然联系，在一定程度上必然会对劳动者的平等就业权造成影响。

2. 缺少专门和明确的行政主管机构

从我国平等就业权主管机构来看，我国存在多层次劳动主管机构。这使得实践中在处理平等就业权问题上存在部门交叉、职权重叠、多头管理的现象，影响行政实施在平等就业权中所应当发挥的作用。

根据《劳动法》第 85 条以及《就业促进法》第 60 条的规定，县级

---

① 《中华人民共和国公务员法》第 11 条。

② 中华人民共和国人事部：《公务员录用规定（试行）》，2007 年 11 月 6 日发布，2007 年 11 月 6 日实施。

③ 中华人民共和国人事部：《2018 年国家公务员考试招录公告》，2018 年 10 月发布。

以上各级人民政府劳动行政部门、各级人民政府和"有关主管部门和上级机关"都对平等就业权的实施负有监督责任，有权制止违反相关法律、法规的行为并责令改正，同时有权建立举报制度，受理相关违法行为并予以核实处理。① 但这一类机构存在的问题在于，除了各级人民政府劳动行政部门明确指代各级劳动与社会保障局之外，我国立法规定的所谓的"有关主管部门和上级机关"所具体指向的部门并不明确，而且相关立法也并没有对"有关主管部门和上级机关"的权限以及部门之间的权限划分进行明确界定。② 这所导致的后果就是一旦发生平等就业权相关的劳动问题，极易发生部门之间相互推诿的情况，很难解决平等就业权实施过程中所面临的问题。

3. 行政系统内部救济制度存在缺陷

根据我国《行政诉讼法》第 13 条第 3 款的规定，我国人民法院无权受理针对"行政机关对行政机关工作人员的奖惩、任免等决定"的行政诉讼请求。③ 而根据最高人民法院的解释，"对行政机关工作人员的奖惩、任命等决定"，指的是行政机关作出的涉及该行政机关公务员权利、义务的决定。④

既然涉及了公民的权利和义务，则应当通过相应的救济制度来为公民提供救济。正如上文所分析的，在我国，行政系统内部提供的救济制度扮演了这一角色。而这一救济制度却存在着一定缺陷。行政机关对行政机关工作人员的奖惩、任命等行为属于内部人事管理行为。⑤ 根据《行政诉讼法》第 13 条第 3 款，这类内部人事管理行为并不能够作为行政诉讼的对象。在 2005 年杨世建诉中华人民共和国人事部案中，上诉人杨世建在向北京市高级人民法院提起上诉时，法院也以"国家公务员的招录考试属

---

① 《中华人民共和国劳动法》第 85 条。《中华人民共和国就业促进法》第 60 条。

② 林燕玲：《以第 111 号公约审视中国反歧视的制度建设》，《中国劳动关系学院学报》2011 年第 5 期。

③ 《中华人民共和国行政诉讼法》第 13 条第 3 款。

④ 最高人民法院：《最高人民法院关于执行〈中华人民共和国行政诉讼法〉若干问题的解释》第 4 条。

⑤ 姜明安主编：《行政法与行政诉讼法》，北京大学出版社 2007 年第 3 版，第 481 页。

于公务员的内部管理事项……不属于法院行政诉讼受案范围", 而裁定维持原判。①

内部人事管理行为在就业中主要体现为行政机关对于公务员这一职业的管理行为。正如前文所分析的, 在我国公务员这一职业具有特殊性, 在对其平等就业权进行救济时, 并非通过向法院提起诉讼这一途径, 而是通过《公务员法》第 90 条第 1 款这一程序法条款, 设定了特殊的行政系统内部救济制度, 即公务员对于涉及取消录用的人事处理行为不服的, 可以申请复核, 对复核结果不服的可以提出申诉; 也可以不经复核而直接提起申诉。② 公务员就业问题作为"不可诉的"内部人事管理关系, 一方面体现了我国行政诉讼初步建立时期经验不足, 审判条件不成熟以及人民法院审判资源有限等客观条件约束; 但另一方面, 在公务员就业问题上排除司法救济、适用行政内部救济存在一定的问题, 完全依靠行政机关内部救济制度对公务员平等就业问题进行处理的有效性值得怀疑。

这一制度在排除外部救济的情况下, 所建立的行政系统内部救济机制并不完善, 在保障公务员平等就业权问题上所发挥的效力有限。在复核程序中, 原处理机关作为复核主管机关, 对自身之前作出的行为进行复核, 难以保障复核的公正性和说服力。而在申诉程序中, 由"同级公务员主管部门或者作出该人事处理的机关的上一级机关"对申诉进行处理。但由于上述部门和原处理机关同样处于行政体制之内, 对于问题的处理, 往往可能具有相似的态度和视角, 而在实践中往往也可能会维持原行为。因而, 在这一行政机关内部救济制度中, 申诉作为核心救济途径, 在实践中所发挥的效力确实有限。根据以广东省为调查对象的研究来看, 广东省全省政府系统公务员超过 47 万人, 截止至 2015 年, 广东省受理并完结的行政机关公务员申诉案件仅仅只有 30 余宗。③ 因此, 很难在公务员领域为劳动者的平等就业权提供适当的救济和保障。

----

① 2006 年杨世建诉中华人民共和国人事部案, 北京市高级人民法院行政裁定书, (2006) 高行终字第 131 号。

② 《中华人民共和国公务员法》第 90 条第 1 款。

③ 冯岚:《类型化路径下我国公务员人事行政权力司法救济的有限引入》,《学术研究》2017 年第 12 期。

三　我国平等就业权法律保护的完善

通过对我国平等就业权法律保护现状的分析，可以看出的是，我国已经通过相关立法为平等就业权提供基本的法律保护，并在平等就业权遭受侵害时提供了相应的救济途径，但不管是我国相关法律规定还是救济途径中都存在着缺陷和不足。因此，需要推动我国现有的法律与实践的不断完善，为我国劳动者享有平等就业权，提供切实、有效的法律保护。① 而从上文对欧盟平等就业权法律保护的分析和讨论来看，欧盟所建立的相对完善的平等就业权法律保护体系应当能够为我国提供有益的借鉴。因此，在弥补和完善我国平等就业权法律保护的过程中，可以对欧盟平等就业权法律保护中形成的成熟经验进行借鉴。

具体而言，完善我国平等就业权法律保护应当强调 3 个方面的内容。首先，我国应当完善平等就业权法律保护中的立法规定，保障我国平等就业权能够在法律中得到尊重、保护和促进。其次，我国应当完善平等就业权法律保护中的救济途径，在劳动者平等就业权受到侵害的情况下，能够获得充分、有效的救济。特别是近年来，我国出现了针对就业歧视的诉讼，越来越多的引起了学界和社会大众的关注，因此使得讨论平等就业权的有效救济越发具有必要性。最后，应当对我国平等就业权法律保护中的行政实施进行完善，确保能够在平等就业权保护中发挥适当的作用。

（一）完善立法

在立法上，欧盟建立了较为完善的框架和体系，全面、细致地规定了平等就业权法律保护的基本原则和内容，并对平等就业法律保护中的例外情况和"积极行动"进行了规制。欧盟作为一个欧洲地区的政府间国际组织，由于其独特的组织结构和立法程序以及欧盟成员国各国的社会与文化背景差异对平等就业权法律保护立法的影响，使得欧盟在立法中的很多方面都与独立国家的国内法立法并不相似。但正如前文所探讨的，欧盟成员国通过合意，赋予了欧盟在特定领域内的立法权限，使得欧盟法律对于

---

① 周伟：《反歧视法研究：立法、理论与案例》，法律出版社 2008 年版，第 3 页。

欧盟成员国具有不同于一般国际条约的约束力，在一定情况下甚至会对欧盟公民产生直接效力，因此在一定程度上具有"准国家性"，可以为独立主权国家的相关立法完善提供有益的借鉴。

欧盟平等就业权法律保护的立法规定中所包含的价值理念、基本原则以及具体条款，对于我国建立和完善平等就业权法律制度具有重要的借鉴意义。因此，我国可以通过借鉴欧盟平等就业权法律保护中的立法规定，分析我国平等就业权法律保护中存在的不足以及缺陷，着重完善其不足之处。而欧盟平等就业权保护体现了欧盟长期打击就业歧视和不公正就业待遇过程中的成熟经验，对于我国处于起步阶段的平等就业权法律保护的构建和完善也具有前瞻性的借鉴意义。就我国平等就业权法律保护中立法方面的具体完善而言，应当增加对平等就业权基本概念的准确规定，扩大相关法律在保障平等就业权过程中对就业主体特征的认定和保护范围，增加对就业歧视行为类型和判定标准的准确界定，以及确保对劳动者就业资格的合理限制。

1. 增加对平等就业权基本概念的准确规定

正如我们上文所讨论的，平等就业权的基本概念应当包含平等的就业机会和待遇以及不歧视两方面内容，二者相互依存，在就业过程中共同为劳动者提供保障。为确保我国平等就业权相关立法，能够真正发挥尊重、保护和促进劳动者平等就业权的作用，应当在相关立法中增加和完善对平等就业权基本概念的准确界定。参考欧盟平等就业权法律保护来看，作为欧盟基本法律中建立平等就业权法律保护的核心条款，《欧盟运行条约》第157条第3款明确提出了"就业和职业中的平等机会原则以及平等待遇原则"，为该法律保护提供了基础。①而对于平等就业权中"不歧视"这一必要部分而言，欧盟通过的2000/43/EC指令第1条、2000/78/EC指令第1条以及2006/54/EC指令第1条都重点强调了"不歧视"对于维护平等就业权所具有的重要意义。②

---

① Treaty on the Functioning of the European Union, article 157.3.

② Directive 2000/43/EC, article 1; Directive 2000/78/EC, article 1; Directive 2006/54/EC, article 1.

我国《宪法》第 33 条第 2 款规定，我国公民"在法律面前一律平等"。① 这一条款为我国平等就业权法律保护提供了宪法基础。但不可否认的是，我国公民"在法律面前一律平等"这一规定过于原则化和抽象化，对于是否能够将其解释为我国公民所应当具有的一项基本权利，来对公民所应当享有的平等机会和待遇提供保障仍然存在疑惑。这一条款的局限性具有其政治、经济以及历史根源，而随着我国法律制度的进一步完善，对于平等的进一步追求，有必要对这一条款进行充实和完善，以求从宪法层面上为我国公民应当享有平等权这一基本权利提供保障。②

另外，我国包括《劳动法》第 3 条以及《就业促进法》第 3 条在内的相关法律，已经对平等就业权基本概念中的平等就业机会进行了规定，明确劳动者应当享有的"平等就业和选择职业的权利"。③ 而为了进一步发挥我国立法对平等就业权的重要保障作用，还应当在相关立法中增加对平等就业待遇这一方面内容的强调，补全对平等就业权基本概念的完整规定，确认平等就业待遇与平等就业机会同样是平等就业权中必不可少的一部分。同时，我国《劳动法》和《就业促进法》应当明确规定"不歧视"与平等就业机会和待遇一样，是平等就业权这一概念的两个方面，二者互为依存、互相保障。增加对于"不歧视"的准确定义和强调，对于在实质意义上保障平等就业权，完善我国平等就业权法律保护具有重要意义。

2. 扩大对就业主体特征的认定和保护范围

在通过立法对平等就业权进行保护时，为了确保相关法律条款在实践中的有效性和可操作性，应当对受保护的就业主体特征进行规定，来明确平等就业权相关法律规定的保护范围。而为了能够为尽可能广泛的劳动者提供保护，我国平等就业权法律保护应当尽可能扩大对就业主体特征的认定和保护范围。

---

① 《中华人民共和国宪法》第 33 条第 2 款。

② 邓建光：《关于平等权及其宪法保护的思考》，《广州大学学报》（社会科学版）2008 年第 11 期。

③ 《中华人民共和国劳动法》第 3 条。《中华人民共和国就业促进法》第 3 条。

　　参考欧盟平等就业权法律保护而言，《欧盟运行条约》第 10 条规定了 "打击基于性别、种族或民族出身、宗教或信仰、残疾、年龄或性取向的歧视"，并通过 2000/43/EC 指令、2000/78/EC 指令以及 2006/54/EC 指令分别对上述就业主体特征进行了规定。而《欧盟基本权利宪章》更是进一步扩大了应当受到保护的就业主体特征范围。《欧盟基本权利宪章》第 21 条规定，应当禁止任何基于 "性别、种族、肤色、民族或社会出身、基因特征、语言、宗教或信仰、政治或其他观点、国内少数者群体成员身份、财产、出生、残疾、年龄或性取向以及国籍" 的歧视。① 同时，欧盟还借由这一条款向欧盟及成员国全面强调了欧盟打击就业歧视的决心和承诺。

　　我国平等就业权法律保护所认定和保护的就业主体特征范围相对较为狭窄。《劳动法》第 12 条以及《就业促进法》第 3 条仅规定了 "劳动者不因民族、种族、性别、宗教信仰不同而受歧视"。② 《就业促进法》在第三章 "公平就业" 第 27 条至 31 条进一步提出应当保障妇女、少数民族、残疾人、传染病人及农村劳动者的平等就业权。③

　　尽管相关条款将受平等就业权保护的就业主体特征扩大到了残疾、传染病以及农村户籍，但并不足以为劳动力市场中的所有劳动者提供充分的保护。在因其他特征而遭受不合理就业歧视及不公正就业待遇时，劳动者无法依靠相关法律条款，来获得有效的保护和救济。而结合我国劳动力市场的现实状况，在实践中遭受歧视的就业主体特征早已远远超出了这一范围，包括基于年龄、身高、健康状况及其他疾病、性倾向以及地域出身等就业主体特征的就业歧视愈发凸显，需要法律予以保护。

　　因此，我国平等就业权法律保护应当在《劳动法》以及《就业促进法》现有条款的基础上，扩大对就业主体特征的认定和保护范围，尽可能在就业过程中为更加广泛的劳动者群体提供保护，最大限度地确保平等就业权能够涵盖我国劳动者中的最大多数。④ 而考虑到法律的滞后性特点

---

① Charter of Fundamental Rights of the European Union, article 21.

② 《中华人民共和国劳动法》，第 12 条。《中华人民共和国就业促进法》，第 3 条。

③ 《中华人民共和国就业促进法》，第 27 条—31 条。

④ 韩钢：《平等权的存在形态及其内涵》，《齐鲁学刊》2010 年第 2 期。

以及我国劳动力市场不断发展和变化的现实，我国可以考虑在相关法律规定中明确列举应当受到平等就业权保护的就业主体特征，并以一项兜底条款来尽可能地扩大这一法律规定所能够认定和保护的就业主体特征的范围。①

3. 增加对就业歧视行为类型和判定标准的明确界定

平等就业权要求消除就业过程中一切形式的就业歧视。这一要求是实现平等就业权的必然途径，也是平等就业权相关立法必须界定的核心内容。因此，为了保证我国平等就业权法律保护真正发挥对平等就业权的保障作用，打击一切形式的不合理就业歧视及不公正就业待遇，应当对就业歧视的类别以及判定标准进行明确界定。

欧盟平等就业权法律保护对于就业歧视类别和判定标准的详细规定，对于打击就业中的就业歧视和不公正就业待遇行为和现象，发挥了极为重要的作用，在完善我国平等就业权相关法律中可以对此进行参考。欧盟平等就业权法律保护通过 2000/43/EC 指令第 2 条、2000/78/EC 指令第 2 条以及 2006/54/EC 指令第 2 条，明确将构成就业歧视的行为类型划分为直接歧视、间接歧视、指示歧视以及骚扰和性骚扰，并对如何判定相关行为是否构成了上述就业歧视行为类型进行了详细的规定。②

我国《劳动法》第 12 条以及《就业促进法》第 3 条仅规定了劳动者就业不受歧视。③ 而上述条款作为我国打击就业歧视、保障平等就业权的主要法律条款，应当对就业歧视行为的类型以及判定标准进行界定，明确哪些类别的行为构成了就业歧视以及如何在实践中对可能构成就业歧视的行为进行判定，以保证相关法律在实践中能够真正发挥对平等就业权的保障作用。④ 因此，应当对《劳动法》第 12 条以及《就业促进法》第 3 条进行扩充，在劳动者就业不受歧视的条款之后，明确指出就业歧视行为包

---

① 何琼：《论就业歧视的界定——欧盟"正当理由"理论对我国的启示》，《比较法研究》2006 年第 4 期。

② Directive 2000/43/EC, article 2; Directive 2000/78/EC, article 2; Directive 2006/54/EC, article 2.

③ 《中华人民共和国劳动法》第 12 条；《中华人民共和国就业促进法》第 3 条。

④ 穆随心：《就业权内容探析》，《河北法学》2006 年第 2 期。

括了直接歧视、间接歧视、骚扰及指示歧视。对于就业过程中性骚扰这一基于劳动者性别的骚扰行为，主要规定于《妇女权益保障法》中，但也应当被认为是就业歧视的一种并予以禁止。相关法律条款在列举受禁止的就业歧视行为类型后，应当根据我国现实状况，对每一就业歧视的判定标准进行详细规定，来明确指导实践中就业歧视行为的判定，确保发挥立法在平等就业权保护中所应当发挥的作用。

我国相关法律在明确就业歧视行为判定标准时，还应当对看似具有歧视性但能够证明具有正当性的行为进行特别规定，来明确相关行为是否构成了平等就业权所要求的平等就业机会以及待遇的例外。例如，欧盟对平等就业权提供法律保护时，还特别提到构成平等就业机会和待遇的例外情况。这些例外情况，可以客观证明具有合理性，因而不构成就业歧视。具体包括了上文所分析的"真正和决定性的"职业要求、保护女性生理及心理特征的需要以及维护公共安全的需要。

实际上，我国相关法律已经对这一问题进行了规定，但并不系统也并不全面。我国相关法律并没有对"真正和决定性的"职业要求进行判定，但在实践中已经出现了大量与此相关的案例，例如 2005 年的曹兵、王金山诉海南省公安厅录用人民警察规定身体健康条件案①，我国相关法律在设定就业歧视行为判定标准时，明确哪些行为构成了"真正和决定性的"职业要求具有重要的实践意义。另外，我国出于保护女性生理及心理特征的需要以及出于维护公共安全的需要，也已经对平等就业权法律保护中的例外情况进行了规定。例如，《妇女权益保障法》第 26 条要求"不得安排不适合妇女从事的工作和劳动"，以及我国相关法律对负有刑事前科的劳动者的就业资格进行限制等。但这些规定较为分散，缺乏系统化、体系化。我国应当通过相关法律条款，集中对平等就业权法律保护的例外情况进行规定，来明确规定如何对相关行为进行判断，明确哪些行为不应当被认定为就业歧视，而是应当作为出于保护女性以及维护公共安全的需要，

---

① 2005 年曹兵、王金山诉海南省公安厅录用人民警察规定身体健康条件案，（2005）海中法行终字第 19 号。

所采取的保障平等就业权充分实施的合理措施。①

4. 确保对劳动者就业资格的合理限制

根据上文我们所分析的，平等就业权的保护应当遵循一定的合理限制。这可能包括职业和职位本身的要求，保护特殊主体的需要，以及维护公共安全以及公共利益的需要。对于合理限制原则的严格审查一方面是为了在平等就业权的法律保护中，保障劳动者的平等就业权不受肆意的侵害和减损；另一方面法律作为社会秩序的维护工具，必须在不同法益之间作出选择和维持平衡。

因此，应当从关联性、必要性以及法益相称性 3 方面对限制就业资格的条款进行分析，关联性用于检测平等就业权的限制与目的是否具有关联；必要性用于检测平等就业权的限制对于目的是否必要；法益相称性用于检测在必须对平等就业权进行限制时，其造成的侵害程度是否最小。在确保对劳动者的就业资格限制与维护公共利益等目的密切相关，且其作为必要手段在不得不对有关公民私人利益造成减损时，这种减损应当被控制在最小范围之内。

同样以前文提到的对有前科劳动者的就业限制为例。首先，应当排除对过失犯的就业资格限制。这要求综合考虑有前科者的主观恶性以及改造程度，确保就业资格限制符合必要性要求。其次，应当确保就业资格限制与所犯罪行之间具有关联。在保障社会公共利益的同时，应当避免对有前科劳动者平等就业权造成侵害，确保有前科劳动者能够进入非罪行相关职业，避免劳动力市场中的"就业隔离"现象，满足关联性要求。再次，应当确保就业资格前科限制具有存续期限。通过设定就业资格限制的存续期间，平衡维护公共利益和保护劳动者平等就业权这两种法益。

（二）完善救济途径

在欧盟层面上，欧盟平等就业权法律保护中的救济途径主要通过欧盟法院来实施。尽管欧盟法院本质上是一个欧洲地区的政府间国际组织的司法机构，但欧盟成员国通过合意，使得欧盟法院一定程度上具有了欧盟范围内"最高法院"的地位。欧盟法院作出的司法判决对于欧盟机构以及

---

① 李雄：《论平等就业权的界定》，《河北法学》2008 年第 6 期。

欧盟成员国都具有约束力，甚至在一定情况下对于欧盟公民也会产生效力。因此，可以为独立主权国家中的平等就业权救济问题的完善提供有益的借鉴。

在司法实践中，欧盟法院通过直接诉讼程序审查欧盟机构以及欧盟成员国相关行为，以及通过预先裁决机制对欧盟平等就业权法律进行解释。这为欧盟平等就业权法律保护提供了有效的救济途径，极大地保障和推动了平等就业权在欧盟及成员国中的发展和有效实施。同时，欧盟法院在这一救济过程中，具体适用了欧盟平等就业权法律保护中的救济条款和规定，并根据法院的司法实践对救济要求做进一步构建和解释，结合欧盟法院中有关欧盟平等就业权法律保护的救济机制和方式，对平等就业权保护中出现的新问题和新挑战表明观点和态度，这对于欧盟平等就业权法律保护的具有极大的价值和意义。[1]

平等就业权作为一项可诉权利，如何通过司法救济来对平等就业权提供充分、有效的保护，是现阶段完善我国平等就业权法律保护所应当思考的问题。[2] 近年来，我国针对就业歧视的诉讼，越来越多的引起了学界和社会大众的关注，而我国平等就业权法律保护中救济方面存在的不足以及缺陷，也渐渐引起了学界和社会大众的重视。[3] 因此，为完善平我国等就业权法律保护救济方面，欧盟法院在欧盟平等就业权法律保护救济中作出的努力以及取得的成就，值得我国进行借鉴。这对于保障劳动者在受到就业歧视的影响或侵害时，能够获得有效、充分的救济具有重要意义。

我国《就业促进法》第 62 条在发生就业歧视行为时，赋予了劳动者直接向人民法院提起诉讼的权利。[4] 但由于我国相关法律中，就业歧视诉讼程序性规定并不完善，这使得平等就业权遭受侵害的劳动者难以获得有效的救济。因此，我国应当制定完善的就业歧视诉讼程序性规定，特别应当对就业歧视诉讼中的举证责任制度以及法律责任制度进行明确的规定。

---

① 郝红梅：《欧盟对平等就业权的法律保障》，《云南大学学报》（社会科学版）2012年第 5 期。

② 李云华：《就业权：概念的建构与分析》，《社会保障研究》2011 年第 4 期。

③ 周伟：《从身高到基因：中国反歧视的法律发展》，《清华法学》2012 年第 6 期。

④ 《中华人民共和国就业促进法》第 62 条。

就我国平等就业权法律保护中救济途径方面的具体完善而言，应当建立对抽象行政行为的有效审查，完善就业歧视诉讼程序中的举证责任制度，并完善就业歧视诉讼程序中的法律责任制度。

1. 建立对抽象行政行为的有效审查

出于对行政机关通过抽象行政行为处理行政事务这一职权的尊重，根据法律规定，我国人民法院缺乏审查行政机关抽象行政行为的权限。① 因此我国法院无法审查以及认定行政机关做出的抽象行政行为是否包含对平等就业权的侵害。行政机关通过抽象行政行为所作出的行政规范性文件，也可能会影响或损害劳动者的平等就业权。这使得在司法实践中，法院在处理行政机关作出的存在瑕疵或缺陷的行政规范性文件时，可能面临束手无策的困境，使得在通过诉讼方式为平等就业权提供的救济存在着先天的缺陷，平等就业权遭受侵害的劳动者寻求司法救济的路径存在阻碍。

因此，为保证劳动者在遭受就业歧视或不公正就业待遇时能够获得充分、有效的救济，我国应当借鉴欧盟平等就业权法律保护中，欧盟法院对欧盟相关法律的审查和监督作用。可以考虑通过相关立法，赋予我国法院在诉讼中对行政机关通过的平等就业权抽象行政行为进行监督和审查的权力，来确保遭受影响或侵害的劳动者能够获得有效的司法救济。

由于我国已经通过《立法法》第97条和99条，建立起了对包括行政规范性文件在内的法律审查制度，赋予了我国包括全国及各级人民代表大会及其常务委员会以及国务院及各级地方政府更改和撤销相关法律文件的权力。② 因此，在法院对抽象行政行为进行审查时应当遵循一定原则，而不能通过司法管辖权对上述现存制度进行肆意干涉。首先，法院应当仅对抽象行政行为是否符合法律进行审查。在审查行政机关通过的抽象行政行为时，当事人应当只能对抽象行政行为是否符合法律提出疑问，而法院也仅能对此进行审查和裁定。其次，法院应当在审理案件时进行附加审查。这要求法院仅能在审理具体的平等就业权相关案件时，对作为依据的

---

① 李成：《平等权的司法保护——基于116件反歧视诉讼裁判文书的评析与总结》，《华东政法大学学报》2013年第4期。

② 《中华人民共和国立法法》第97条、第99条。

抽象行政行为进行附加审查，而不能主动对与本案件无关或并未实际产生效力的抽象行政行为进行审查。最后，法院应当作出是否适用抽象行政行为的决定。这要求法院在具体案件中，在审查抽象行政行为是否符合法律后，所作出的并非是撤销、变更或废止抽象行政行为的决定，而仅仅应当是宣布在该案中是否适用这一行政行为的决定。①

2. 完善就业歧视诉讼程序中的举证责任制度

对于举证责任制度而言，正如前文所分析的，由于雇主的性质不同，劳动者在提起就业歧视诉讼时，可能会适用不同的举证责任制度。具体来说，就劳动者与私人之间的就业歧视诉讼而言，一般应当适用民事诉讼举证责任制度，由主张存在就业歧视行为的劳动者提出证据来进行证明。而就劳动者与政府和其他公共机构之间的就业歧视诉讼而言，一般适用行政诉讼举证责任制度，由作为被告的政府或其他公共机构提出证据来进行证明。由于诉讼所适用的举证责任制度的不一致，导致了就业歧视诉讼中平等就业权救济上的混乱。因此，我国有必要完善就业歧视诉讼中适用的举证责任制度。考虑到就业过程，劳动者与用人单位地位上的不平等，使得劳动者很难获得并提出充分的证据来证明存在就业歧视行为。② 特别是私人用人单位在就业过程中实施间接歧视行为、指示歧视行为以及骚扰的情况下，劳动者几乎无法提出有效的证据进行证明，进而无法获得有效的救济。

因此，在就业歧视诉讼中，可以借鉴欧盟法院在平等就业权法律保护救济中所适用的"举证责任倒置规则"。在我国《劳动法》以及《就业促进法》中，在允许劳动者针对就业歧视行为提起诉讼的同时，应当明确规定"举证责任倒置"这一规则。③ 那些认为他们的平等就业权受到侵害的劳动者，必须向法庭提交存在就业歧视的控诉，而由被指控实施就业歧视行为的被告提供证据，来证明不存在就业歧视。从而保证劳动者在就业歧视诉讼中，不会因为在就业过程中地位上的不平等而削弱了其依法获得

---

① 胡锦光：《论我国抽象行政行为的司法审查》，《中国人民大学学报》2005年第5期。

② 林嘉、杨飞：《论劳动者受到就业歧视的司法救济》，《政治与法律》2013年第4期。

③ 曹俊金：《平等就业权司法救济实证研究》，《中国劳动》2014年第9期。

平等就业权司法保障和救济的能力。

3. 完善就业歧视诉讼程序中的法律责任制度

建立明确、完善的就业歧视法律责任制度，是构建劳动者平等就业权法律保护制度的必然要求。对实施就业歧视行为的主体，施加适当的法律责任和惩罚，对于为受害者提供补偿，对行为人进行惩戒以及对其他主体进行警示都具有重要意义。①

虽然我国已经规定了违反平等就业权相关法律规定所应当承担的法律责任，但相关法律责任并不完善。首先，相关法律所规定的行政责任形式，如给予警告、责令改正等，对实施就业歧视行为的用人单位所产生惩戒效果十分有限，可能也无法对其他实施就业歧视行为的潜在的用人单位产生预防效果。② 其次，就赔偿损失等民事责任形式而言，由于我国法律并没有规定具体、明确的补偿和赔偿措施和标准，可能也无法为平等就业权遭受侵害的劳动者提供充分的救济。

因此，在确立就业歧视的法律责任制度时，有必要完善就业歧视行为实施主体应承担的法律责任，建立惩罚性赔偿制度，增加用人单位违法成本，发挥其惩罚和警告的作用。③ 同时应当明确赔偿标准，来衡量劳动者因就业歧视行为所遭受的损失，为平等就业权遭受侵害的劳动者提供统一的补偿。而根据就业歧视诉讼与劳动者就业之间的天然关系，可以考虑适用录用或重新录用等措施作为其他救济途径，来为劳动者因就业歧视所丧失的就业机会提供补偿。④

（三）完善行政实施

在平等就业权的保护过程中，我国行政机关发挥了不可替代的重要作用，通过制定行政规范性文件、建立相关行政主管机构，为我国相关法律的落实，以及为平等就业权的保护制定具体的实施要求和规则，作出了巨

---

① 刘婕、吴军辉：《论就业歧视利益冲突之法律平衡与协调——兼论我国反就业歧视法律制度的完善》，《法学论坛》2007 年第 10 期。

② 张艳：《反就业歧视及其法律建构》，《西南政法大学学报》2006 年第 1 期。

③ 刘婕，吴军辉：《论就业歧视利益冲突之法律平衡与协调——兼论我国反就业歧视法律制度的完善》，《法学论坛》2007 年第 10 期。

④ 谢增毅：《就业平等权受害人的实体法律救济》，《社会科学战线》2016 年第 7 期。

大的贡献。① 为了进一步发挥行政实施在平等就业权保护中的作用，应当完善和修正存在缺陷和不足的行政规范性文件，确定或建立专门的平等就业权主管机构，以及完善行政系统内部的救济制度。

1. 完善和修正行政规范性文件

可以看到的是，对于我国平等就业权法律的实施和平等就业权的保护而言，行政机关所制定和通过的行政规范性文件发挥着重要作用。完善和修正行政规范性文件，对于在实践中保障劳动者平等就业权意义重大。我国在完善平等就业权相关法律规定的同时，也应当对行政规范性文件进行完善和修正。

首先，我国应当确保能够切实遵守法制统一原则，及时清理和审查不符合平等就业权保护要求和平等就业权相关法律规定的行政规范性文件。这要求行政规范性文件与全国人大及其常务委员会通过的法律，同级人大及其常务委员会通过的地方性法规，以及上级行政机关通过的行政规范性文件保持一致。同时，也要求行政规范性文件之间保持协调，避免产生冲突。而这不仅是保护平等就业权的必然要求，也是维护我国法制统一的必然要求。②

其次，我国应当确保能够切实遵守可操作性原则，保障行政规范性文件在执行时具有可操作性，从而起到补充法律空白、实现立法意图并保证执行效果的重要作用。这要求行政规范性文件"规则明确、内容完整、要求具体、适应性大、针对性强、切实可行"。③ 同时这一原则还要求行政机关根据经济、社会以及就业形势的发展状况，制定行政规范性文件。明确平等就业权保护的现实要求，制定符合现阶段劳动力市场中保障平等就业机会和待遇、打击就业歧视要求的规则和政策。

2. 确定或建立专门的平等就业权主管机构

我国平等就业权主管机构存在部门交叉、职权重叠、多头管理的现象，在实践中使得平等就业权纠纷难以获得有效的解决。因此，我国有必

---

① 都玉霞、王立业：《平等权的法律保护》，《政法论丛》2002 年第 6 期。

② 李升军：《平等就业权简论》，《科技经济市场》2006 年第 11 期。

③ 姜明安主编：《行政法与行政诉讼法》，北京大学出版社 2007 年版，第 209 页。

要确定或建立专门的平等就业权主管机构来为劳动者提供保障。①

在我国现有实践中，县级以上各级人民政府劳动行政部门以及各级人民政府和有关部门，对平等就业权的实施负有监督责任。根据《劳动法》第 85 条以及《就业促进法》第 60 条，上述机关有权制止违反相关法律、法规的行为并责令改正，同时有权建立举报制度，受理相关违法行为并予以核实处理。② 但这所带来的问题是，上述条款所指定的平等就业权纠纷处理机构并不明确，而各部门之间的权限也没有清晰的划分，这不但使得部门之间极有可能发生相互推诿的情况，劳动者很难明确应当寻求救济的主管部门，而且各部门很难对平等就业权纠纷进行标准统一的处理，使得平等就业权遭受影响或侵害的劳动者难以获得有效的救济。在我国现有机构设置中，各级人民政府劳动行政部门明确指代的各级劳动与社会保障局对于处理平等就业权纠纷负有主要责任。对于平等就业权的行政实施，各级劳动和社会保障局以及各级人民政府，在资源调配和行政职权上具有天然优势，可以考虑明确指定各级劳动和社会保障局作为主管机构，主管平等就业权相关事务。

另外，欧盟 2000/43/EC 指令第 13 条以及 2006/54/EC 指令第 20 条的规定，"……任命一个或多个机构，来推动所有人的平等待遇，不受基于性别（民族或种族出身）的歧视；该机构可以作为国内层面捍卫人权或个人权利相关机构的一部分；成员国应当保证该机构的职权包括：……向在歧视诉讼中遭受歧视的受害者提供协助；进行有关歧视的独立调查；出版独立报告并就任何与歧视相关的问题作出建议"。③ 我国也可以考虑借鉴欧盟平等就业权法律保护，在我国建立一个明确的专门机构，来推动、分析、监督和支持平等就业权纠纷的解决，并为平等就业权在实践中的充分实施提供有益支持。④

---

① 喻术红：《反就业歧视法律问题之比较研究》，《中国法学》2005 年第 1 期。

② 《中华人民共和国劳动法》第 85 条。《中华人民共和国就业促进法》第 60 条。

③ Directive 2000/43/EC, article 13；Directive 2006/54/EC, article 20.

④ 蔡定剑：《反就业歧视综合研究报告》，转自蔡定剑主编《中国就业歧视现状及反歧视对策》，中国社会科学出版社 2007 年版，第 45—46 页

3. 完善行政系统内部救济制度

正如前文所分析的，对于公务员这一职业而言，相关劳动者平等就业权遭受侵害或影响时，并非适用通过向法院提起诉讼这一途径获得救济，而是根据《公务员法》规定的行政系统内部救济制度进行保障和救济。

在我国现阶段，通过行政系统内部救济制度对公务员职业中的平等就业权问题进行救济是具有一定的合理性的，这反映了我国行政诉讼经验不足，审判条件不成熟以及人民法院审判资源有限等客观条件的限制。另外，作为行政机关内部人事管理行为，公务员职业中的录用和就业问题，对于行政机关建设也具有重要意义。因此，人民法院并不适宜过于干预行政机关的人事事务。但我国可以考虑在一定程度上，在公务员这一职业中，赋予劳动者穷尽行政系统内部救济制度后，向法院提起司法诉讼寻求救济的可能性，进而保障劳动者的平等就业权能够获得充分、有效的保障和救济。①

对于这一点，也可以参考欧盟法院对于欧盟公务人员劳动纠纷的处理和解决方式。2004 年欧盟法院建立了负责管辖欧盟机构与其雇佣的公务人员之间纠纷的欧洲公务员法庭，并于 2016 将管辖权转交给了初审法院。②根据《欧盟运行条约》第 270 条的规定，欧盟公务人员作为特定的劳动者，可以向初审法院提起诉讼，其中也包括了平等就业权相关诉讼。③ 因此，欧盟保障欧盟公务人员在发生劳动纠纷时，能够通过欧盟内部救济制度获得救济的同时，也赋予了欧盟公务人员向法院提起诉讼的权利。

四　本章小结

欧盟从欧洲经济共同体及欧洲共同体时期起便开始对平等就业权提供

---

① 冯岚：《类型化路径下我国公务员人事行政权力司法救济的有限引入》，《学术研究》2017 年第 12 期。

② Euroepean Parliament and the Council of European Union, Regulation of the Euroepean Parliament and of the Council on the Transfer to the General Court of Jurisdiction at First Instance in Disputes Between the European Union and Its Servants, 6 July 2016, 2016/1192.

③ Treaty on the Functioning of the European Union, article 270.

保护，并在平等就业权法律保护中构建起了相对成熟和完整的体系，为了完善我国平等就业权法律保护，我国可以对欧盟平等就业权法律保护中的相关经验进行借鉴。近年来，随着我国经济和社会的进一步发展，平等就业权问题在我国得到了越来越多的关注。无论是对于立法条款的审视，还是对于司法救济和行政实施的反思，都反映了我国对于推动平等就业权法律保护进步与完善的期待。借鉴欧盟平等就业权法律保护的相关经验，对于分析我国在平等就业权法律保护方面存在的问题具有重要价值。这有利于认定我国平等就业权法律保护的现状和不足之处，对于推动我国平等就业权法律保护的完善和发展具有意义。

首先，就我国平等就业权法律保护的现状而言，我国一直重视劳动者权利保障和促进问题，现阶段我国主要通过《宪法》《劳动法》《劳动合同法》《就业促进法》以及《妇女权益保障法》《残疾人保障法》等法律为平等就业权提供实体法和程序法上的保护。从实体法上来说，我国《宪法》为我国劳动者平等就业权的法律保护提供了宪法上的基石和依据，对于指导相关立法具有权威作用，从根本上为平等就业权供了保障和基础。在此基础上，我国《劳动法》《劳动合同法》以及《就业促进法》对平等就业权概念、内涵和保护标准作出了具体规定。另外，我国还通过了专门法律，主要包括《妇女权益保障法》以及《残疾人保障法》在内，对劳动力市场中的女性劳动者和残疾人劳动者所应当享有的平等就业权提供保护。从程序法上来说，我国《宪法》规定了宪法解释和法律审查，来为平等就业权提供保护。通过国家权威机关对宪法的解释，有助于避免对宪法理解上的冲突，保障《宪法》的权威性和统一性，并推动《宪法》和法律适应经济、社会的发展。另外，我国基本上建立了法律审查制度，可以对包括法律、行政法规、地方性法规、自治条例和单行条例、规章进行审查。同时，我国《劳动法》以及《就业促进法》中的程序法条款对仲裁和诉讼途径、法律执行情况的监督以及法律责任作出了规定。同时，包括《妇女权益保障法》以及《残疾人保障法》在内的专门法律，也对女性和残疾人这类特殊主体的平等就业权的保护作出了程序性的规定。另外，《公务员法》中的程序法条款为公务员作出了特殊的保护和救济规定。

　　其次，就我国平等就业权法律保护中存在的不足而言，我国在立法、司法救济和行政实施方面都存在一定的不足。就我国平等就业权立法方面来看，我国相关法律条款中，缺乏对平等就业权相关概念的准确规定，认定和保护的就业主体特征范围过于狭窄，缺失对就业歧视类别和判定标准的明确界定以及存在对就业资格的不合理限制。就我国平等就业权司法救济方面来看，我国法院缺少对抽象行政行为进行有效审查的管辖权，缺失完善的举证责任制度，以及缺失明确、有效的法律责任制度，无法为劳动者提供充分、有效的救济。就我国平等就业权行政实施方面来看，我国行政规范性文件中存在缺陷和不足，缺少专门和明确的行政主管机构，以及在公务员平等就业问题上行政系统内部救济制度中存在缺陷，一定程度上削弱了行政实施在平等就业权法律保护中所应当发挥的作用。

　　最后，就我国对平等就业权法律保护的完善来看，需要借鉴其他国家和地区的成熟经验。这对于不断完善我国现有的立法与实践，建立和完善平等就业权法律保护，为我国劳动者平等就业权的享有提供保障具有意义。欧盟所建立的相对完善的平等就业权法律保护应当能够为我国提供有益的借鉴。在完善我国平等就业权法律保护的过程中，应当强调3个方面的内容。对于完善平等就业权法律保护中的立法规定而言，欧盟平等就业权法律保护体现了欧盟长期打击就业歧视和不公正就业待遇过程中的成熟经验，对于我国处于起步阶段的平等就业权法律保护的构建和完善也具有前瞻性的借鉴意义。我国应当增加对平等就业权基本概念的准确规定，扩大平等就业权法律保护中对就业主体特征的认定和保护范围，增加对就业歧视类别和判定标准的准确界定，以及确保对劳动者就业资格的合理限制。对于完善平等就业权法律保护中的救济途径而言，欧盟法院在欧盟平等就业权法律保护救济中作出的努力以及取得的成就值得我国进行借鉴。具体而言，我国应当建立对抽象行政行为的有效审查，完善就业歧视诉讼程序中的举证责任制度和法律责任制度。对于完善平等就业权法律保护中的行政实施而言，应当完善和修正存在缺陷和不足的行政规范性文件，确定或建立专门的平等就业权主管机构，以及完善行政系统内部的救济制度，确保行政实施能够在平等就业权法律保护过程中发挥适当的作用。

结　　论

　　平等就业权在保障劳动者享有平等的就业机会和待遇、免受就业歧视的影响和侵害问题上发挥着必不可少的作用。这一权利已经成为我国劳动者应当享有的基本劳动权利的重要组成部分。而完善我国平等就业权法律保护，除了在保障和促进平等就业权方面具有不可或缺的价值之外，还有利于推动其他相关人权在我国的实现和发展。保障劳动者能够充分享有平等就业权，不仅对劳动者应当享有的适当生活水准权、教育权、健康权等经济、社会和文化权利具有意义，还对劳动者包括生存权、结社权甚至公正审判权等公民权利和政治权利的行使具有重要影响。因此，近年来随着我国经济和社会的进一步发展，平等就业权问题在我国来得到了越来越多的关注。无论是对于立法条款的审视，还是对于司法救济和行政实施的反思，都反映出我国对于推动平等就业权相关法律保护进步与完善的期待。

　　欧盟从欧洲经济共同体及欧洲共同体时期起便开始对平等就业权提供保护，并在平等就业权法律保护中构建起了相对成熟和完整的体系。欧盟通过欧盟基本法律、欧盟衍生法律、其他具有参考价值的欧盟文件、欧盟基本权利和普遍性价值以及欧盟法院的司法案例，建立起了欧盟平等就业权法律保护的基本框架。其中体现了平等就业权法律保护的基本原则：以劳动者性别、种族或民族出身、宗教或信仰、年龄、残疾和性倾向特征为依据保障劳动者能够获得平等的就业机会和待遇，同时禁止就业过程中的直接歧视、间接歧视、骚扰或性骚扰以及指示歧视等就业歧视行为，体现了平等保护原则；对平等就业中包括"真正和决定性的"职业要求、保护女性生理或心理状况的需要、维护公共安全的需要等例外情况进行了规制，体现了合理限制原则；制定和实施就业中的"积极行动"政策和措施，为具有特殊保护需要的劳动者提供保护，体现了特殊保护原则。另外，在欧盟平等就业权的法律保护过程中，欧盟法院的司法实践发挥了重要作用。

　　尽管欧盟作为一个国际组织，其独特的组织结构和立法程序以及欧盟成员国各国的社会与文化背景差异对平等就业权法律保护的影响，使得欧盟在立法中的很多方面都与独立国家的国内法立法并不相似。但欧盟平等就业权法律保护中所包含的价值理念、基本原则以及具体条款，对于我国建立和完善平等就业权法律保护具有重要的借鉴意义。我国应当借鉴欧盟在平等就业权法律保护方面的先进经验，建立完善的平等就业权法律保护，为我国劳动者平等就业权提供充分的保护。我国应当注重完善我国平等就业权相关法律，为劳动者的平等就业权提供充分、有效的司法救济，并通过完善行政实施来推动实践中平等就业权的真正实现。

　　随着我国市场经济的不断推进，经济和社会快速发展，我国劳动分工程度不断加深，与用人单位建立雇佣劳动关系继而赚取工资报酬，成为了我国劳动者获取生活资料来维持个人及家庭适当生活水准的主要方式，甚至对于维护个人尊严也具有意义。我国坚持的中国特色社会主义制度要求建立并完善社会主义市场经济体制，即坚持国家宏观调控的前提下，最大限度地发挥市场在资源配置中的决定性作用。① 而为了推动我国市场经济的可持续高速发展，发挥我国人口大国的独特优势，引导市场在人力资源配置中的良性作用，确保我国劳动者都能平等地参与就业过程，参与就业竞争。我国社会主义市场经济的健康发展也要求最大限度地促进人力资源的合理分配。保障劳动者的平等就业权不仅有利于推动劳动者的职业规划进程、增强劳动者的就业积极性，还有利于优化我国劳动力市场中的供求匹配，进而推动我国中国特色社会主义市场经济的健康发展。因此，应当在尊重市场经济客观规律的前提下，通过完善平等就业权法律保护，保障

---

　　① 贾绘泽：《中国特色社会主义制度自信研究框架分析》，《理论探讨》2014 年第2 期。

平等就业权所要求的平等就业机会和待遇，能够为每一个劳动者所真正享有。

平等就业权问题是现代社会所面临的共同问题，在我国这样一个历史悠久、人口众多、地域辽阔、资源有限的国家，更是在实现平等就业权过程中面临着巨大的挑战。而我国已经越来越清晰地认识到了完善平等就业权法律保护所具有的重要意义，并开始采取相应的措施。同时，我国劳动者的权利意识也在逐渐提高，开始通过包括司法救济途径在内的救济途径捍卫自身的权利。相信在之后的发展过程中，我国将会进一步完善我国平等就业权的法律保护。而在就业领域中对平等的追求和推崇，也会影响"平等"这一根本理念在我国的建设和发展，推动我国社会的整体进步和前行。

参考文献

一　中文文献

（一）著作

蔡定剑、张千帆主编：《海外反就业歧视制度与实践》，中国社会科学出版社 2007 年版。

蔡定剑主编：《中国就业歧视现状及反歧视对策》，中国社会科学出版社 2007 年版。

冯祥武：《反就业歧视法基础理论问题研究》，中国法制出版社 2012 年版。

郝鲁怡：《欧盟妇女劳动权利保护的法律制度研究》，中国社会科学出版社 2013 年版。

李薇薇、Lisa Strearns 主编：《禁止就业歧视：国际标准和国内实践》，法律出版社 2006 年版。

李星明：《欧盟禁止性别歧视的立法与实践》，转引自周伟、李薇薇、杨聪、何霞等《禁止就业歧视的法律制度与中国的现实》，法律出版社 2008 年版。

姜明安主编：《行政法与行政诉讼法》，北京大学出版社 2007 年版。

齐延平主编：《社会弱势群体的权利保护》，山东人民出版社 2006 年版。

邱小平：《法律的平等保护——美国宪法第十四修正案第一款研究》，北京大学出版社 2005 年版。

王全兴:《劳动法》,法律出版社 2004 年版。

王丽平:《我国平等就业机会保障研究》,中央民族大学出版社 2013 年版。

徐显明主编:《人权法原理》,中国政法大学出版社 2008 年版。

[古希腊] 亚里士多德:《政治学》,吴寿彭译,商务印书馆 1965 年版。

周伟、李薇薇、杨聪、何霞等:《禁止就业歧视的法律制度与中国的现实》,法律出版社 2008 年版。

周伟:《反歧视法研究:立法、理论与案例》,法律出版社 2008 年版。

(二) 期刊论文

白琳,郭枫:《欧盟劳动法性别平等述评——以 2006/54/EC 指令为切入点》,《湖南科技学院学报》2014 年第 31 期。

陈霞明:《平等权与间接歧视》,《武汉科技大学学报》(社会科学版) 2006 年第 1 期。

曹俊金:《平等就业权司法救济实证研究》,《中国劳动》2014 年第 9 期。

都玉霞,王立业:《平等权的法律保护》,《政法论丛》2002 年第 6 期。

段文清:《当代中国视野下的工作权》,《行政与法》2011 年第 10 期。

范明志:《论欧盟法院的先行裁决》,《法学评论》2002 年第 6 期。

冯岚:《类型化路径下我国公务员人事行政权力司法救济的有限引入》,《学术研究》2017 年第 12 期。

韩燕煦:《欧洲联盟先于裁决制度初探》,《法学家》2000 年第 5 期。

胡锦光:《论我国抽象行政行为的司法审查》,《中国人民大学学报》2005 年第 5 期。

何琼,裴璆:《论就业歧视的界定——欧盟"正当理由"理论对我国的歧视》,《法学》2006 年第 4 期。

韩钢:《平等权的存在形态及其内涵》,《齐鲁学刊》2010 年第 2 期。

郝红梅:《欧盟对平等就业权的法律保障》,《云南大学学报》(社会科学版) 2012 年第 5 期。

建光:《关于平等权及其宪法保护的思考》,《广州大学学报》(社会科学版) 2008 年第 11 期。

巨英，嵇雷：《试析欧盟对英国劳资政策的影响》，《哈尔滨学院学报》2011 年第 6 期。

贾绘泽：《中国特色社会主义制度自信研究框架分析》，《理论探讨》2014 年第 2 期。

梁晓春：《反就业歧视的法律思考》，《政法学刊》2006 年第 5 期。

李升军：《平等就业权简论》，《科技经济市场》2006 年第 11 期。

罗丽华、严彬：《平等就业权简论》，《长沙理工大学学报》（社会科学版）2007 年第 1 期。

刘婕，吴军辉：《论就业歧视利益冲突之法律平衡与协调——兼论我国反就业歧视法律制度的完善》，《法学论坛》2007 年第 10 期。

李星明，张淑慧：《欧盟反歧视立法概论》，《凯里学院学报》2008 年第 5 期。

李雄：《论平等就业权的界定》，《河北法学》2008 年第 6 期。

李薇薇：《平等原则在反歧视法中的适用和发展——兼谈我国的反歧视立法》，《政法论坛》2009 年第 1 期。

李雄，吴晓静：《我国反就业歧视法律规范规控研究》，《河北法学》2010 年第 12 期。

李云华：《就业权：概念的建构与分析》，《社会保障研究》2011 年第 4 期。

林燕玲：《以第 111 号公约审视中国反歧视的制度建设》，《中国劳动关系学院学报》2011 年第 5 期。

李成：《平等权的司法保护——基于 116 件反歧视诉讼裁判文书的评析与总结》，《华东政法大学学报》2013 年第 4 期。

林嘉，杨飞：《论劳动者受到就业歧视的司法救济》，《政治与法律》2013 年第 4 期。

刘文静：《〈残疾人权利公约〉视角下的中国残疾人权益保障：理念变迁与制度创新》，《人权》2015 年第 2 期。

梁成义，周佳：《论平等原则对人的尊严的整全保护》，《齐齐哈尔大学学报》（哲学社会科学版）2015 年第 8 期。

穆随心：《就业权内容探析》，《河北法学》2006 年第 2 期。

宁国良、李雪芹:《欧盟性别平等就业政策及其对我国的启示》,《湘潭大学学报》(哲学社会科学版) 2013 年第 4 期。

屈从文:《欧盟委员会超国家性质分析》,《欧洲研究》2004 年第 6 期。

施鹏鹏:《基本权利谱系与法国刑事诉讼的新发展——以〈欧洲人权公约〉及欧洲人权法院判例对法国刑事诉讼的影响为中心》,《暨南学报》(哲学社会科学版) 2013 年第 7 期。

韦经建:《论欧洲联盟法的效力及其对于国家主权理论的影响》,《法治与社会发展》1999 年第 6 期。

王玉玮:《论欧盟法的直接效力原则和优先效力原则》,《安徽大学法律评论》2007 年第 2 辑。

王彬:《我国就业歧视司法救济存在的问题及完善建议》,《前沿》2009 年第 11 期。

谢增毅:《就业平等权受害人的实体法律救济》,《社会科学战线》2016 年第 7 期。

杨蕾,张猛:《宪法诉讼——宪法权利保障的必由之路》,《山东行政学报》2004 年第 1 期。

叶静漪、魏倩:《〈经济、社会和文化权利国际公约〉与劳动权的保护》,《北京大学学报》2004 年第 2 期。

喻术红:《反就业歧视法律问题之比较研究》,《中国法学》2005 年第 1 期。

银峰:《发达资本主义经济金融化的政治经济学考察》,《华东经济管理》2013 年第 5 期。

张艳:《反就业歧视及其法律建构》,《西南政法大学学报》2006 年第 1 期。

张宗浩,陈亚东:《反就业歧视论》,《求索》2006 年第 8 期。

周伟:《从身高到基因:中国反歧视的法律发展》,《清华法学》2012 年第 6 期。

翟业虎:《竞业禁止的法益冲突及其衡平原则研究》,《河南大学学报》(社会科学版) 2013 年第 5 期。

赵琳:《关于就业权的法制保障》,《法制与社会》2014 年第 5 期。

二 外文文献

（一）著作

Barnard, Catherine & Jon Clark & Roy Lewis, *The Exercise of Individual Employment Rights in the Member States of the European Community*, EC: Employment Department, 1995.

Bamforth, Nicholas & Maleiha Malik & Colm O'Cinneide, *Discrimination Law: Theory and Context*, Hong Kong: Sweet & Maxwell, 2008.

Bercusson, Brain, *European Labour Law*, 2nd edition, Cambridge: Cambridge University Press, 2009.

Blanpain, Roger, *European Labor Law*, Amsterdam: Kluwer Law International BV, 2014.

Catherine, Barnard, *EU Employment Law*, 4th edition, Oxford: Oxford University Press, 2012.

Davies, Gareth, *Nationality Discrimination in the European Internal Market*, Amsterdam: Kluwer Law International, 2003.

Fredman, Sandra, *Discrimination Law*, 2nd Edition, Oxford: Oxford University Press, 2011.

Glendon, Mary Ann & Paolo G. Carozza & Colin B. Picker, *Comparative Legal Traditions: Text, Materials and Cases on Western Law*, 3rd editon, Masson: Thomson West, 1985.

Hervey, Tamara K. , *European Social Law and Policy*, London: Longman, 1998.

Kenner, Jeff, *EU Employment Law: from Roma to Amsterdam and Beyond*, London: Hart Publishing, 2002.

Kennedy, Randall, *For Discrimination: Race Affirmative Action and the Law*, New York: Vintage, 2015.

O'Leary, SiÓFra, *Employment Law at the European Court of Justice: Judicial Structure, Policies and Processes*, London: Hart Publishing, 2002.

Rawls, John Bordley, *The Theory of Justice*, Cambridge: Belknap Press, 2005.

Rieser, Richard, *Implementing Inclusive Education: A Commonwealth Guide to Implementing Article 24 of the UN Convention on the Rights of People with Disabilities*, London: Commonwealth Secretariat, 2008.

Shaw, Malcolm N. , *International Law*, 4th Edition, Cambridge: Cambridge University Press, 1997.

Tryfonidou, Alina, *Reverse Discrimination in EC Law*, Amsterdam: Kluwer Law International, 2009.

Wise, Mark and Richard Gibb, *Single Market to Social Europe: The European Community in the* 1990s, London: Longman, 1993.

（二）期刊论文

Allott, Philip, "Priliminary Rulings – Another Infant Disease", *European Law Review*, Vol. 5, 2000.

Bequele, Assefa and David H. Freedman, "Employment and Basic Needs: An Overview", *International Labor Review*, Vol. 118, 1979.

Barnard, Catherine, "The Principle of Equaltiy in the Community Context: P, Grant, Kalanke and Marschall: Four Uneasy Bedfellows?", *Canbridge Law Journal*, Vol. 57（2）, 1998.

Barnard, Catherine and Simon Deakin, "A Year of Living Dangerously? EC Social Rights, Employment Policy, and EMU", *Industrial Relations Journal*, Vol. 30（4）, 1999.

Broadening, Dagmar Schiek, "The Scope and the Norms of EU Gender Equality Law: Towards a Multidimensional Conception of Equality Law", *Maastricht Journal of European and Comparative Law*, Vol. 12, 2005.

Bell, Mark, "Combating Racial Discrimination Through the European Employment Strategy", *Cambridge Year Book of Euroepan Legal Studies*, Vol. 6, 2006.

Burca, Grainne de, "The European Union in the Negotiation of the UN Disability Convention", *European Law Review*, Vol. 35（2）, 2010.

Barrie, Jeneba H. , "European Union Law and Gay Rights: Assessing the Equal Treatment in Employment and Occupation Directive and Case Law on Employemnt Benefits for Registered Same-Sex Partnerships", *Journal of Civil Law Studies*, Vol. 6,2013.

Blauberger, Michael, "National Responses to European Court Jurisprudence", *West European Politics*, Vol. 37 (3),2014.

Bell, Mark, "Sickness Absence and the Court of Justice: Examining the Role of Fundamental Rights in EU Employment Law", *European Law Journal*, Vol. 21,2015.

Collins, Hugh, "Discrimiantion, Equality and Social Inclusion", *The Modern Law Review*, Vol. 66,2003.

Carruba, Clifford J., Matthew Gabel, Charles Hankla, "Understanding the Role of the European Court of Justice in European Integration", *American Political Science Review*, Vol. 106 (1),2012.

Duncan, Myrl L., "The Future of Affirmative Action: A Jurisprudential/Legal Critique", *Harvard Civil Rights - Civil Liberties Law Review Forum*, Vol. 17 (2),1982.

Ellis, Evelyn, "The Definition of Discrimination in European Community Sex Equality Law", *European Law Review*, Vol. 19 (6),1994.

Fredman, Sandra, "Changing the Norm: Positive Duties in Equal Treatment Legislation", *Social Sience Electronic Publishing*, Vol. 12,2005.

Goldsmith, Lord, "A Charter of Rights, Freedoms and Principles", *Common Market Law Review*, Vol. 38,2001.

Ivanus, Catalina-Adriana, "Justification for Indirect Discrimination in EU", *Perspective of Business Law Journal*, Vol. 3,2004.

Kilpatrick, Claire, "The Court of Justice and Labor Law in 2010: A New EU Discrimination Law Architecture", *Industrial Law Journal*, Vol. 40 (3),2011.

L'Heureux-Dube, Claire, "The Search for Equality: A Human Rights Issue", *Queen's Legal Journal*, Vol. 25,2000.

Moens, Gabriel A., "Equal Opportunities not Euqal Results: 'Equal Opportunity' in European Law After Kalancke", *Journal of Legislation*, Vol. 23,1997.

McGregor, Judy, "Stereotypes and Older Workers", *Journal of Social Policy New Zealand*, *Vol.* 18, 2002.

Mchugh, Claire, "The Equality in EU Law: Taking a Human Rights Approach?", *Irish Student Law Review*, Vol. 14, 2006.

Moschel, Mathias, "Race Discrimination and Access to the Euroepan Court of Justice: Belov", *Common Market Law Review*, Vol. 50, 2013.

Oliver, Hazel, "Sexual Orientation Discrimination: Perceptions Definitions and Genuine Occupational Requirements", *Industrial Law Journal*, Vol. 33, 2004.

O' Cinnide, Colm, "The Right to Equality: A Substantive Legal Norm or Vacuous Rhetoric?", *UCL Human Rights Review*, Vol. 1, 2008.

Pager, Sean, "Strictness and Subsidiarity: and Institutional Perspective on Affirmative Action at the Euroepan Court of Justice", *Boston College International & Comparative Law Review*, Vol. 26, 2003.

Pasternak, Menahem, "Employment Discrimination: Some Economic Definitions, Critique and Legal Implications", *North Carolina Central Law Review*, Vol. 33, 2011.

Strauss, David A., "The Illusory Distinction Between Equality of Opportunity and Equality of Result", *William and Mary Law Review*, Vol. 34, 1993.

Streeck, Wolfgang, "Neo – voluntarism: A New Social Policy Regime?", *European Law Journal*, Vol. 1, 1995.

Stein, Michael Ashley, Penelope J. S. Stein, "Beyond Disability Civil Rights", *Hastings Law Journal*, Vol. 58, 2007.

Sargeant, Malcolm, "The European Court of Justice and Age Discrimination", *Journal of Business Law*, Vol. 2, 2011.

Sargeant, Malcolm, "Distinguishing between Justifiable Treatment and Prohibited Discrimination in Respect of Age", *Journal of Business Law*, Vol. 4, 2013.

Westen, Peter, "The Empty Idea of Equality", *Harvard Law Review*, Vol. 95, 1982.

Whittle, Richard, "The Framework Directive for Equal Treatment in Employment

and Occupation: An Analysis from a Disability Rights Perspective",
European Law Review, Vol. 27 (3), 2002.

Wasserfallen, Fabio, "The Judiciary as Legislator? How the European Court of
Justice Shapes Policy-Making in the European Union", *Journal of European
Public Policy*, Vol. 17 (8), 2010.

三 欧盟法律及文件

(一) 欧盟基础性条约

European Coal and Steel Community, Treaty establishing the European Coal and
Steel Community, signed on 18 Aril 1951, came into effect on 25 July 1952.

European Coal and Steel Community, Treaty establishing the European Coal and
Steel Community, signed on 25 March 1957, came into effect on 1
January 1958.

European Economic Community, Treaty establishing the European Economic
Community, signed on 25 March 1957, came into effect on 1 January 1958.

European Communities, Treaty Establishing a Single Council and a Single Com-
mission of the European Communities, signed on 8 Aril 1965, came into
effect on 1 July 1967.

European Union, Treaty on European Union and Treaty on the Functioning of
European Union, signed on 11 December 1991, came into effect on 1 No-
vember 1993. Protocol on Social Policy and the Agreement on Social Policy
Concluded Between the Member States of the European Community with the
Exception of the United Kingdom of Great Britain and Northern Ireland.

European Union, Treaty of Amsterdam amending the Treaty on European Union,
the Treaties establishing the European Communities and certain related
acts, signed on 17 June 1997, came into effect on 1 May 1999.

European Union, Charter of Fundamental Rights of the European Union, 7 De-
cember 2000, O. J. C 364.

European Union, Treaty of Nice amending the Treaty on European Union, the

Treaties Establishing the European Communities and Certain Related Acts, signed on 11 December 2000, came into effect on 1 February 2002.

European Union, Treaty of Lisbon amending the Treaty on European Union and the Treaty establishing the European Community, signed on 19 October 2007, came into effect on 1 December 2009.

European Union, Consolidated Versions of the Treaty on European Union and the Treaty on the Functioning of the European Union, 7 June 2016, O. J. C 202.

（二）欧盟理事会文件

Council of the European Communities, Council Resolution Concerning a Social Action Programme, 21 January 1974, O. J. (1974) C13/1.

Council of the European Communities, Council Direction the Approximation of the Laws of the Member State Relating to the Application of the Principle of Equal Pay for Men and Women, 10 February 1975, 75/117/EEC, O. J. (1975) L 45/19.

Council of the European Communities, Council Directive on the Implementation of the Principle of Equal Treatment for Men and Women as regards Access to Employment, Vocational Training and Promotion, and Working Conditions, 9 February 1976, 76/207/EEC, O. J. (1976) L 39/40.

Council of the European Communities, Council Directive on the Progressive Implementation of the Principle of Equal Treatment for Men and Women in Matters of Social Security, 19 December 1978, 79/7/EEC, O. J. (1978) L 6/24.

Council of the European Communities, Council Recommendation on the Promotion of Positive Action for Women, 13 December 1984, 84/635/EEC.

European Communities, Single European Act, 17 February 1986, O. J. L 169/2.

Council of the European Communities, Council Resolution on the Promotion of Equal Opportunities for Women, 24 July 1986, O. J. C 203/2.

Council of the European Communities, Council Directive on the Implementation of the Principle of Equal Treatment for Men and Women in Occupational

Social Security Schemes, 24 July 1986, 86/378/EEC.

Council of the European Communities, Council Recommendation on the Employment of Disabled People in the Community, 24 July 1986, 86/379/EEC.

Council of the European Communities, Council Directive the Introduction of Measures to Encourage Improvements in the Safety and Health of Workers at Work, 12 June 1989, 89/391/EEC, O. J. L 183/1.

Council of the European Communities, Council Resolution on the Protection of the Dignity of Women and Men at Work, 29 May 1990, O. J. C 157/02.

Council of the European Communities, Council Declaration on the Implementation of the Commission Recommendation on the Protection of the Dignity of Women and Men at Work, Including the Code of Practice to Combat Sexual Harassment, 19 December 1991, O. J. C 27/1.

Council of the European Communities, Council Recommendation on Child Care, 31 Mach 1992, 92/241/EEC.

Council of the European Communities, Council Directive on the Introduction of Measures to Encourage Improvements in the Safety and Health at Work of Pregnant Workers and Workers Who Have Recently Given Birth or Are Breastfeeding, 19 October 1992, 92/85/EEC.

Council of the European Union, Council Directive the Protection of Young People at Work, 22 June 1994, 94/33/EC.

Council of the European Union, Council Resolution on Equal Participation by Women in an Employment-Intensive Economic Growth Strategy within the European Union, 6 December 1994, O. J. C 368/3.

Council of the European Union, Council Directive on the Framework Agreement on Parental Leave Concluded by UNICE, CEEP and the ETUC, 3 June 1996, 96/34/EC.

Council of the European Union, Council Resolution of the Council and the Representatives of the Governments of the Member States, Meeting within the Council Concerning the European Year Against Racism (1997), 23 July 1996, 96/C 237/01.

Council of the European Union, Council Directive on the Burden of Proof in Cases of Discrimination Based on Sex, 15 December 1997, 97/80/EC.

Council of the European Union, Council Directive on Implementing the Principle of Equal Treatment Between Persons Irrespective of Racial or Ethnic Origin, 29 June 2000, 2000/43/EC.

Council of the European Union, Council Directive on Establishing a General Framework for Equal Treatment in Employment and Occupation, 27 November 2000, 2000/78/EC.

Council of the European Union, Council Decision on Establishing a Programme Relating to the Community Framework Strategy on Gender Equality (2001–2005), 20 December 2000, 2001/51/EC.

Council of the European Union, Council Directive on the Implementation of the Principle of Equal Opportunities and Equal Treatment of Men and Women in Maters of Employment and Occupation, 5 July 2006, 2006/54/EC. O. J. L 204/23.

Council of the European Union, Explanations of the Charter of Fundamental Rights, 14 December 2007, O. J. C 303/02.

Council of the European Union, Council Decision on Guidelines for the Employment Policies of the Member States, 15 July 2008, 2008/618/EC.

Council of the European Union, Council Decision on Guidelines for the Employment Policies of the Member States, 21 October 2010, 2010/707/EU.

Euroepean Parliament and Council of the European Union, Regulation of the Euroepean Parliament and of the Council on the Transfer to the General Court of Jurisdiction at First Instance in Disputes Between the European Union and Its Servants, 6 July 2016, 2016/1192.

（三）欧盟委员会文件

Commission of the European Economic Community, First General Report on the Activities of Community, 17 September 1958.

Euroepan Communities, The First Summit Conference of the Enlarged Community, Paris, 19–21 October 1972, Bulletin of the European Communities, no. 10/1972.

Euroepan Communities, Joint Declaration by the European Parliament, the Council and the Commission, 27 April 1977, O. J. C 103.

Commission of the European Communities, Proposal for a Directive on Voluntary Part-Time Work, 1 March 1982, O. J. C 62.

Commission of the European Communities, Proposal for a Council Directive Concerning Temporary Work, 19 February 1982, O. J. C 128.

Commission of the European Communities, Commission Recommendation on Vocational Training for Women, 24 November 1987, O. J. L 342/45.

Commission of the European Communities, The Dignity of Women at Work: A Report on the Problem of Sexual Harassment in the Member States of the European Communities, Office for Official Publications of the European Communities, 1988.

Commission of the European Communities, Community Charter of Fundamental Social Rights (draft), COM/89/471 final, 2 October 1989.

Commission of the European Communities, Communication from the Commission Concerning Its Action Programme Relating to the Implementation of the Community Charter of Basic Social Rights for Workers, 29 November 1989, COM/89/568 final.

Commission of the European Communities, Commission Recommendation on the Protection of the Dignity of Women and Men at Work, 27 November 1991, 92/131/EEC.

Commission of the European Communities, Social Europe: Occupational Segregation of Women and Men in the European Community, January 1993, supplement 3/93.

Commission of the European Communities, Green Paper - European Social Policy - Options for the Union, 17 November 1993, COM/93/551 final.

Commission of the European Communities, Growth, Competitiveness, Employment - The Challenges and Ways Forward into the 21st Century - White Paper, 5 December 1993, COM/93/700 final.

Commission of the European Communities, European Social Policy – A Way Forward for the Union – A White Paper, 27 July 1994, COM/94/333 final.

Commission of the European Communities, Communication from the Commission to the European Parliament and the Council on the Interpretation of the Judgment of the Court of Justice in Case C – 450/93, KaLanke v. Freie Hansestadt Bremen, 17 October 1995, COM (96) 88 final.

Commission of the European Communities, Report from the Commission – Employment in Europe (1997), 1 October 1997, COM/97/0479.

Commission of the European Communities, Communication from the Commission — An Action Plan Against Racism, 25 March 1998, COM/98/0183 final.

Commission of the European Communities, Proposal for a Council Directive Implementing the Principle of Equal Treatment Between Persons Irrespective of Racial or Ethnic Origin, Explanatory Memorandum, 25 November 1999, COM (1999) 566 final.

Commissions of the European Communities, Proposal for a Directive of the European Parliament and of the Council Amending Council Directive 76/207/EEC on the Implementation of the Principle of Equal Treatment for Men and Women as regards Access to Employment, Vocational Training and Promotion, and Working Conditions, COM (2000) 334 final.

Commission of the European Communities, Opportunities, Access and Solidarity: Towards a New Social Vision for 21st Century Europe, 20 November 2008, COM/2007/726 final.

Commission of the European Communities, Renewed Social Agenda: Opportunities, Access and Solidarity, 2 July 2008, COM/2008/412 final.

European Commission, Discrimination in the EU in 2009, November 2009, Special Eurobarometer 317.

European Commission, Europe 2020 – A Strategy for Smart, Sustainable and Inclusive Growth, 3 March 2010, COM/2010/2020 final.

（四）欧洲议会文件

European Parliament of the European Communities, Resolution on Violence a-
gainst Women, 11 June 1986, O. J. C 176/79.

European Parliament of the European Communities, Resolution on the
Resurgence of Racism and Xenophobia in Europe and the Danger of Right-
wing Extremist Violence, 31 May 1993, O. J. C 150.

European Parliament, Resolution on Equal Rights for Homosexuals and Lesbians
in the EC, 28 Febuary 1994, O. J. C 61/40.

四　欧盟法院判决及意见

NV Algemene Transport － en Expeditie Onderneming van Gend & Loos
v. Netherlands Inland Revenue Administration, Judgment of the Court, 5
February 1963, C-26/62.

Flaminio Costa v. ENEL, Judgment of the Court, 15 July 1964, C-6/64.

Internationale Handelsgesellschaft mbH v. Einfuhr － und Vorratsstelle für Ge-
treide und Futtermittel, Judgment of the Court, 17 December 1970, C －
11/70.

Yvonne van Duyn v. Home Office, Judgment of the Court, 4 December 1974, C-
41/74.

Gabriellc Defrenne v. Société Anonyme Belge de Navigation Aérienne Sabena,
Judgment of the Court, 8 April 1976, C-149/77.

Amministrazione delle Finanze dello Stato v. Simmenthal SpA, Judgment of the
Court, 9 March 1978, C-106/77.

Gabriellc Defrenne v. Société Anonyme Belge de Navigation Aérienne Sabena,
Judgment of the Court, 15 June 1978, C-149/77.

Pubblico Ministero v. Tullio Ratti, Judgment of the Court, 5 April 1979, C －
148/78.

Commission of the European Communities v. United Kingdom of Great Britain
and Northern Ireland, Judgment of the Court, 8 November 1983, C －

165/82.

Von Colson and Kamann v. Land Nordhein-Westfalen, Judgment of the Court, 10 April 1984, C-14/83.

Commission of the European Communities v. Federal Republic of Germany, Judgment of the Court, 21 May 1985, C-248/83.

Marguerite Johnston v. Chief Constable of the Royal Ulster Constabulary, Judgment of the Court, 15 May 1986, C-222/84.

Parti écologiste "Les Verts" v. European Parliament, Judgment of the Court, 23 April 1986, C- 294/83.

Commission of the European Communities v. French Republic, Judgment of the Court, 25 October 1988, C-312/86.

Germany, UK and Others v. Commission, Judgement of the Court, 9 July 1987, joint cases 281, 283, 285/85.

Commission of the European Communities v. French Republic, Judgment of the Court, 30 June 1988, C-318/86.

The Queen v. Secretary of State for Transport, ex parte: Factortame Ltd and others, Judgment of the Court, 19 June 1990, C-213/89.

A. Foster, G. A. H. M. Fulford - Brown, J. Morgan, M. Roby, E. M. Salloway and P. Sullivan v. British Gas plc, Judgment of the Court, 12 July 1990, C-188/98.

Elisabeth Johanna Pacifica Dekker v. Stichting Vormingscentrum voor Jong Volwassenen (VJV Centrum) Plus, Judgment of the Court, 8 November 1990, C-177/88.

Marleasing SA v. La Comercial Internacional de Alimentación SA, Judgment of the Court, 13 November 1990, C-106/89.

Andrea Francovich and Danila Bonifaci and others v. Italian Republic, Judgment of the Court, 19 November 1991, C-6/90 and C-9/90.

M. H. Marshall v. Southampton and South West Area Health Authority, Judgment of the Court, 2 August 1993, C-271/91.

Carole Louise Webb v. EMO Air Cargo (UK) Ltd, Judgment of the Court, 14

July 1994, C−32/93.

Coloroll Pension Trustees Limited v. James Richard Russell, Daniel Mangham, Gerald Robert Parker, Robert Sharp, Joan Fuller, Judith Ann Broughton, Coloroll Group Plc, Judgment of the Court, 28 September 1994, C−200/91.

Eckhard Kalanke v. Freie Hansestadt Bremen, Judgment of the Court, 17 October 1995, C−450/93.

Eckhard Kalanke v. Freie Hansestadt Bremen, Opinion of Advocate General Tesauro, delivered on 6 April 1995, C−450/93.

P. v. S. and Cornwall County Council, Opinion of Advocate General Tesauro, delivered on 14 December 1995, C−13/94.

P. v. S. and Cornwall County Council, Judgment of the Court, 20 April 1996, C−13/94.

Hellmut Marschall v. Land Nordrhein−Westfalen, Judgment of the Court, 11 November 1997, C−409/95.

Lisa Jacqueline Grant v. South−West Trains Ltd, Judgment of the Court, 17 February 1998, C−249/96.

Albany International BV v. Stichting Bedrijfspensioenfonds Textielindustrie, Opinon of Advocate General Jabobs, delivered on 28 January 1999, C−67/96.

Angela Maria Sirdar v. The Army Board and Secretary of State for Defence, Judgment of the Court, 26 October 1999, C−273/97.

Tanja Kreil v. Bundesrepublik Deutschland, Judgment of the Court, 11 January 2000, C−285/98.

Deutsche Telekom AG v. Lilli Schröder, Judgment of the Court, 10 February 2000, C−50/76.

Silke−Karin Mahlburg v. Land Mecklenburg−Vorpommern, Judgment of the Court, 3 February 2000, C−207/98.

Tanja Kreil v. Bundesrepublik Deutschland, Judgment of the Court, 11 January 2000, C− 285/98.

Georg Badeck and Others v. Landesanwalt beim Staatsgerichtshof des Landes Hessen, Judgment of the Court, 28 March 2000, C-158/97.

Katarina Abrahamsson and Leif Anderson v. Elisabet Fogelqvist, Judgment of the Court, 6 July 2000, C-407/98.

Julia Schnorbus v. Land Hessen, Judgment of the Court, 7 December 2000, C-79/99.

The Queen v. Secretary of State for Trade and Industry, ex parte Broadcasting, Entertainment, Cinematographic and Theatre Union (BECTU), Judgment of the Court, 25 June 2001, C-173/99.

H. Lommers v. Minister van Landbouw, Natuurbeheer en Visserij, Judgment of the Court, 19 March 2002, C-476/99.

Alexander Dory v. Bundesrepublik Deutschland, Judgment of the Court, 11 March 2003, C-186/01.

Europe Chemi-Con (Deutschland) v. Council, Opinion of Advocate General, delivered on 29 April 2004, C-422/02.

Bernhard Pfeiffer v. Deutsches Rotes Kreuz, Kreisverband Waldshut eV, Judgment of the Court, 5 October 2004, in jointed cases C-397/01 to C-403/01.

Commission of the European Communities v. Republic of Austria, Judgment of the Court, 1 February 2005, C-203/03

European Parliament v. Council of European Union, Judgment of the Court, 27 June 2006, C-540/03.

Sonia Chacón Navas v. Eurest Colectividades SA, Judgment of the Court, 11 July 2006, C-13/05.

Centrum voor Gelijkheid van Kansen en voor Racismebestrijding v. Firma Feryn NV, Judgment of the Court, 20 July 2008, C-54/07.

S. Coleman v. Attridge Law and Steve Law, Judgment of the Court, 17 July 2008, C-303/06.

The Incorporated Trustees of the National Council on Ageing v. Secretary of State for Business, Enterprise and Regulatory Reform, Judgment of the Court, 5

March 2009, C-388/07

Colin Wolf v. Stadt Frankfurt am Main, Judgment of the Court, 12 January 2010, C-229/08.

Seda Kücükdeveci v. Swedex GmbH & Co. KG, Judgment of the Court, 19 January 2010, C555/07.

Domnica Petersen v. Berufungsausschuss für Zahnärzte für den Bezirk Westfalen -Lippe, Judgment of the Court, 12 January 2010, C-341/08.

Jürgen Römer v. Freie und Hansestadt Hamburg, Judgment of the Court, 10 May 2011, C-147/08.

Reinhard Prigge, Michael Fromm, Volker Lambach v. Deutsche Lufthansa AG, Judgment of the Court, 13 September 2011, C-447/09.

五 联合国相关文件

United Nations, Charter of the United Nation, signed on 26 June 1945 in San Francisco, at the conclusion of international conference, came into force on 24 October 1945.

United Nations, Universal Declaration of Human Rights, adopted by the General Assembly of the United Nations by resolution 217A (III) on 10 December 1948.

United Nations, International Convention on the Elimination of All Forms of Racial Discrimination, adopted by General Assembly resolution 2106 (XX) of 21 December 1965.

United Nations, International Covenant on Economic, Social and Cultural Rights, adopted by resolution 2200 A (XXI) of the United Nations General Assembly on 16 December 1966, entered into force on 3 January 1976.

United Nations, Convention on the Elimination of All Forms of Discrimination against Women, adopted by General Assembly resolution 34/180 on 18 December 1979, entered into force on 3 September 1981.

United Nations, From Exclusion to Equality: Realizing the Rights of Persons with Disability – Handbook for Parliamentarians on the Convention on the Rights of Persons with Disabilities and its Optional Protocol, United Nations Publication, 2007.

United Nations, Convention on the Rights of Persons with Disabilities, adopted by UN General Assembly resolution 61/106 of 13 December 2006, entered into force on 3 May 2008.

International Labour Organization, Convention Concerning Discrimination in Respect of Employment and Occupation (ILO Convention no. 111), adopted on 25 June 1958 by the 42nd International Labour Conference, entered into force on 15 June 1960.